大学问

始于问而终于明

守望学术的视界

文字奇功

梁启超与中国学术思想的现代诠释

黄克武 著

A BRILLIANT
LITERARY
ACHIEVEMENT

Liang Qichao
and the Modern Interpretation
of Eastern and Western Learning

广西师范大学出版社
·桂林·

文字奇功：梁启超与中国学术思想的现代诠释
WENZI QIGONG: LIANG QICHAO YU ZHONGGUO XUESHU SIXIANG DE XIANDAI QUANSHI

图书在版编目（CIP）数据

文字奇功：梁启超与中国学术思想的现代诠释 / 黄克武著. -- 桂林：广西师范大学出版社，2024.1
ISBN 978-7-5598-6458-1

Ⅰ. ①文… Ⅱ. ①黄… Ⅲ. ①梁启超（1873-1929）－学术思想－研究 Ⅳ. ①B259.15

中国国家版本馆 CIP 数据核字（2023）第 197656 号

广西师范大学出版社出版发行
（广西桂林市五里店路 9 号　邮政编码：541004）
　网址：http://www.bbtpress.com
出版人：黄轩庄
全国新华书店经销
桂林日报印刷厂印刷
（广西桂林市八桂路 1 号　邮政编码：541001）
开本：880 mm ×1 240 mm　1/32
印张：12.5　　　字数：300 千
2024 年 1 月第 1 版　　2024 年 1 月第 1 次印刷
印数：0 001~5 000 册　　定价：89.00 元

如发现印装质量问题，影响阅读，请与出版社发行部门联系调换。

序：我与梁启超研究的因缘

一、学术渊源

我从小就喜欢阅读梁启超（1873—1929）的文章，在中学国文课本中就曾读过好几篇他的文字，例如《学问之趣味》《敬业与乐业》《最苦与最乐》等。从中学历史课本中我还知道了他是"戊戌变法"的重要人物。但那时对他只有很简单的印象，知道他的文字很感人，是和康有为（1858—1927）、章太炎（章炳麟，1869—1936）、严复（1854—1921）、胡适（1891—1962）等人齐名的一位学者。我买的第一本梁启超的著作是1973年文化图书公司（台北）印行的《梁启超全集》（其实是一本选集），还在上面留下密密麻麻的阅读痕迹。后来又买了台湾中华书局出版的《饮冰室文集》（1983年版）与《饮冰室专集》（1978年版）。

一直到赴美读书，进入斯坦福大学历史系博士班，从1992年开始，我才在墨子刻（Thomas A. Metzger）教授的指导以及张灏（1936—2022）、张朋园等先生的协助下，比较系统地阅读梁启超的作品，并写成我的第一本书《一个被放弃的选择：梁启超调适思想之研究》(台北,"中研院"近史所,1994)。在此过程中,我的指导教授墨子刻先生对我研究梁启超深有启发。有关墨子刻先生的生平与学术贡献,可以参考我所写的《墨子刻先生学述》一文,以及我为他所编辑的中文论文集《政治批评、哲学与文化》。[1]墨先生对梁启超的兴趣应该是源自好友张灏教授。

墨先生和张灏教授是哈佛大学的同学,也都是费正清(J. K. Fairbank,1907—1999)、史华慈(Benjamin J. Schwartz,1916—1991)、杨联陞(1914—1990)等人的学生。两人从1959年开始建立起非常深厚的友谊。1960年代张灏正在撰写有关梁启超的博士论文,其间常常与墨先生讨论。后来他在《梁启超与中国思想的过渡(1890—1907)》(Liang Ch'i-Ch'ao and Intellectual Transition in China, 1890—1907)一书的感谢词中写道:"在那些间接帮助我写作的人中,我必须向墨子刻教授表示敬意。他热情的友谊、对学术的执着,以及对历史的想象力,一直是我思想激励的不竭源泉。"[2]张灏也在回顾自身学术成长时表示史华慈老师与墨先生对他认识韦伯思想,建立一个突破传统与现代的二元对立的新的研究框架有所影响。他说:

> 那时在美国,现代化的理论非常流行。它视现代性与传统是二元对立,也因此认为传统是现代化的主要障碍。史教授那时在美国汉学界几乎是独排众议,他看到传统思想内容的多元性、动态性和丰富性。在他看来,传统与现代的关系

很复杂，不一定是对立不兼容，因此不能很简单地用二分法将之对立起来。墨子刻教授早年对宋明儒学思想内部的困境与紧张性的剖析，对我也产生影响。同样重要的是，透过他的介绍，我开始接触韦伯（Max Weber）有关现代性起源及比较文化的论著，从这些论著我也进一步认识传统文化与现代性之间存在着传承及发展的复杂关系，这些反映在我早年有关晚清思想的研究著作里。[3]

在张灏的第二本书《危机中的中国知识分子》(Chinese Intellectual in Crisis)中，他说："墨子刻通过他在四分之一世纪以来为我提供的智力挑战和刺激，为我确定本书所依据的问题和想法做出了巨大贡献。"[4]

不过，墨先生在与张灏及史华慈老师论学的过程中逐渐开始有他自己对梁启超与晚清思想史的一种独特的认识。这种认识与当时同在哈佛大学的余英时（1930—2021）、杜维明等人介绍他阅读唐君毅（1909—1978）、牟宗三（1909—1995）、徐复观（1903—1982）等港台新儒家的著作有密切的关系。从新儒家对儒家传统的诠释中，他看到晚清时传统与现代、中国与西方冲击下的一个新面貌。墨先生的第一与第二本书反映了这个新的视角。

墨子刻先生在他的第一本书《清代官僚的内在组织》(The Internal Organization of Ch'ing Bureaucracy)中，也同样对张灏教授表示了感谢："朋友、老师和知识界的盟友，张灏教授十多年

3

来,一直在帮助我试图获得对中国历史的深入认识。我对他的亏欠收是巨大的。"在《摆脱困境》(Escape from Predicament)一书中他又说:"我特别感谢张灏教授再一次充当我的导师。……本书中的一些见解与两部关于中国思想转向西方的最杰出的作品观点不一致,这两部作品是张灏对梁启超的研究和史华慈对严复的研究,但我受到这两部作品的影响是显而易见的。"⁶

从上述墨先生《摆脱困境》中的感谢辞可知,他从1970年代开始就想要针对史华慈的严复意见与张灏的梁启超研究,提出不同的诠释。我后来才了解到,我从1980年代初期开始有关清代经世思想与清末民初思想史的研究,正是承接了此一学术关怀。1992年在墨子刻先生的指导下,我开始研究梁启超。

我研究的重点是梁启超思想中非常关键的一个文本《新民说》(写于1902—1906年)。1992年,我趁着修课的机会完成一篇大约50多页的文章。墨先生看了不太满意,要我更系统地分析二手研究的成果,以及梁氏思想的内涵与转变,再将梁启超的调适思想与谭嗣同(1865—1898)的转化思想以及孙中山(1866—1925)的思想做一对比。于是我又花了将近一年的时间与墨先生往复讨论,再修改、扩充、增补,在1993年初写出十多万字的《一个被放弃的选择:梁启超调适思想之研究》的初稿。在书稿中我指出,多数作品都强调梁氏思想中"国家主义"(Statism)的特质,其中张灏先生的意见很具代表性:

> 他认为梁氏虽醉心于西方民主,但他并不了解以个人为

基础的自由主义,因为对梁氏来说"群"的观念为其思想的核心,而群体比个人重要;换言之,张氏以为梁启超所关切的并不是个人的权利,而是集体(中国)的权利。他的结论是:梁氏无疑地对民主制度在中国的实现有一使命感,但他似乎并未掌握西方自由主义的精义。张灏强调在1898年流亡日本至1907年之间,梁氏是一个集体性的"国家主义者"(statist),而此一倾向的思想基础主要是所谓"达尔文式的集体主义"(Darwinian collectivism)。[7]

至于梁启超思想与中国传统的关系,张灏以为梁氏肯定传统并非像列文森(Joseph R. Levenson,1920—1969)在《梁启超与现代中国的心灵》(*Liang Ch'i-chao and the Mind of Modern China*)一书中所说完全出于情感的因素,而且也由于在理智上认为固有文化有其价值,例如梁启超仍然肯定来自儒家传统的"私德"。不过张灏以为,梁启超思想的重要部分,均已离开了传统;他更进一步谈到梁氏思想与五四反传统运动的接轨。至于《新民说》在近代思想发展史上的角色,张灏强调《新民说》之思想与共产主义运动之关联。他以为梁氏的群体主义的民主观,与毛泽东的看法类似,他尤其指出梁氏新民的理想与中国共产思想中的"雷锋精神"有思想上的连续性,两者均要求群体与未来的优先性,而个人应为创造群体之美好的未来而牺牲。[8]

拙著《一个被放弃的选择》中的看法与此不同。

首先，在群己关系上，我认为梁氏思想与奠基于个人主义的西方自由风土代境（弥尔主义，Millsianism）不完全相同，但他思想中的不少观念，却与弥尔主义十分类似（包括他对个人自由的强调，并具有张灏所说的"幽暗意识"）。梁氏虽然不是一个西方意义下的个人主义者，但也绝不是"集体主义者"或"权威主义者"，他对个人自由与尊严有很根本的重视。我们可以说他所强调的是"非弥尔主义式个人自由"（non-Millsian emphasis on individual liberty），这种个人自由仍以保障个人为基础，但同时以为个人与群体有密不可分的关系，因此有时强调以保障群体价值作为保障个人自由的方法。

其次，我强调梁氏的政治与学术思想深受中国传统影响。上述梁氏对"非弥尔主义式个人自由"之强调，与他源于传统的思维模式是结合在一起的。换言之，儒家传统对个人的尊重，尤其是王阳明（1472—1529）的"致良知"观念，是梁氏非弥尔主义式个人自由观之基础。因此他对文化修改的看法与张之洞（1837—1909）的"中体西用"以及五四反传统思想，都不相同，是一种"继往开来"的精神。在这方面，他的观点与新儒家比较接近，我们甚至可以说梁启超的学术思想是新儒家的一个源头。[9]

书稿写完之后，我寄给两位我很尊敬的梁启超专家指正，一位是张灏先生，一位是张朋园先生。后来两位张先生都给我回了信。

张灏先生大体赞同我的观点，但他在信中特别强调梁任公思想中民族主义（Nationalism，他在自己的书中用的是"国家主义"）的一面。他说，我们这一代中国知识分子都具有强烈的中国情怀，反对帝国主义，关心"中国往何处去"，梁启超那一代更是如此。后来我看他的作品与访谈才更为了解此一情怀。1959年张灏先生到美国之后，阅读了中国30年代的作品，"发现了中国和作为中国人的意义"。在1960年代写作博士论文期间，他曾出于强烈的"民族情感"而"左"倾，终于"在海外找到了中国的民族主义"，"我不知不觉地进入1930年代中国知识分子的心境。一旦发现了群体的大我，个人小我也无所谓了"。[10]从这个角度他回观历史，而看到转型时期是民族主义通过新的制度媒介在中国广为散播的一个时代。张灏先生的梁启超研究与此一心境有密切的关系。他断言："早期的改革者因而开启了一个趋势，这个趋势在后来的中国知识分子中变得更明朗，就是他们把民主融化在民族主义中，而看民主不过是民族主义中的一项要素。"[11]张灏先生此一想法深受史华慈有关严复研究的影响，至1980年代他开始思索"幽暗意识"的问题后，才逐渐有所转变。

不过或许因为张灏先生也受到杜维明等人的影响，了解新儒家的重要性，他曾撰写《新儒家与当代中国的思想危机》（"New Confucianism and the Intellectual Crisis of Contemporary China"）一文[12]，因而比较能够接受我从新儒家的角度所诠释的梁启超。我在书中又指出梁启超与儒家传统的连续性问题涉及我们对"儒家传统"的诠释：

「我」从则，儒家传统，尤其是王阳明学派的思想传统，对个人的尊重，是梁氏个人自由观之基础。这一看法涉及对"儒家传统"的解释，当然儒家传统并非单一的概念，而是包含了许多复杂的成分与多元的变迁，但有些学者以为其中具有核心的观念，可以综而论之。目前对此一课题大致有两种不同的意见。第一种意见源于谭嗣同与许多五四时期的思想家，他们以为儒家传统是一种集体主义与权威主义思想，是压迫个人的，巴金的小说《家》，即充分反映此一观点，西方学者不少如史华慈与孟旦（Donald J. Munro）等人，较倾向此一看法。第二种意见则反对上述的看法，以为儒家传统中对于个人的尊严与自主性有很根本的强调，此一看法最早由当代新儒家如熊十力、唐君毅、牟宗三，以及其他一些反五四运动者，如钱穆等人所提出，在当代学者中张灏、狄百瑞、余英时与杜维明等人，都有类似的意见。

作者较不接受第一种观点，一方面是由于其中有些人仅强调经过历代统治者"意识形态化"之后的"以三纲为代表的儒家思想"，而忽略了儒家传统中"从道不从君，从义不从父"（《荀子·子道》）与"不以孔子之是非为是非"的精神，与其他可与现代生活结合的精神资源；另一方面，如果从第一种解释来看，梁氏强调个人以及个人与群体相调和的思想，显然与"儒家传统"中所谓的集体主义与权威主义不同，但他又与西方的集体主义或个人主义的传统也不一样，因此这一看法无法解释梁氏尊敬个人之精神的来源，只能说这出于梁氏的创见，但这样的说法很值得怀疑。作者以为从第二种观点来看，却可以澄清梁氏思想的来源问题，亦即儒家传统中对个人的尊重，使梁氏以个人自由为基础，来寻求个人与群体之间的平衡，对于熟稔中国传统文化的梁氏来说，作者认为这是一个比较可以接受的解释。[13]

张灏先生虽不尽同意我对梁任公思想中民族主义之角色与群己关系的解释，不过对于我所提出的新诠释还是表示支持。

张朋园先生也在1993年两度回信给我，他比较肯定我的著作，原因可能是因为他长期研究"立宪派"，而且他和李泽厚（1930—2021）一样认为我们应对以"革命典范"为中心的论点加以反省。[14]他说：

> 你的大文《梁启超调适思想之研究》我拜读了一遍。正好出版委员会要我审阅，我就先睹为快了。我非常细心地读你的大著，告诉老兄，我完全被你说服了，我同意你的看法。回想我三十年前讨论梁的思想，那时受的训练不够，思想史的研究方法也没有今天那么周密，加上当时的研究环境十分简陋，我自己的见解，想起来就汗颜，你不批评我，反而使我不好意思……

（《张朋园致黄克武函》，1993年3月3日）

他又告诉我：

> 你谈近年来对梁启超的研究，我读了有进一步的体会，我很高兴你也对梁有兴趣……我们对梁启超的了解尚不够全面，他写的东西太多了……要是有大量的人力也投入研究梁，他的地位必定可以提升起来。
>
> （《张朋园致黄克武函》，1993年4月4日）

在两位张先生的支持下，拙作在1994年2月问世。这本书出版之后，我立即开始有关严复的研究计划。这一计划所针对的是史华慈的《寻求富强：严复与西方》(*In Search of Wealth and Power: Yen Fu and the West*, Cambridge: Harvard University Press, 1964)。我很清楚，要反驳张灏的民族主义的观点，必须首先要能够反驳史华慈，因为张灏的很多观点是从史华慈而来。我花了近十年的时间来从事这一项研究，2001年完成了博士论文的撰写。2008年我的英文书 *The Meaning of Freedom: Yan Fu and the Origins of Chinese Liberalism* 在香港中文大学出版社出版。后来我又写了《惟适之安：严复与近代中国的文化转型》(台北：联经出版公司，2010年)。再后来将我的严复研究整合成《笔醒山河：中国近代启蒙人严复》一书，2022年由广西师范大学出版社出版。我的严复研究的主旨即在呼应上述梁启超研究一书中所强调的传统与现代之间的复杂关系，以及近代中国知识分子在追求"会通中西"的理想时，儒家传统所扮演的重要角色。

在思想史研究上,我最感谢的是墨子刻先生,正是他对我研究梁启超、严复思想的指点与鼓励,使我从一个初学者,渐渐登堂入室,了解其中的精髓。他不但为我的两本中文书、一本英文书撰写序言,大力推荐,[15]而且有一次他还跟我说:"你的梁启超的书写得比张灏好,你的严复的书写得比史华慈要好。我很为你感到骄傲。"此外,他还在各种著作中征引我的研究。2006年他的《太平洋风云》(*A Cloud Across the Pacific*)[16]一书出版后,送了我一本,上面写道:

> For Max, whose brilliant publications constitute the very cutting edge of the contemporary study of modern Chinese intellectual history, and whose friendship and collaboration with me since the fall of 1982—a quarter of a century—has been a major part of my life. With great hopes for your future.(送给黄克武,他出色的出版品构成了当代中国现代思想史研究的最前沿,而且自1982年秋天以来——已经四分之一个世纪,他与我的友谊和合作一直是我生命中的重要部分。对你的未来寄予厚望。)

这可能是恩师对我的溢美之词,鼓励我将来能"青出于蓝"。不过我真的很感谢他过去二三十年来对我的帮助。简单地说,我有关晚清思想史的研究继承了墨先生在《摆脱困境》

11

一书中的理念,并尝试提出与史华慈、张灏等两位近代思想史家不同的一个解释。

二、追寻启蒙者的身影

我在写完梁启超的专书后,又开始与中国大陆以及日本学界做梁启超研究的同好切磋、交流,访问梁启超生前在各地留下的踪迹。这些经验也逐步拓展了我对梁启超思想的认识。

1993年11月底,在张朋园先生的介绍下,我首次返乡,到中国大陆的广州参加"戊戌后康梁维新派学术研讨会"。在会上,我不但有机会与各地学者交流,达到"以文会友"的目的,而且走访了南海、新会的康梁故居。我对新会茶坑村的梁启超故居留下深刻的印象。从此开始了我与大陆学界的交往,并赴各地探访与梁启超相关的史迹,而对他的一生有了更多的认识。

位于广东新会茶坑村的梁启超故居是他出生与成长的地方,在1989年被列为广东省文物保护单位。整个建筑群建于清光绪年间,是用青砖、黑瓦建造的砖木结构,建筑面积有400多平方米,由故居、怡堂书室、回廊组成,是富有当地特色的民居建筑。梁启超的祖父与父亲都有志于仕途,但祖父仅考上秀才,父亲连秀才都没有考上,因而对梁启超寄予厚望。他在此地接受传统教育,熟读四书五经,11岁中秀才,16岁成举人(1889),获得了"神童"的称号。隔年他认识了康有为,这时康尚未中举,然而见识远远超过了梁启超。任公说康先生"以大海潮音,作狮子吼"(《三十自述》),使自己"一见大服,遂执业为弟子"(《清代学术概论》),在万木草堂与学海堂接受各种思潮的洗礼,"乃杂逯泛滥于宇宙万有,芒乎汤乎,不知所终极……学于万木,盖无日不乐"(《南海先生七十寿言》)。这一次我亦走访了广东省佛山市南海区的康有为故居与他曾潜心修学的西樵山。南海与新会的访问之行让我对康梁师徒有了更具体的认识。

1896年梁启超主笔上海《时务报》,1897年11月到次年3月,梁启超应黄遵宪(1848—1905)、熊希龄(1870—1937)之聘赴湖南时务学堂任教。康有为还劝谭嗣同"弃官返湘"与任公合作,在湖南开展维新活动,"大倡民权"。这一时期是梁启超的思想最为激进的阶段。他借由康有为的"三世之义""大同之说"来求变,又通过传教士的译书来学习西学。时务学堂的学生须先将《春秋公羊传》和《孟子》反复钻研,明白其中微言大义,然后择取中外政治法律比较参证,以了解"变法"的重要性。任公在此培养出一批杰出的人才。后来时务学堂师生联合发起自立军及护国军等救国运动,影响深远。2004年我与张朋园先生应耿云志先生的邀请赴湘西吉首大学参加"第一届中国近代思想史国际研讨会",本书的第二章《铸造国魂:梁启超的"中国不亡论"》就整理自在这个会上发表的演讲。会后,我与张先生坐火车赴长沙访问,周秋光教授带我们参观了岳麓书院,还去看了1922年梁启超重游长沙时所书"时务学堂故址"的纪念碑。时务学堂是今日湖南大学的前身,是在湖南创办的第一所近代新式学堂,标志着湖南教育由旧式书院制度向新式学堂制度的转变,也是湖南近代教育史的开端。

25岁时梁启超和康有为一起发动"戊戌变法"。变法失败之后,梁启超流亡日本14年,在此期间,他受到日本学界的影响,通过日文书刊打开一个新的学术视野,使他对中学与西学有了一个崭新的认识。对梁启超与明治日本关系的深入挖掘,要归功于京都地区的日本学者。在1993年广州的研讨会上我认识了狭间直树、斋藤希史、竹内弘行等日本学者。后来因为张朋园先生的关系,我了解到日本"关西学派"的学者在狭间先生的领导下,组织了一个"梁启超研究会"。这群学者于1993—1997年间研究梁启超通过日本认识西方的过程和内涵,并于1999年之后,先后以日文、中文和英文出版其研究成果,肯定"梁启超是中国传统文化转向现代化的推动者"。[17]

狭间直树等人在筹组这个集体研究时,因缘际会,能够一方面研究梁启超,另一方面翻译丁文江、赵丰田编著的《梁启超年谱长编》。翻译工作从1993年开始,主要的参与者有10人:岛田虔次、狭间直树、井波陵一、森时彦、江田宪治、石川祯浩、冈本隆司、高嶋航、村上卫、早川敦等京都大学教职人员。此外,也有关西地区对此课题有兴趣的学者参与。

2003年底,我赴京都搜集资料,曾在石川祯浩先生的邀约之下,有幸参加了梁启超研究会《梁启超年谱长编》翻译小组的第三百多次例行聚会。当时正在做第一册最后的校订工作,他们工作的态度非常谨慎,一字一句都不放过,让我深受感动。与会之时狭间先生曾感叹地说:"中国学者大概很难了解我们为什么要从事这一项工作！"他们经过10年的努力，才大功告成。日译本在2004年由东京的岩波书店出版，共5卷。此一翻译本因为增加了许多注释，又精确解读了许多人物背景与典故，学术价值甚高。这种对学问的执着很能反映日本学者研究中国学问的特点。[18]

我也在赴京都大学访问时多次参观了梁启超研究会所收集的梁启超曾阅读过的日文书籍。他们不但编辑了一个详细的书目，也尽可能地收集纸本图书。在京大有一个书柜，陈列的就是他们所收集到的梁启超著作中提到的各种日文书籍，其中有许多文本都是世界其他地方所没有的。后来狭间先生也慷慨寄赠好几种重要史料与我，本书第三章《宋明理学的现代诠释：梁启超的阳明学》的写就即参考了狭间先生所寄赠的《松阴文钞》《节本明儒学案》。

1997年"中研院"近代史研究所邀请狭间直树教授来台北访问。其间，他发表了题为《梁启超研究与"日本"》的演讲（后刊载于《近代中国史研究通讯》第24期），对梁启超与日本学者吾妻兵治的"善邻译书馆"进行钩稽，指出此一译书馆的出版品是梁启超西学知识的重要来源。狭间先生强调我们必须掌握中、日、西三方面"知层"板块之间的嵌合关系，才容易厘清梁任公有关中国现代化之构想的底蕴。

狭间教授也邀请我与张朋园先生参加了1998年9月10—13日由美国加州大学圣塔芭芭拉分校傅佛果（Joshua A. Fotel）教授主办的"日本在中国接受西方近代思想中的作用——梁启超

个案"国际研讨会,本书第五章《西方哲学的现代诠释:梁启超与康德》的雏形,就是在这个会议上发表的文章。

总之,大约从1990年代中期到2000年代的十余年间,我与日本学者的接触拓展了我对梁启超在1898—1912年间流亡日本时期思想的认识。和日本学者较不同的地方是,我认为日文书刊无疑丰富了梁启超的知识来源,但他并非单纯地吸收新知,而是带着批判的眼光来看这些来自日本的西学。此一论点在本书中亦有详细的论析。

这一方面的研究也使我想要追踪梁启超在日本的史迹。有兴趣的读者可以参考汤志均的《日本康、梁遗迹访问》(《文物》1985年第10期)与夏晓虹的《返回现场:晚清人物寻踪》(南昌:江西教育出版社,2002年)中有关梁启超的部分。夏晓虹的寻踪几乎涵括了梁启超在日本活动的主要地点。我只去过东京近郊的横滨。

横滨的中华街一带,不但是《清议报》《新民丛报》报馆的旧址,也是横滨大同学校的所在地。2016年12月,当时在樱美林大学教书的罗伯特·埃斯吉尔森(Robert Eskildsen)教授带我来到横滨的中华街。我们找了一个旧的地图,想要按图索骥。根据史料,《清议报》报馆的旧址在居留地139号,后来搬到253号,1900年因大火而停刊,馆址因灾后重建而面目全非,目前已渺无踪迹。至于《新民丛报》报馆的地址则在山下町152号。据梁思成(1901—1972)的回忆,《新民丛报》报馆在一楼,印刷所与住家在二楼。这个地址现在还在,不过已是一栋新的建筑,为一家餐厅。目前还留有一点痕迹的是大同学校。当时梁思成每天从《新民丛报》报馆走到大同学校的附属幼儿园读书。这是一所为华侨子弟办的学校,校长是徐勤,梁启超到日本之后,由他实际负责学校的营运。此校的旧址已毁坏,只有校侧的"关羽庙"还在,并且香火鼎盛,可以遥想旧时的情况。[19]

1906年,有一位华侨富商麦少彭先生(广东南海人)将他在神户郊外一个叫"须磨"的地方的一栋别墅"怡和山庄"借给梁启超及其家人,梁氏从东京搬到神户。梁思成说,这栋别墅有一个大花园,连着一片直通海滨的松林,住在此地可以同时听到波涛声与松林中的风声,梁启超于是将之命名为"双涛园"。梁思成和他的堂兄弟姐妹每天走路到通往神户的火车站,坐火车去神户的同文学校上学。梁氏家人在此地一直住到1912年。从旧地图上来看,"双涛园"在住友别墅旁边几间,现在这一带别墅区已基本不复存在,只剩住友别墅的两根门柱耸立在那里,供人凭吊。神户我去过多次,不过须磨海边还不曾去过,希望以后有机会可以去拜访。

1912年辛亥革命成功后,梁启超离开神户返回中国。他在这一年的10月间写了多封信给女儿思顺,颇能反映此时心态:"十五年前,仓皇去国……望归国,望了十几年。"返国之后,任公受到盛大的欢迎,他写道:"都人士之欢迎,几于举国若狂","视孙黄过数倍,且其人皆出于诚意"。返回天津后,他又说:"在京十二日,可谓极人生之至快……此十二日间,吾一

17

身实为北京之中心，各人皆环绕吾旁，如众星之拱北辰。"⎵小抓纸也说他"人气集于一身，诚不诬也"。[20]

梁启超于1914年定居天津，并在天津意大利租界的马可波罗路旁购买空地建宅，自己设计了一栋砖木结构的意式二层小楼。梁启超的"饮冰室"书斋则建于1924年，位于故居楼的西侧。2001年天津市政府斥资重修，并在此地建立了"梁启超纪念馆"。2003年10月12—16日，我受邀参加了由天津梁启超研究会召开的"纪念梁启超诞辰130周年学术研讨会"。这是我第一次去天津开会，也借此机会参观了梁氏故居，对这两座外观漂亮、气势雄伟的欧式小洋楼留下非常深刻的印象。我在会中发表的《梁启超的阳明学》一文后来收入该次会议的论文集——由李喜所编的《梁启超与近代中国社会文化》，也构成本书的第三章。

梁启超在北洋政府推动政党政治，先后曾担任司法总长与财政总长。1920年他在北京组织共学社，其宗旨为"培养新人才，宣传新文化，开拓新政治"。又成立讲学社，相继聘请英国哲学家罗素（Bertrand Arthur William Russell，1872—1970）、德国哲学家杜里舒（Hans Driesch，1867—1941）、印度文学家泰戈尔（Rabindranath Tagore，1861—1941）来华讲学。1921年之后他在各地授课，许多自编的上课教材成为经典学术作品，流传至今，如《中国历史研究法》《先秦政治思想史》《中国近三百年学术史》等。1920年代是梁启超学术思想的另一个高峰，而且呈现出与清末流亡日本时期的不同关怀。这也是本书要探讨的一个重点。

1926年2月，梁启超身体出现状况，患尿血症，后入北京协和医院治疗，内科医生会诊后决定割除右肾。此后病情并未好转，1929年1月19日，梁启超病逝于北京协和医院，享年56岁。梁启超过世后，葬在北京香山植物园东环路东北的银杏松柏区内，墓地由梁思成设计。这是梁启超、李蕙仙夫妇合葬的墓园。1996年秋天，我和张朋园先生到北京访问，耿云志先生特别陪同我们去瞻仰了香山的梁启超墓。这一次我们还有幸与梁思成、林徽因之子梁从诫先生见面，畅谈梁家往事。2001年杨念群教授（杨度的曾孙、梁启超的曾外孙，他的母亲吴荔明是梁思庄的女儿）在香山举办"纪念《新史学》100周年学术研讨会"，我再一次前往凭吊。本书第六章《熔铸一炉——梁启超与中国史学的现代转型》就是在这次会议上所发表的论文。

从1993年我赴广州开会，认识世界各地梁启超研究的同好，又进而认识梁氏后人，并走访启蒙者留在各地的遗迹，这也算是用行动印证了董其昌所说的"读万卷书，行万里路，胸中脱去尘浊，自然丘壑内营"吧。

三、重新挖掘梁启超的学术思想

在过去三十多年间，我写过有关梁启超的一本专书（《一个被放弃的选择：梁启超调适思想之研究》）与多篇论文。2013年5月我曾在台北做过一场公开演讲，题目是"文字奇功：岭南才子梁启超"，那一次演讲的海报一直贴在我办公室的门口。这个演讲主要介绍我对梁的整体认识以及他身后的各种评价。在这之后我很想写一本有关梁的书,但是却一直延宕下来。其实在市面上已经有不少梁启超的传记。这些传记大致有两个类型。一类是介绍梁的生平事迹,如李喜所、元青两位先生的《梁启超新传》(北京:商务印书馆,2015年),以及许知远的《青年变革者:梁启超(1873—1898)》(上海:上海人民出版社,2019年)。另一类是从梁启超的师友关系来展现他的交游网络、社会关系及一生的变迁,例如解玺璋的《梁启超传》(上海:上海文化出版社,2012年)。这二者各有优点,前者以时间轴为中心,叙述任公的一生发展,对其一生的变化有较为清楚的呈现;后者则打破时间的序列,以任公与几个重要人物的交往,来编织他的一生。刘再复在推荐序中说解玺璋的《梁启超传》一书"打通了中国近代史各类关键性人物关系","把一个人的传记几乎写成一部中国近代史"。我觉得这两类书都对读者了解梁启超有所帮助,但是也都有一定缺失,读完之后我们除了认识梁启超流质多变、跌宕起伏的一生,并不易产生一个清晰的图像。这缘于上述的传记在任公学术思想方面剖析得都不够深入,而学术思想才是他一生的灵魂。

在现有的梁启超学术思想研究成果之中,有两个人的著作给我留下较为深刻的印象。第一是萧公权先生(1897—1981)在《中国政治思想史》(台北:联经出版公司,1982年)一书中有一章谈梁启超的政治思想,第二是我的老师张朋园先生所写的《梁启超与清季革命》(台北:"中研院"近史所,1964年)、《梁启超与民国政治》（台北："中研院"近史所，2006年）。

张朋园先生围绕"清季革命"与"民国政治"描绘了梁启超一生中最重要的贡献，即清末从革命家一变而为君主立宪主义者，并认为31岁（1903年）是其思想的分水岭，"之前，由缓进而激进，之后，由激进而缓和"。清末梁启超通过报刊的宣传与思想的动员促成了辛亥革命的成功；进入民国之后他则全力拥护共和，一方面组织政党、担任阁员，另一方面又支持新文化运动。

至于萧公权先生对梁启超思想的观察，最重要的是提纲挈领地指出他的政治思想的特点：梁启超所代表的立宪派与革命党在这方面有不同的西学渊源，梁任公的思想较接近"英国传统的自由主义"，受到洛克（又译陆克，John Locke，1632—1704）与穆勒（约翰·弥勒、约翰·弥尔，John Stuart Mill, 1806—1873）影响；革命党也讲民权，然而他们的思想渊源毋宁说是"法国革命先觉的卢梭（J. J. Rousseau）"。[21]这句话对我有很深的启示，我关于梁启超、严复的书（《一个被放弃的选择：梁启超调适思想之研究》《自由的所以然：严复对约翰弥尔自由思想的认识与批判》）的主旨就是发挥此一对照。

不过萧公权与张朋园两位先生都没有深入探讨梁启超的学术思想，这是我想要撰写此书的重要原因。

以上所述是我研究梁启超的因缘，以及对他一生概括的认识。现在梁启超的作品好像已经不那么吸引年轻朋友的注目，而我觉得他的作品有如一个矿藏，值得人们深挖。的确，中国传统文化无疑有其缺点(胡适、陈独秀、鲁迅等人所批评的"封建遗毒"),然而也有其精致、优美而感人的地方。梁启超正是中国文化精华的一个化身,他的作品是从传统中绽放出来的现代花朵。

本书的主书名"文字奇功"是胡适写给梁任公挽联中的一句话,全联是"中国新民,平生宏许;神州革命,文字奇功",我觉得其中的"文字奇功"四个字提纲挈领地概括出了梁任公一生的成就。简单地说,他意识到自己身处"两头不到岸"的"过渡时代",因而以"惊心动魄"的文字继承旧传统、引进新思潮,成功地推动了中国学术思想的现代转型。

本书的主旨在以梁启超对中国传统学术思想的现代诠释,来了解清末民初中国学术转型的复杂过程。在此过程中,梁启超以新的概念、新的方法来解析各种议题,并以中西比较的方法探索中国的独特性,来建立新的学术典范,而最后归结到"新民""新国"与"铸造国魂"的现实关怀。直至今天,这无疑仍然是一个"未竟之业",有待吾人继续努力。梁启超的思想深邃复杂,本书只能呈现其中的一小部分,然而我热切地希望读者能通过拙书而了解梁启超,并进入他的思想世界。今年是梁任公诞辰150周年,谨以此书向这位启蒙先驱致以最深的敬意。

黄克武
2023年5月20日于南港

1 黄克武:《墨子刻先生学述》,《清华大学学报(哲学社会科学版)》第16卷第6期(2001),第67—70页。黄克武编《政治批评、哲学与文化:墨子刻先生中文论文集》,台北:华艺学术出版部,2021。
2 Hao Chang, "Acknowledgements," *Liang Ch'i-ch'ao and Intellectual Transition in China, 1890–1907* (Cambridge: Harvard University Press, 1971).
3 张灏:《转型时代与幽暗意识:张灏自选集》,上海:上海人民出版社,2018,第383页。
4 Hao Chang, "Acknowledgements," *Chinese Intellectual in Crisis: Search for Order and Meaning, 1890–1911* (Berkeley: University of California Press, 1987).
5 Thomas A. Metzger, "Acknowledgements," *The Internal Organization of Ch'ing Bureaucracy: Legal, Normative, and Communication Aspects* (Cambridge, Mass.: Harvard University Press, 1973), p. vii.
6 Thomas A. Metzger, "Acknowledgements," *Escape from Predicament: Neo Confucianism and China's Evolving Political Culture* (New York: Columbia University Press, 1977), p. vii.
7 黄克武:《一个被放弃的选择:梁启超调适思想之研究》,台北:"中研院"近史所,2006[1994],第23页。
8 Hao Chang, "Acknowledgements," *Chinese Intellectual in Crisis: Search for Order and Meaning, 1890–1911*, p.307.
9 黄克武:《一个被放弃的选择:梁启超调适思想之研究》,第32—34页。
10 张灏:《幽暗意识的形成与反思》,载《转型时代与幽暗意识:张灏自选集》,第59—60页。
11 张灏:《思想的转变和改革运动(1890—1898)》,载《转型时代与幽暗意识:张灏自选集》,第168页。
12 Hao Chang, "New Confucianism and the Intellectual Crisis of Contemporary China," in Charlotte Furth ed., *The Limits of Change: Essays on Conservative Alternatives in Republican China* (Cambridge: Harvard University Press, 1976), pp. 276–302.
13 黄克武:《一个被放弃的选择:梁启超调适思想之研究》,第183—184页。
14 张朋园:《革命与现代化交织下的近代史国》,《思与言》第29期(1991),第2—19页。黄克武:《论李泽厚思想的新动向:兼谈近年来对李泽厚思想的讨论》,《"中研院"近史所集刊》第25期(1996),第425—460页。
15 墨子刻先生为我的中文书《一个被放弃的选择:梁启超调适思想之研

究,》《自由的所以然：严复对约翰弥尔自由思想的认识与批判》册写的序，收入戚师俐的《观念批评、哲学与文化：墨子刻先生中文论文集》，第377—387页。英文书的序言见 Thomas Metzger, "Forward," in Max K. W. Huang, *The Meaning of Freedom: Yan Fu and the Origins of Chinese Liberalism* (Hong Kong: The Chinese University Press, 2008), pp. xi-xxvii.

16　Thomas A. Metzger, *A Cloud Across the Pacific: Essays on the Clash Between Chinese and Western Political Theories Today* (Hong Kong: The Chinese University Press, 2006).

17　日文本请参阅狭间直树编《共同研究梁啓超：西洋近代思想受容と明治日本》，东京：みすず书房，1999。中文本为狭间直树编《梁启超·明治日本·西方——日本京都大学人文科学研究所共同研究报告》，北京：社会科学文献出版社，2001。中文书评可参看桑兵的《梁启超的东学、西学与新学——评狭间直树〈梁启超·明治日本·西方〉》，《历史研究》2002年第6期，第160—166页。英文方面的研究成果可参阅 Joshua A. Fogel ed., *The Role of Japan in Liang Qichao's Introduction of Modern Western Civilization to China* (Berkeley: Institute of East Asian Studies, University of California, 2004).

18　张朋园、黄克武：《评介日文版〈梁启超年谱长编〉》，《"中研院"近史所集刊》第48期（2005），第189—195页。

19　参见石云艳《梁启超与日本》，天津：天津人民出版社，2005，第244—253页。

20　梁启超：《致梁思顺》，载汤志钧、汤仁泽编《梁启超家书：南长街54号梁氏函札》，北京：中国人民大学出版社，2016，第16—23页。

21　萧公权：《萧公权先生序》，载张朋园《梁启超与清季革命》，台北："中研院"近史所，1964年，第ii—iii页。

目　录

序：我与梁启超研究的因缘　1

第一章　导论：有关梁启超学术思想的一个争议　1
　　　　一、前言："百科全书式"的巨大存在　1
　　　　二、有关梁启超学术思想的一个争议　7

第二章　铸造国魂：梁启超的"中国不亡论"　26
　　　　一、前言：从列文森"儒教已死"的辩论谈起　26
　　　　二、"方死方生"抑或"更生之变"？　32
　　　　三、铸造"国魂"：晚清时期梁启超的"国民"思想　37
　　　　四、"中国不亡论"与"国性说"：梁启超的"文化民族主
　　　　　　义"及其影响　45
　　　　五、余论："游魂说"与"新启蒙"　54

第三章　宋明理学的现代诠释：梁启超的阳明学　66
　　　　一、前言：儒家传统与梁启超的思想转变　66

二、梁启超思想的内在逻辑　71

三、心有所主而兼容并蓄：阳明学与梁启超思想的取舍问题　78

四、小结　88

第四章　诸子学的现代诠释：梁启超的墨子学　100

一、前言：清代墨学的复兴　100

二、《新民丛报》时期梁启超的墨子学　106

三、20世纪20年代梁启超的墨子学　125

四、小结　142

第五章　西方哲学的现代诠释：梁启超与康德　157

一、前言：梁启超著作中的康德　157

二、学者对梁启超译介康德之评估　161

三、从"カント"到"康德"：梁启超对康德中国图像的建构　167

四、梁启超对康德思想的阐释与评价　189

五、小结　201

第六章　熔铸一炉：梁启超与中国史学的现代转型　216

一、前言：清季的"新史学运动"　216

二、实证史学、道德知识与形上世界　222

三、熔铸一炉：新康德主义与佛儒思想会通下的新史学 233

四、对梁任公史学思想的评价——代结论 239

第七章 民初知识分子对科学、宗教与迷信的再思考：以严复、梁启超与《新青年》的辩论为中心 252

一、前言：20世纪初有关灵学的争论 252

二、中西文化交流与近代中国灵学研究的兴起 253

三、上海灵学会的"科学"宣称：科学、灵学相得益彰 256

四、中西灵学之融通：严复对科学、宗教、迷信关系之思考 260

五、《新青年》对灵学之批判：科学与迷信之二分 268

六、思想的延续：梁启超与科玄论战 274

七、小结 282

第八章 结论：梁启超对中国学术思想的现代诠释 293

附录：略论梁启超研究的新动向 309

参考文献 323

第一章
导论：有关梁启超学术思想的一个争议

一、前言："百科全书式"的巨大存在

我的研究领域主要是中国近代思想史，有些朋友常喜欢问，在近代人物之中我最欣赏的是哪一位思想家？我的回答毫无疑问是梁启超。这是因为我多年沉浸在他的著作中，探究他建构新国家、新国民的构想，从阅读中我感觉到梁任公的文字说理清晰、透彻，而且有一股特殊的魔力，他说的话，都是我想说而又说不出来的。

黄遵宪说得最好，梁任公的文字"惊心动魄，一字千金，人人笔下所无，却为人人意中所有，虽铁石人亦应感动。从古至今，文字之力之大，无过于此者矣"。[1] 他说任公的文字对许多人产生了"鼓舞奋发"的作用，近年来"中国四五十家之报，无一非助公之舌战，拾公之牙慧者；乃至新译之名词，杜撰之语言，大吏之奏折，试官之题目，亦剿袭而用之"。[2] 由此可见梁启超的著作影响深远。严复对他的评价是："任公文笔，原自

畅遂,其自甲午以后,于报章文字,成绩为多,一纸风行海内,观听为之一耸。"³1929年胡适写给梁任公的挽联则说"中国新民,平生宏愿;神州革命,文字奇功"。⁴这些看法都是对任公的一生很贴切的评价。他的思想有如深谷中流出来的一条清溪,明白透彻而发人深省,难怪清末民初之时人们誉之为"言论界的骄子"。而且,他不但"坐而言",又能"起而行"。他以无比的热情推动中国从专制走向共和,希望能建立一个富强与自由的理想国度。

近代中国思想史的研究者也都认识到梁启超的影响力。诚如萧公权所说,"他的言论对于近代的中国发生过广大的影响",在清末民初思想界,尤其是"五四运动的领袖"几乎没有一个人"不曾因读他的文字而得着启示"。⁵深入研究梁启超、明治日本与西方的日本学者狭间直树也说:"在上一个世纪末至本世纪初,传统中国向近代中国过渡的文明史转型时期,他〔梁启超〕……发挥了无与伦比的重要作用。"⁶由此可见,梁任公在中国近代历史上的影响力乃是毋庸置疑的。

梁启超在近代中国之所以能发挥重大影响力,不但因为他的文字所具有的特殊魅力,而且与他渊博的学问有关。在中国近代思想史上,梁启超和严复、胡适类似,都是学问渊博的"通才",而不是在"象牙塔"之内沉浸于纯知识领域的"专才"。这种"通才"很类似陈澧(1810—1882)、曾国藩(1811—1872)、钱穆(1895—1990)等人所提倡的"士大夫之学",这种学问"将'有益于身'与'有用于世'二语,悬为著书讲学之标帜"。[7]梁启超和严复、胡适都是这一类型的学者,他们以学术研究来"修己治人",不但能够依赖学问来"安顿身心",更借此关怀中国的现状,并推动中国的现代化。其中梁任公又比严复、胡适更接近传统的"士大夫之学"。

我认为梁任公渊博的学问源自他的个性及人生观。在个性上,胡适说任公心直口快,"不通人情世故",有着"最和蔼可爱,全无城府,一团孩子气"的个性,绝不是一个"阴谋家"。[8]这种有一点"任性"的个性影响了他的一生。从他与友人的书信可以看出来,梁启超的休闲时光主要花在饮酒、抽烟及打牌上,"相与痛饮""大醉而归",是屡见不鲜的,而打牌一次十几二十圈也是常有之事。同时,梁启超也常常熬夜,或是打牌,或是读书写作。[9]胡适一直到晚年还常和人提起:"任公绝顶聪明,惟用心不专,起居无节,兴之所至,无论打牌读书,往往夜以继日,饮食不离牌桌书案。"[10]

由此可见,梁启超兴趣十分广泛,是一个有"真性情的人",他的打牌、饮酒、读书都是真性情的表现。当然在他一生中最重视的还是成就其"士大夫之学"的阅读、教书与写作,以及由此而培养出的渊博的学问。这应该是源自他以"趣味"来追求知识的人生观。

梁任公的人生观简单地来说是一种"趣味的人生观"。[11]他信仰的是"趣味主义",他说倘若用化学分解"梁启超"这件东西,把里头所含的一种名叫"趣味"的元素抽出来,只怕毫无所剩。所以他一生所做的事总是尽量做得津津有味而兴会淋漓。因为趣味是活动的源泉,如果趣味干竭了,活动便会停止。

梁任公认为,凡人必须要常常生活在趣味之中才有价值,否则每天哭丧着脸,生命便有如枯木或是沙漠,了无生趣。那么什么才是人生的趣味呢?宋朝名相王安石曾经在一本叫《字说》的书中解读每个汉字的意思,书中有些是穿凿附会,但是对"趣"的解释则很到位。他说:"人之趣在步履间,随所得而取之,故趣字从走从取。"[12]这真是一个有趣的说法,他认为人生若能边走边取而有所得,便是有"趣"。此处所说的"取"或"得",更确切地说,或许是指一种成就感或进步感。梁启超所说的"趣味"可以从这个角度来理解。每当我们做一件事情的时候,总希望能精益求精,更上一层楼,而时有所得。这种不断努力,企图攀登生命之高峰的过程,真是再有趣不过了。

然而最有意思的是,梁启超认为我们不但要在成功之中感到趣味,也要在失败里头体验趣味。这是因为失败比成功能让我们得到更多的人生启示。1923年他的弟子徐志摩(1897—1931)要与妻子张幼仪离婚,另娶有夫之妇陆小曼,梁任公写了一封长信劝他,说道:"天下岂有圆满之宇宙,若尔尔者?孔子赞《易》,无取以未济终矣。当知吾侪以不求圆满为生活态度,斯可以领略生活之妙味矣!"[13]他的最后一句话"吾侪以不求圆满为生活态度,斯可以领略生活之妙味矣",真是充满了无穷的智慧。我想一个人如果不能从失败与挫折中感受到人生的趣味，大概没有办法成为一个生活的艺术家！

然而在梁任公看来，从成功与失败之中体会生命的趣味仍然不算最高境界。因为有时趣味之可贵，正是在超越上述利害、得失之心之后，以一种"无所为而为"或"为而不有"的超然心态来面对生活。

出于这样的原因，梁任公反对美国以"功利算计"为原则的"实利主义"教育，认为追求学问要胜过实际的利害得失。他说："她〔美国〕的教育过于机械的，实利主义太深了，所以学校教学生总是以'够用了'做标准，只要够用便不必多学。所以美国的学问界浅薄异常，没有丝毫深刻的功夫。因为实利主义太深，所以时刻的剖析异常精细，如此好处自然是有，我现在不必多说；而他坏的方面就是一个'忙'字。……这种实利主义的又一结果就是将人做成一部分的人。我们中国教人做人向来是做一个整个的人，他固然有混混沌沌的毛病，然而只做一部分的人，未免辜负上帝赐给我们所人人应享的'一个人'的生活了。"[14]

总之，他认为读书、做人都不应过于功利、过于现实，有时不实用以及与得失无关的东西反而可能有大用。因为得失主要是关心事情的成功与失败，然而成败常常是相对的，从一方面来看是成功的，从别的方面来说也可以是失败的，或是有些事现在看来是成功的，将来却发现其实是失败的。上述所谓"无所为而为"或"为而不有"的心态，就是说在读书、做事的时候，把成功与失败的念头都抛开，一味埋头埋脑、趣味盎然地去做，这样才能体会个中的真味。孩子们其实最了解这个道理。我们问小孩为什么要玩游戏时，他们的回答往往是"好玩"或是"为游戏而游戏"。其实，世间很多事情都可以用这种态度来面对。

然而要注意的是，梁任公说有些事情开头时很有趣，但愈做愈没趣，甚至产生了相反的效果，这就不能算"趣味"了，例如赌钱、酗酒、纵欲等等，开始有趣，结果却常常无趣。（他也免不了做过这些不该做的事。）如果要问有哪一件事情可以以趣味始，以趣味终，梁启超认为最好的例子，大概是"学问的趣味"了。

这种对纯知识的追求，在西方文化中比较盛行，中国文化之中相对来说却不甚发达，我们总爱提出"文以载道""通经致用"的高论，好像不能载道而致用的东西便没有价值。梁任公认为这样的想法并不算真正了解学问的趣味。中西伟大的学者以毕生之精力做出伟大的成果，而其动力往往是一种超越实用的求知欲望，也是一种"为学问而学问，断不以学问供学问以外之手段"的精神。[15] 在他看来，这种欲望有点像鸦片烟瘾，一定要天天做，不做不行。所以他劝人每天一定在正常的劳作之外，腾出一些固定的时段，来研究自己所嗜好的学问，每天这样做，就可发现学问的趣味有如倒吃甘蔗，愈往下吃，愈得好处。

梁任公以过来人的经验指出，具有此一态度，一定会被你所钟情的学问引到"欲罢不能"的地步，这时就尝到学问的甜头了。正是这种对知识与学问的热忱使他能够将自己锻炼成

"百科全书式"的巨大存在。的确，要讨论中国现代学术的形成，无论是社会学、政治学、经济学、文学、史学、哲学、宗教等，几乎没有任何一个领域能回避梁启超的影响。

二、有关梁启超学术思想的一个争议

梁任公的著述多达千余万言，其内容又涉及近代中国政治、社会、经济、思想、文化等多方面。许多人都同意他是一个"博学之士"，不过学界对梁启超学术思想的评价却存在分歧。有的人肯定他的贡献，有的人则否定他的成就。当然也有人肯定其中的一部分，而否定另外一部分。

持正面看法者认为任公不但博学、多才，在"启蒙"方面也有很大的贡献。[16]近代史上的名人，如胡适、毛泽东、蒋梦麟（1886—1964）、梁漱溟（1893—1988）等，都曾在自述性的文字中谈到梁任公对他们的正面影响。例如胡适在《四十自述》中谈到年轻时梁任公的文字在他内心所激起的震荡：

> 梁先生的文章，明白晓畅之中带着浓挚的热情，使读的人不能不跟着他走，不能不跟着他想。……我个人受了梁先生无穷的恩惠。现在追想起来，有两点最分明。第一是他的《新民说》，第二是他的《论中国学术思想变迁之大势》。梁先生自号"中国之新民"，又号"新民子"，他的杂志也叫做《新民丛报》，可见他的全副心思贯注在这一点。"新民"的意义是要改造中国的民族，要把这老大的病夫民族改造成一

个新鲜活泼的民族。……我们在那个时代读这样的文字,没有一个人不受他的震荡感动的。他在那个时代……主张最激烈,态度最鲜明,感人的力量也最深刻。……他在这十几篇文字里,抱着满腔的血诚,怀着无限的信心,用他那枝"笔锋常带情感"的健笔,指挥那无数的历史例证,组织成那些能使人鼓舞、使人掉泪、使人感激奋发的文章。其中如《论毅力》等篇,我在二十五年后重读,还感觉到他的魔力,何况在我十几岁最容易受感动的时期呢?[17]

毛泽东生前屡次提及,他在年轻时代十分崇拜康有为、梁启超,而且将其立为楷模,他尤其喜爱梁任公主编的《新民丛报》,甚至于"读了又读,直到可以背出来"。他最肯定的是戊戌变法前后那几年,他说:"梁启超一生有点像虎头蛇尾。他最辉煌的时期是办《时务报》和《清议报》的几年。那时他同康有为力主维新变法。他写的《变法通议》在《时务报》上连载,立论锋利,条理分明,感情奔放,痛快淋漓,加上他的文章一反骈体、桐城、八股之弊,清新平易,传诵一时。他是当时最有号召力的政论家。"有一段时间,梁启超成为毛泽东十分尊崇的人物。他不仅学习梁氏的思想,模仿梁氏的文风,创办"新民学会",还给自己取了"子任""学任"(梁启超号"任公")的笔名。只是毛泽东对梁晚年走向一个与马克思主义不同的方向感到惋惜。[18]

以《西潮》一书闻名于世的蒋梦麟也很喜欢梁启超。他评价梁任公在东京所主持的《新民丛报》：

> ……《新民丛报》是份综合性的刊物，内容从短篇小说到形而上学，无所不包。其中有基本科学常识、有历史、有政治论著，有自传、有文学作品。梁氏简洁的文笔深入浅出，能使人了解任何新颖或困难的问题。当时正需要介绍西方观念到中国，梁氏深入浅出的才能尤其显得重要。梁启超的文笔简明、有力、流畅，学生们读来裨益匪浅，我就是千千万万受其影响的学生之一。我认为这位伟大的学者，在介绍现代知识给年轻一代的工作上，其贡献较同时代的任何人为大。他的《新民丛报》是当时每一位渴求新知识的青年的智慧源泉。[19]

梁任公的著作为他开启了一扇知识的大门，鼓励他继续求学。

梁漱溟比梁任公小20岁，他早年受任公著作之"启发甚深"。他说：

> 当任公先生全盛时代，广大社会俱感受他的启发，接受他的领导。其势力之普遍，为其前后同时任何人物——如康有为、严几道、章太炎、章行严、陈独秀、胡适之等等——所赶不及。我们简直没有看见过一个人可以发生像他那样广泛而有力的影响。……总论任公先生一生成就，不在学术，不在事功，独在他迎接新世运，开出新潮流，撼动全国人心，

达成历史上中国社会应有之一段转变。这是与我纪念蔡先生之中所说"蔡先生则成就普非学术，非事别，而在其酿成一种潮流，推动大局，影响后世"正复相同的。[20]

上面这几位名人所说的话都是他们内心最真实的感受。从这些例子来看，梁启超的著作对于近代中国思想启蒙是有贡献的。此外，就其著作的内容来说，梁任公不少的作品即使以现在的学术标准来看，仍然很有意义。

例如梁启超于1902年所撰写的《论中国学术思想变迁之大势》，被后世视为"阐释中国学术思想的引路之作"，具有首开风气的示范意义。此书出版后，过去以学者（或流派）为单位叙述学术思想变迁的各种"学案"体，逐渐淡出；以章节形式的叙述体裁论证区分各时代学术思想的特色，且结合或引证西方思想的趋势以为参较的各种著作，相继问世，成为我们理解认识中国学术思想的重要凭借。[21]

又如《清代学术概论》，对欲了解清代思想史的读者来说，也是一本提纲挈领的好书。这本书在1950年代由徐中约（1923—2005）译为英文，由哈佛大学出版，史华慈教授写了一篇导论，指出本书的主要内容与贡献：

> 梁启超的这部作品以简短的篇幅对中国清朝时期（1644—1911）的主要思想潮流提出了一个平衡的印象。第一部分涉及清初中国学者对之前宋朝和明朝时期的抽象、形而上学和

冥想的思想氛围的反应。他们的主要目的是将学术注意力从哲学话语转向实际行动，从个人转向公众。第二部分论述了清中叶对古代作品的文献研究的空前兴起。它通常被称为"考证学"，通过它，中国过去丰富的文化遗产被重新排序，并为现代学者所接受。第三部分剖析了晚清时期今文运动的崛起。在这三部分中，他的讨论清楚地显示了儒家社会中学术和政治的相互联系。[22]

目前这本书还有不少的读者。此外该书还有好几个日文的翻译本。[23]

又如《中国历史研究法》，在开创中国现代史学方面有划时代的功劳，即使今日读来仍可见作者匠心独运之处。甚至有人认为梁的新史学思想与法国年鉴学派有"惊人的相似处"，可谓"不谋而合"。[24]这本书也有日译本。[25]

《先秦政治思想史》也是一个很好的例子，显示梁任公的著作受到国际学术界的认可。这本书的雏形是1922年梁启超在北京法政专门学校与东南大学讲授"中国政治思想史"课程的讲义。书中分析了儒、道、墨、法四大政治思想流派的哲学观点与政治主张，论述了统一、寝兵、教育、生计、乡治、民权等颇具时代意义的话题。此书反映了梁启超在经历了对现代西方文明的怀疑后，重新认识中国传统文化的努力。这是一部有关先秦政治思想史研究的名作，至今依然是了解中国政治思想史的必读书。1923年初，商务印书馆出版了《先秦政治思想史》，不久就有外文译本出现。这本书的第一个外文译本是1926年出版的法文节译本，书名直译为《先秦法的概念以及立法的理论》，由北洋政府的法律顾问艾斯卡拉（Jean Escarra, 1885—1955）、宝道（Georges Padoux, 1867--1960），以及法国驻华领事罗伯特·热尔曼（Robert Germain）翻译、导读，经过编者节选而成，此一译本成为一部专门研究先秦法律思想的法文学术著作。[26]第二个外文译本是英译本。当时，英国的学者奥格登（Charles Kay Ogden, 1889—1957）和罗素共同担任人文社会科学巨型丛书"心理学、哲学与科学方法国际文库"（The International Library of Psychology, Philosophy and Scientific Method）的编辑和顾问，全套丛书将近100本。他们想收录一本有关中国哲学的书。罗素曾应讲学社之邀于1920—1921年来华访问，较了解中国的情况，他与徐志摩讨论要选择哪一本书，徐志摩建议挑选梁启超的《先秦政治思想史》。梁启超在1923年1月2日给徐志摩的信中曾说："《政治思想史》全部脱稿矣，甚盼弟能迻译也。"[27]后来徐因故无法完成，1929年交由曾担任上海、北京基督教青年协会秘书、干事，中国太平洋国际学会执行秘书的陈立廷负责翻译，该书于1930年正式出版。[28]当时美国学术界的《美国政治科学评论》（The American Political Science Review）登载了政治学者埃尔伯特·D. 托马斯（Elbert D. Thomas, 1883—1953）的一篇书评，他高度肯定了书籍内容和梁启超在政治思想与学术思想两方面的贡献。[29]

梁启超所写的人物传记也十分精彩。日本学者森冈优纪在最近出版的一本有关"近代传记的形成"的书中指出,梁启超大约在1896年《时务报》时期,已将"个人传记"视为"国家史",因而开始形成"近代传记"的观念。他以《李鸿章传》(1901)为例,说明梁启超受到德富苏峰(1863—1957)"时会之幸运儿"的影响,将李鸿章(1823—1901)视为乘时势而起的英雄。更重要的是,通过这本传记,梁启超不只描绘一个人物,更试着探究中国对日战争失败的根本原因。[30] 书中又通过李鸿章与中外人物的对比来突出李鸿章的弱点与长处。例如,他和汉朝的霍光一样"不学无术",因为他不如日本的伊藤博文(1841—1909),"(伊藤博文)曾游学欧洲,知政治之本原是也……李鸿章则惟弥缝补苴、画虎效颦,而终无成就"。(第81—80、83—84页)不过,李鸿章也有优点,"有常识有大量",如果将李鸿章与张之洞比较,"李鸿章最不好名,张之洞最好名,不好名故肯任劳怨,好名故常趋巧利"。(第81页)这使得他笔下的李鸿章有血有肉,难怪他很有信心地说:"合肥有知,必当微笑于地下曰:孺子知我!"[31]

总之,持正面看法的人肯定梁启超为博学者,同时也承认他的作品具有学术价值,而在启蒙上发挥了威力。

然而有些学者不同意以上的看法,他们认为,梁启超的学术兴趣虽然广泛,但思想肤浅、驳杂而没有清晰的脉络,也没有深入而有价值的思想内涵,所以只能算一个宣传家,而不是一个有创见、有慧识的思想家。值得注意的是,梁任公本身正是此一负面评估的一个肇始者,他曾在《清代学术概论》中评

价自己在晚清思想界虽有开创之功,"可谓新思想之陈涉",却也带来负面的影响:

> 晚清思想界之粗率、浅薄,启超与有罪焉……启超务广而荒,每一学稍涉其樊,便加论列,故其所述著,多模糊影响笼统之谈,甚者纯然错误,及其自发现而自谋矫正,则已前后矛盾矣。……每治一业,则沉溺焉,集中精力,尽抛其他;历若干时日,移于他业,则又抛其前所治者……以移时而抛故,故入焉而不深。[32]

清末民初时也有一些任公的师友抱持相同的看法。梁启超的好友黄遵宪在1904年时看到他的思想反复变化,有时革命,有时保守,有时欣赏美国,有时又"作俄罗斯之梦",这些转变造成了社会的动荡,而难以取信于人,因而在写给任公的信中予以规劝:

> 公之归自美利坚而作俄罗斯之梦也,何其与仆相似也。当明治十三四年初见卢骚、孟德斯鸠之书,辄心醉其说,谓太平世必在民主国无疑也。既留美三载,乃知共和政体万不可施于今日之吾国。自是以往,守渐进主义,以立宪为归宿,至于今未改。仆自愧无公之才、之识、之文笔耳,如有之,以当时政见宣布于人间,亦必如公今日之悔矣。

他又说梁启超不应主张以"保国粹即能固国本":

> 公自悔功利之说、破坏之说之足以误国也,乃壹意反而守旧,欲以讲学为救中国不二法门。公见今日之新进小生,造孽流毒,现身说法,自陈己过,以匡救其失,维持其弊可也。谓保国粹即能固国本,此非其时,仆未敢附和也。如近日《私德篇》之胪陈阳明学说,遂能感人,亦不过二三上等士夫耳。言屡易端,难于见信,人苟不信,曷贵多言。

他一针见血地指出:"公之所唱,未为不善,然往往逞口舌之锋,造极端之论,使一时风靡而不可收拾。此则公聪明太高,才名太盛之误也。"[33]

严复的看法与黄遵宪类似而更严厉,他在1910—1920年代与他的朋友熊纯如(1868—1942)通信时曾私下批判梁启超。[34] 他说梁任公在传统学问方面师承康有为,"宋学主陆王,此极危险"。这是因为他的言论主张都是依凭自以为是的"良知",而发出许多不负责的言论:

> ……云:"吾将凭随时之良知行之。"……由是所言,皆偏宕之谈,惊奇可喜之论。至学识稍增,自知过当,则曰:"吾不惜与自己前言宣战。"然而革命、暗杀、破坏诸主张,并不为悔艾者留余地也。(第648页)

任公妙才下笔,不能自休。自《时务报》发生以来,前后所主任杂志，几十余种，而所持宗旨，则前后易视者甚众，然此犹有良知进行之说为之护符。顾而至于主暗杀、主破坏，其笔端又有魔力，足以动人。主暗杀，则人因之而偭然暗杀矣；主破坏，则人又群然争为破坏矣。敢为非常可喜之论，而不知其种祸无穷。（第632页）

严复指出梁启超写文章不是为了"实心救国"，而是"俗谚所谓出风头之意多"（第646页），"梁任公所得于杂志者，大抵皆造业钱耳"（第632页）。他借着梁启超的例子来说，像他以及受到他影响的学者因为"中本无所主"，以致对于旧学、新学都无法有真切的认识：

至挽近中国士大夫，其于旧学，除以为门面语外，本无心得，本国伦理政治之根源盛大处，彼亦无有真知，故其对于新说也，不为无理偏执之顽固，则为逢迎变化之随波。何则？以其中本无所主故也。（第648页）

上文曾提到梁漱溟肯定任公对自己的影响，不过他也指出任公在个性与学问上的缺点。他认为任公"热情"而"多欲"，"情感丰富""缺乏定力"，这使他在学问上"不能深入"：

任公为人富于热情，亦就不免多欲。有些时天真烂漫，不失其赤子之心。其可爱在此，其伟大亦在此。然而缺乏定力，不够沉着，一生遂多失败。……情感浮动如任公者，亦是学问上不能深入的人。其一生所为学问除文学方面（此方面特重感情）外，都无大价值，不过于初学有启迪之用。[35]

后来的学者也有不少人批评梁启超的学术思想。有一类观点认为梁任公的看法是错误的，另一类观点则强调他的看法是肤浅的。

首先，有些学者受到政治与文化因素的影响，较偏向错误面的评估，这些人多是五四反传统运动的支持者。他们支持新文化运动，认为梁启超站在回归"封建"传统的立场。

胡适对梁启超的批评便属于这一范畴，他是从科学的角度批评梁启超"误入歧途"。1923年科学与人生观论战时，胡适与梁启超分属不同阵营，胡适在为《科学与人生观："科学与玄学"论战集》一书作序时就指出，梁启超的《欧游心影录》出版后，"科学方才在中国文字里正式受了'破产'的宣告"，认为他的话确曾替国内反科学的势力如同善社、悟善社等"助长不少威风"。在胡适看来，梁启超的著作助长了"玄学鬼"的反科学思潮。[36]1929年梁启超过世之后，胡适一直思考一个问题，即梁启超为什么"影响甚大而自身的成就甚微"呢？他认为，这是因为梁启超"才高而不得有系统的训练，好学而不得良师益友，入世太早，成名太速，自任太多"。他评价说，纵观梁启超的一生，"《新民说》可以算是他一生的最大贡献"；可是到了晚年，梁启超竟"为一班天资低下的人所误"，走上

17

"卫道"的歧途，甚至鼓吹"'大乘佛教为人类最高的宗教；产生大乘佛教的文化为世界最高的文化'的谬论。此皆欧阳竟无、林宰平、张君劢一班庸人误了他"。他为其误入人生的"退境"而扼腕叹息。[37]

马克思主义者则强调梁启超学术思想既肯定"封建主义"、维护"资产阶级"，又奠基于"唯心主义"，因而是错误的。例如蔡尚思曾就梁启超各时期的阶级属性发表了一系列的文章，认为梁启超前期是一个"不大象样的资产阶级改良主义者"，后期则"退回到地主阶级的立场上去，竟和资产阶级思想冲突起来"。[38]胡绳武与金冲及说"梁启超不是五四新文化统一战线内部的一员……他正是五四新文化运动的敌人"，梁启超肯定国粹与孔子教义，显示他的思想之中"有着浓厚的封建主义思想"。[39]还有学者认为梁的"唯心主义"的史学理论"无法对历史变化的真相做出合理解释而产生迷惑"。[40]

国民党人对梁启超也没有好感，这不但牵涉政治立场，也与思想有关。梁启超是清末改革派、民初研究系的首脑与进步党的党魁；他在晚清时批判革命派的激烈主张，在民初时则是国民党的竞争者。双方分属不同党派，梁启超曾公开批评孙中山。孔祥熙说："总理病故时，梁启超曾来吊丧，几乎发生惨剧，爰梁氏曾在报纸上痛诋总理，故党员几乎打之。"[41]可见双方之间的矛盾。此处所说的事情是孙中山过世之后，梁启超发表谈话，其内容以《孙文的价值》为题发表在3月13日《晨报》第2版之上。文中指出孙中山有三大优点——意志坚强、长于应变、不肯胡乱弄钱,但最大的缺点则是"为目的而不择手段",最后反而丧失了"真价值";"但我以为孙君所以成功者在此,其所以失败者亦未必不在此"。[42]这是梁启超对孙中山的批评。梁启超的谈话,引起了国民党人的强烈不满,当梁启超去吊唁孙中山时,还遭到了国民党员的围攻,如果不是汪精卫等人及时解围,难说不被国民党员痛打一顿。

此外,也有学者从学术的角度指出梁启超治学上的错误,如廖名春对任公古书辨伪方法的检讨,他依赖近年来的考古挖掘,指出:"梁启超关于辨别古书真伪的方法基本上是错误的。"[43]

另一些学者则着重指出梁任公思想的肤浅面。例如李泽厚说梁启超"不是什么重要的思想家,没有多少独创性的深刻思想成果"。[44]此外,有些学者探讨梁启超如何通过日文著作,译介新思想。他们发现梁任公旅日期间的许多作品,如发表在《清议报》上的《国家论》《各国宪法异同论》等,几乎是全盘"抄袭"自日本善邻译书馆所出版的汉文翻译作品,这亦显示梁任公不具有太多学术的创造力,只是抄袭者或转译的"舌人"罢了。[45]

赖建诚教授有关任公墨子经济思想的文章明显属于此一针对其"肤浅面"的"负面评估"。在中国近代经济思想史的领域内,赖教授是一位非常杰出而多产的研究者,他对严复、梁启超经济思想的研究,无论在数量上或深度上,都是国内外其他学者所难以望其项背的。赖教授的《梁启超论墨子的经济见解》一文是他讨论梁任公经济思想的系列研究成果之一。在这篇文章中，他探讨了梁氏论墨之作中有关经济议题的部分，并评论其中所反映的"经济见解"——其中虽有一小部分"解说得很好"，但整体而言有以下的缺点：一、其解说"未见深刻之处"；二、有"内在矛盾"；三、"欠缺思量""过度比附""言之过度"，"有点'不伦不类'"。因此他同意上述所谓"梁启超的学术研究肤浅、驳杂"的观点。本书内讨论梁启超墨子学的文章，会针对此一观点而有所讨论。[46]

毋庸讳言，给予一个历史人物公允的评估，并不是一件容易的事。很多人都同意评估的基础在充分的描写，而描写时必须注意历史人物的时代与社会，"苟离却社会与时代，而凭空以观某一个人或某一群人之思想动作，则必多不可了解者。未了解而轻下批评，未有不错误也"。[47]同时我们不但需要深入了解细节，也必须作全盘考虑，避免吹毛求疵。诚如梁任公所谓，"如乘飞机腾空至五千尺以上，周览山川形势，历历如指掌纹"，才能"知人论世"，了解历史的全面性与复杂性。[48]

本书的各章是针对梁启超在不同领域的学术工作，做个案的分析。笔者拟探讨梁启超如何通过对传统与西方的学术思想进行"现代诠释"来建立自己的思想。书中所收的文章包括他对传统文化的整体评价，例如他讨论为何"中国不亡"，以及他对宋明理学中的阳明学、诸子学中的墨学的阐释，也包括他对西方哲学（康德思想）与新史学的译介，以及他在科玄论战时期与严复有关科学、宗教问题的讨论等。再者，我也探讨了他的思想学术对后世的影响。在结论部分，笔者希望在这些个案分析的基础上，来思考如何公允地评价梁启超的学术思想。

笔者有两个主要的观点。第一，我们不宜将梁启超一生在学术上与思想上努力的成果视为肤浅、驳杂而不够深刻的，我认为梁启超的学术思想表现出他个人的学术风格以及前后的一贯性，他是一位既博学又敏锐的思想家。第二，梁启超的学术思想与政治思想有内在的关联，这是源于中国"学术与政治一以贯之"的传统。因此把学术与政治割裂开来，是不能正确地评价梁启超的。笔者认为梁启超学术思想的核心旨趣可以归结到"铸造国魂"的政治与文化理想上，他强调中国文化在世界上具有其独特性及崇高的价值，即使在列强的威逼下，"中国无可亡之理，而有必强之道"。[49]

1 黄遵宪:《致饮冰室主人书》,载丁文江编《梁任公先生年谱长编初稿》,台北:世界书局,1958,第150页。有关黄遵宪与任公,他们的著作与思想上的交互影响,参见张朋园《黄遵宪的政治思想及其对梁启超的影响》,《"中研院"近史所集刊》第1期(1969),第217—237页。

2 黄遵宪:《水苍雁红馆主人来简》,《新民丛报》第24号(1903),第45页。沙培德(Peter Zarrow)对晚清官员立宪之言论的研究,也发现清朝官员深受梁启超作品的影响,他说:"官员的意见大抵上与维新人士相去不远。有许多官员读过梁启超的作品,这或许不令人意外。梁启超为数不少的著作,与其说它们代表一个独特的立场,倒不如说它们代表了精英分子内心感触的冰山一角。换言之,官僚与非官僚体系的维新人士分享共同的思想背景。"参见沙培德《"利于君,利于民":晚清官员对立宪之议论》,《"中研院"近史所集刊》第42期(2003),第47—71页。

3 严复:《与熊纯如书》,载王栻编《严复集》,北京:中华书局,1986,第3册,第648页。

4 胡适:《胡适日记全集》,曹伯言整理,台北:联经出版公司,2004,第5册,第530页。

5 萧公权:《萧公权先生序》,载张朋园《梁启超与清季革命》,第vii页。

6 〔日〕狭间直树:《日文本序》,载狭间直树编《梁启超·明治日本·西方》,第1页。

7 钱穆:《近百年来诸儒论读书》,载《学籥》,台北:三民书局,1969,第81—90页。

8 胡适:《胡适日记全集》,第5册,第528页。

9 吴铭能:《北京大学收藏〈梁启超给寒季常等书信〉书后——兼谈书信的文献价值》,载《梁启超研究从稿》,台北:台湾学生书局,2001,第304—328页。

10 郭廷以:《郭量宇先生日记残稿》,台北:"中研院"近史所,2012,第172页。

11 梁启超:《学问之趣味》,载《饮冰室文集》(五),台北:台湾中华书局,1983,39:15—18。以下的观点均出自此文。

12 〔明〕艳艳生:《趣史序》,载《昭阳趣史》,台北:台湾大英百科股份有限公司,1994("思无邪汇宝"排印墨庄主人刊本)。

13 梁启超:《致徐志摩函》,载蒋复璁、梁实秋编《徐志摩全集》,北京:中央编译出版社,2013,第1卷,第58—59页。

14 冠:《与梁任公先生谈话记》,《清华周刊》第271期(1923),第17页。此处"实利主义"的教育原则可以以杜威(John Dewey,1859—1952)的思想为代表，强调实效与应用。
15　梁启超:《清代学术概论》，台北：台湾中华书局，1974，第78页。
16　[日]井波陵一:《启蒙的方向——对于梁启超的评价》，载狭间直树编《梁启超·明治日本·西方》，第347—371页。
17　胡适:《四十自述》，台北：远东图书公司，1966，第50—52页。
18　陈占标:《梁启超对早期毛泽东的影响》，载新会梁启超研究会编《梁启超研究》第6期（1989），第1—7页。《毛泽东读谈梁启超：从尊崇效仿到批判扬弃》，四川人大网，http：//www.scspc.gov.cn/html/wszyxs_61/lsyjz_63/2011/0728/62196.html（2023/5/30 点阅）。
19　蒋梦麟:《西潮》，天津：天津教育出版社，2008，第46页。
20　梁漱溟:《纪念梁任公先生》，载《忆往谈旧录》，台北：李敖出版社，1990，第108—112页。
21　潘光哲:《画定"国族精神"的疆界：关于梁启超〈论中国学术思想变迁之大势〉的思考》，《"中研院"近史所集刊》第53期（2006），第1—50页。
22　Liang Ch'i-ch'ao, *Intellectual Trends in the Ch'ing Period*, trans. Immanuel C. Y. Hsü, (Cambridge Mass.: Harvard University Press, 1959), p. vii.
23　如梁启超《清代學術概論》，[日]桥川时雄译，东京：东华社，1923；梁启超《清代學術概論：中國のルネッサンス》，[日]小野和子译，东京：平凡社，1974。胡适曾提及桥川翻译梁任公的《清代学术概论》之事，见胡适《胡适日记全集》，第3册，第905页。
24　陈丰:《不谋而合："年鉴派"和梁启超的新史学思想》，《读书》第177期（1993），第42—47页。
25　梁启超:《支那歷史研究法》，[日]小长谷达吉译，东京：改造社，1938。
26　Leang K'i-tch'ao ; traduction, introduction et notes par Jean Escarra, Robert Germain ; préface de M. Georges Padoux, *La conception de la loi les théories des légistes à la veille des Ts'in: extrait de l'Histoire des théories politiques à la veille des Ts'in* (Pékin: China Booksellers, 1926).
27　梁启超:《致徐志摩函》，载蒋复璁、梁实秋编《徐志摩全集》，第1卷，第59页。
28　Liang Chi-Chao, translated by L. T. Chen, *History of Chinese Political Thought during the Early Ts'in Period* (London: Kegan Paul, Trench, Trubner; New York: Harcourt, Brace and co., 1930).
29　Elbert D. Thomas, "History of Chinese Political Thought by Liang Chi-Chao," in *The American Political Science Review*, Vol. 24, No. 4(Nov., 1930), p. 1044.

以上有关《先秦政治思想史》的两个译本的研究，参见韩承桦《〈先秦政治思想史〉与澀江保晚年的思想之旅》，《思想史》第10期（2021），第209—210、247—248页。

30 ［日］森冈优纪:《近代伝記の形成と東アジア：清末・明治の思想交流》，京都：京都大学学术出版会，2022，第127—164页。

31 梁启超:《论李鸿章》，台北：台湾中华书局，1978。

32 梁启超:《清代学术概论》，第65—66页。

33 黄公度:《与饮冰主人书》，载丁文江编《梁任公先生年谱长编初稿》，第195—196页。

34 严复:《与熊纯如书》，载王栻编《严复集》，第3册，第632、646、648页。

35 梁漱溟:《纪念梁任公先生》，载《忆往谈旧录》，第110、115页。

36 胡适:《〈科学与人生观〉序》，载《科学与人生观："科学与玄学"论战集》，台北：问学出版社，1977，第6—7页。

37 胡适:《胡适日记全集》，第5册，第530页。

38 蔡尚思:《梁启超后期的思想体系问题》，《文汇报》1961年3月31日。此期的相关讨论，见侯杰、李钊《大陆近百年梁启超研究综述》，《汉学研究通讯》第24卷第3期（2005），第1—12页。

39 胡绳武、金冲及:《关于梁启超的评价问题》，《学术月刊》第2期（1960），第40—52页。

40 朱发建:《梁启超晚年对历史理论的探索及困惑》，《湘潭大学社会科学学报》第25卷第5期（2001）。

41 中国国民党:《中执会政治会议第一七二次会议速记录》，党史馆藏，档案号：00.1/114。

42 梁启超:《孙文的价值》，《晨报》1925年3月13日第2版。

43 廖名春:《梁启超古书辨伪方法的再认识》，《汉学研究》第16卷第1期（1998），第353—372页。

44 见李泽厚《梁启超王国维简论》，载《中国近代思想史论》，北京：人民出版社，1979，第421—438页。

45 如法国的巴斯蒂（Marianne Bastid-Bruguiere）教授，以及日本的狭间直树、山室信一、佐藤慎一教授都有类似的看法。见拙文《欧洲思想与二十世纪初年中国的精英文化研讨会》，《近代中国史研究通讯》第21期（1996），第36—45页；［日］狭间直树《梁启超研究与"日本"》，《近代中国史研究通讯》第24期（1997），第44—53页。有关位于德岛之善邻译书馆的翻译活动，参见［日］狭间直树《日本早期的亚洲主义》，张雯译，北京：

北京大学出版社，2017。
46 赖建诚:《梁启超论墨子的经济见解》,《近代中国史研究通讯》第34期（2002），第75—86页。
47 梁启超:《中国历史研究法》,台北：台湾中华书局，1978，第104—105页。
48 梁启超:《中国历史研究法》,第104页。
49 梁启超:《论中国之将强》,《时务报》第31册(1897)，第2页上。

第二章
铸造国魂：梁启超的"中国不亡论"*

一、前言：从列文森"儒教已死"的辩论谈起

美国汉学界已故的加州大学伯克利分校教授约瑟夫·列文森有"莫扎特式的史学家"之美名，他于20世纪50—60年代出版了一系列的作品，探讨梁启超与近代中国知识分子的思想特征，并由此而反省"儒教中国及其现代命运"的重要课题。[1]他的作品企图描写近代中国知识分子如何肆应中国从"天下"转变为"国家"。书中围绕"儒教已死"的观点，提出了三个比较重要的论点。

首先，他认为近代中国知识分子呈现理智与情感的断裂，一方面在情感上依恋传统，另一方面则认识到传统文化只具有"博物馆"中的典藏价值（有如埃及的木乃伊），因而在理智上全心拥抱西方文明。这样一来，在"历史"与"价值"的张力之下，近代中国知识分子内心表现出强烈的撕裂感以及认同危机。他认为中国知识分子在内心深处感到"我们所熟悉的正是

我们决定抛弃但却不忍抛弃的,而我们极生疏的又是我们刻意获取但却无法获取的",所以两方面都落空而感到躁动不安。[2]

列文森以张之洞与梁启超两人对儒家传统的态度来说明此一变迁。他认为张之洞的"中体西用"论显示其是一个绝对主义者,深信儒学的普遍价值,认为可以借此来安身立命,并吸纳西方科技为体所用;然而其后的知识分子,如梁启超于民国初年在《庸言》的《国性篇》上提出如果能坚守"国性",则国家不亡,却是从文化相对主义与浪漫主义的原则来肯定传统。后者的肯定"不是对儒学的基本信仰,而是对承认信仰之需要的信仰"。[3]换言之,对他们来说,传统只剩下手段与情感上的意义,成为联结自己与同胞的纽带,从而为实现民族存在的终极意义而服务。

其次,上述的论点是奠基于对东西方文化此消彼长,传统儒家文明将为具普遍价值的西方现代文明所吞噬的一种悲观想象之上的。列文森受到韦伯的影响,认为现代文明是一个专业化、理性化、以科技为主的文明,这一以西方、工具性理性为主的价值观,终将取代具有人文精神的儒家传统。所以中国儒教如西方的基督教、犹太教等精神文明一样,将逐渐被人遗忘,并随着工具性理性的极度发展,被卷入一个试图宰制环境却终至丧失个人自主性的"铁牢笼"。[4]在他看来,儒家的现代命运将是一个逐渐步向死亡,而成为博物馆展览品的悲剧。在列文森有关梁启超思想一书的结论部分,他说梁启超在情感上牵系传统,但在理智上却疏远传统,中国传统最终要因为他们这一代知识分子的疏离而走向覆亡。[5]

第三，列文森上述对儒教中国现代命运的悲观描述与中国知识分子的一种乐观、高远的文化理想交织在一起。他指出近代中国国家主义的特殊性在于它所面临的问题不完全是民族危亡，而是中国在世界上遭到"边缘化"的命运。中国知识分子不但希望与西方分庭抗礼，而且要求"驾乎欧美之上"，而无法忍受中国不再居于世界文明的核心地位。他非常犀利地看到近代中国的意识形态与自身国际地位之间的关联。的确，20世纪中国思想界的一个共识是认为"天下"应该是一个贤人在位的世界，而中国必须是世界核心的一部分。如此一来，近代中国的国家主义与20世纪植根于传统的乌托邦思想便不无关联了。[6]事实上，20世纪的许多中国知识分子，后来接受马克思主义，即出于此一信念，他们相信马克思主义可以使他们一方面学习西方，同时又可以超越西方具有局限性的"现代"（以资本主义与自由民主为中心的"启蒙"传统）。列文森在这方面的贡献不应受到忽略。[7]

列文森的观点与20世纪五六十年代的时代背景有密切的关系。他不但直接受到韦伯式现代化理论的启发，而且与五四反传统思想家如胡适、鲁迅、陈独秀（1879—1942）等人的看法血脉相连。诚如罗志田所指出的，列文森有关博物馆的比喻很可能受到清末民初，尤其是五四运动至北伐前后的中国知识分子如吴稚晖、钱玄同（1887—1939）等人"把中国传统送进博物院"之"主观愿望"的影响。[8]然而不容忽视的是，清末民初知识分子激烈地扬弃传统的主观愿望,并未实现。尤有甚者,根据唐君毅的自述与林毓生与王汎森的分析,这种反传统的愿望本身也具有深厚的传统根源。[9]如此说来,列文森只是把历史人物的主观愿望投射为一种"客观"的历史解释,而没有体认到传统与反传统之间复杂而纠结的关系,以及传统文化所具有的深刻影响。

列文森的观点一方面与五四反传统思想相呼应,另一方面则与较温和、保守的知识分子,如萧公权的看法截然不同。1964年萧公权在为张朋园所著的《梁启超与清季革命》一书写序时,称列文森上述的看法乃"捕风捉影、弄巧成拙"。[10]这可能是中国学界对列文森理论最有名、也最严厉的一个批评。萧公权没有详细地说他为何反对列文森,但这无疑牵涉到他对五四反传统运动的反感。余英时曾引用萧著《问学谏往录》中的史料指出:"萧公权的父母早逝,却受大家族制度之惠,由伯父母等抚育成人,他当然不能赞同'打倒孔家店'的偏激论调。"[11]

再者,如果我们比较列文森有关梁启超思想的书与萧公权《中国政治思想史》中的梁启超一章,可以很清楚地看到萧公权对梁任公的描述与列文森截然不同。萧公权认为任公是一位"开明之爱国者,温和之民治主义者,稳健之自由主义者","其对近代西洋民治理论之阐发,则不乏真知灼见"。并认为任公对于中国传统也有真切的体认,并抱持批判的态度:

> 梁氏认孔子为中国文明之代表。"吾国民二千年来所以能抟控为一体而维持于不弊，实赖孔子为无形之枢轴。今后社会教育之方针必仍当以孔子教义为中坚。"然而尊孔者非迷信孔子之谓。以今日之眼光观之，"孔子之言亦有不切实而不适宜者"。吾人当分别精粗，择善而从，然后孔教之发扬光大可预期也。[12]

这一观点与萧公权本身对孔子思想乃至固有文化所采取的态度十分类似。[13]所以在萧氏看来，梁任公对传统的态度不像列文森所说是对"一个僵死文明的情绪性反应"，而是理性反省下的明智抉择。因此，无论是萧个人的经验，或是他从阅读梁启超而认识到的中国近代思想变迁，都与列文森所述不合。

除了萧公权，20世纪70年代以来批评韦伯式的现代化理论与"五四话语"，因而不同意列文森的人越来越多。[14]柯文（Paul Cohen）在《在中国发现历史》一书中将列文森与芮玛丽（Mary Clabaugh Wright，1917—1970）、费维恺（Albert Feuerwerker，1927—2013）等人的理论同样归于"传统—现代"二元对立的模式，并精简地陈述美国汉学界如何超越此一模式。[15]大致上，从20世纪70年代开始，列文森的理论受到多方面的批判与质疑。相对于列文森所看到西力的冲击、传统与现代的断裂，以及认为中国传统只具有"博物馆"的价值，而历史文化传统终将为人所遗忘，从1970年代张灏的《梁启超与近代中国思想的过渡》与墨子刻的《摆脱困境》问世以来，有越来越多的学者注意到中国传统中连续性的一面，并反驳列文森所说的"不连续性"。[16]张灏以为梁氏肯定传统不完全是因为情感的因素，而且也是由于他认为固有文化有其价值，例如梁启超仍然肯定来自儒家传统的"私德"。墨子刻在《摆脱困境》一书中则更深入地讨论了现代中国动力的起源问题，他不同意"儒家已死"的说法，也不认为近代中国革新的动力源自中国模仿西方的"普罗米修斯精神"（Promethean spirit），他强调此一动力与儒家传统的一些根本预设有密切关联。近代中国思想的一个主轴是以西方的新方法来实现植根于传统而长期以来未能实现的目标，以摆脱长期存在的困境。"中国人之所以接受西洋方式，并非因其乃是与儒家传统矛盾的东西才接受。他们之所以热心地采行西洋方式，主要乃因他们将西洋方式视作在达到传统目标而久受挫折的奋斗中，能够预示一种突破的新手段。"墨氏指出早期现代化提倡者（如梁启超）并非全盘接受西方思想，而是对中西文化均有所取舍。他们所拒绝的西方思想主要是与固有共同体理想相冲突的"个人主义"，以及与传统绝对道德信仰相冲突的西方哲学上的"怀疑论"。[17]

在中文学界也有学者呼应他们的观点。例如吕实强与王尔敏都强调近代中国自强、维新思想的动力主要来自儒家传统。[18]又如王汎森从晚清思潮的内部变动，特别是汉学的瓦解中所导引出的汉宋调和论与今文学的兴起，以及新学术典范的出现，来看中国传统内在的机理如何与外在刺激相冲撞、相交融，因而衍生出波澜壮阔的变化。再者，王汎森认为近代中国知识分了也不再如列文森所述具有"精神分裂"般的断裂,而是依赖对中西思想资源的重新诠释,或是经世济民,或是努力建立"学问之独立王国",以脱离政治的束缚,并解决精神世界之危机。这样说来,近代中国儒家文化并不是一个僵硬而垂死的整体,它不但具有地域、阶层、流派的多元性,也各自以强劲的生命力,历经曲折而蜿蜒的发展。[19] 深受儒家文化熏陶的知识分子也都认识到,"中国与西方并非两个互相排斥的整体,而是各代表着一个思想上复杂的选择机会"。[20] 在此一选择之中,不少中国知识分子乐观地相信,以儒家思想为核心的中国绝不会灭亡,而且未来中国人也有机会可以结合中西的优点,而再创造出一个新的文明。总之,人们逐渐认识到传统中国儒家的价值并不是停滞或死亡的,不是集体主义的与权威主义的,也不必然与科学精神、民主制度或对个人自由与尊严的尊重背道而驰。

上述这种"列文森"与"反列文森"之间的论辩,可以帮助我们重新审视中国近代的思想变迁,特别是有关国民性与国族主义等议题,并思索何谓"启蒙"。

二、"方死方生"抑或"更生之变"?

上述20世纪五六十年代以来中西学界对儒家文化的讨论,并非空穴来风,而是民初以来思想史上"五四"与"反五四"论争的延续发展,如果再往前推到晚清思想界,诚如拙著《一个被放弃的选择》与《自由的所以然》两书所企图勾勒的,谭嗣同与严复、梁启超的思想分别代表当时思想光谱中转化与调适的不同类型。谭嗣同"冲决网罗"的想法是近代激烈主义的鼻祖；而严、梁继往开来的观点则是保守、渐进思想之原型。[21]

在此要对拙著曾提到的"转化"（transformative approach）与"调适"（accommodative approach）作一说明。转化与调适的分析架构是由墨子刻教授所提出的，他之所谓转化类型接近特尔慈（Ernst Troeltsch）所说的"宗派型"（sect type）与钱穆所说的"经术派"的想法；而调适类型则倾向特尔慈所说的"教会型"（church type）与钱穆所说的"史学派"的观点。近代中国的革命派倾向"转化类型"，主张以一套高远的理想彻底改造现实世界，以达到"拔本塞原"的目的。他们多以为历史有两个阶段，一为完全成功的将来或当代的欧美社会，一为彻底失败的当代中国，而历史上成功的例子使他们乐观地相信理想终将实现。改革派则倾向所谓"调适类型"，以为不可只看理想而不顾现实，因此他们主张小规模的局部调整或阶段性的渐进革新，并反对不切实际的全面变革。[22]

了解转化与调适这两个思想类型，不但有助于剖析晚清思想界，也可以帮助我们了解清末民初至20世纪末叶以来中国思想界的主要变化。随着帝国主义的侵略与社会达尔文主义在中国的传播，近代中国知识分子反复讨论的几个问题包括："东西方文化孰得孰失，孰优孰劣？""中国究竟会不会亡国？""有没有可能遭逢'灭种之祸'？"以及"国人应如何救国保种，乃至'进种'？"等等。[23]

对于上述问题，清末以来的思想界有两种主要的答案。

类是转化式的看法，认为"方死方生"，中国人只有抛弃旧传统、拥抱新文明，中国国家、文化才能获得新生。如陈独秀认为中西之间是对立的，接受西方就得唾弃中国。这时放弃传统仍是一个尚未完成的目标（上文所说"主观愿望"）。至1933年，胡适在芝加哥大学演讲"儒教的使命"（The Task of Confucianism）时曾说："何铎斯博士在演说的末尾说：'儒教已经死了，儒教万岁！'我听了这两个宣告，才渐渐明白——儒教已死了——我现在大概是一个儒教徒了。"他所要强调的是"儒学已亡"，而儒学的死亡是使儒学具有新生命的开始。[24]平心而论，这还是一种主观愿望，但在胡适看来，儒教的死亡显然已经不是目标，而是"事实"。对此一中国近代思想史上的转化路向，钱穆描写得最好。他说：这些学者"好为概括的断制。见一事之弊、一习之陋，则曰吾四万万国民之根性然也；一制之坏、一说之误，则曰吾二千年民族思想之积叠然也"[25]，"于是转而疑及于我全民族数千年文化本源，而惟求全变故常以为快"[26]。反传统主义者、全盘西化论者与科学主义者多半抱持这种观点。此一观点也契合上述列文森的解释。

第二类答案则是调适型的"继往开来"，或称为"更生之变"的主张。他们也看到了中国文化的缺失，却希望从传统之中去芜存菁，融入西方文化的优点，走出一条再造文明的路。清末民初采取调适型思路的知识分子，与转化型学者一样，面对民族、文化存亡的生死战，而企望有所作为。借用余英时描写钱穆思想时所用的字眼，他们相信传统文化不死，而且即使如反传统者所宣称的那样,传统已经衰亡,他们仍锲而不舍地要"为故国招魂",并期盼让"旧魂引生新魂"。[27]这一思路源于晚清梁启超求索"中国魂",与《新民说》中"采补""淬厉"并重的想法,以及严复"会通中西"的理论,尝试将儒、释、道的生活哲学与西方自由、民主的生活方式及进化论的宇宙观、历史观等结合在一起。

值得注意的是,针对中西文化分歧、合流的历史处境与会通中西的目标,严复、梁启超等调适型学者的思想在理论层面并不具有"两面性"[即史华慈在《寻求富强:严复与西方》中所说的"贾努斯脸"(Janus-faced),意指两者的分歧与矛盾][28],无论这个两面是指中与西、体与用、形上与形下、"价值理性"与"工具性理性"(韦伯意义之下),或科学与哲学。他们肯定中国伦理价值与涉"不可思议"和"幽冥之端"的形上世界,同时也接受西方有关追求富强与民主的技术和制度安排。对他们而言,这几方面可以互补、融合,也都是建立一个理想的自由国度所不可或缺的。此一会通的信念也使他们不具有列文森所强调的理智与情感的分裂或所谓精神迷失、茫无归着。

上述"会通"的思路从清末士人追索"国魂"开始,至民国初年发展为学界挖掘"国性""国粹","立国精神"或"民族精神",并追求中国精神文明与西方物质文明的结合。第一次世界大战结束之后,梁启超看到西方文明的危机,出版《欧游心影录》,而奠定此一观念之基础。梁任公所揭橥的新方案是:"我们国家有个绝大责任横在前途。什么责任呢?是拿西洋的文明,来扩充我的文明,又拿我的文明去补助西洋的文明,叫他化合起来成一种新文明。"其具体的内涵是梁启超在《先秦政治思想史》结论部分所说的:他"确信"以先哲之理念为基础,可调和"精神生活与物质生活""个性与社会性",由此而"拔现代人生之黑暗痛苦以致诸高明"。[30]

钱穆同样看到近代中国学术界的核心议题是融通会合"民族精神"与"物质科学"。[31]他将这种变化称为"更生之变":"所谓更生之变者,非徒于外面为涂饰模拟,矫揉造作之谓,乃国家民族内部自身一种新生命力之发舒与成长。而牖启此种力量之发舒与成长者,自觉之精神,较之效法他人之诚挚为尤要。"[32]余英时对此一思路的阐释则是:"面对西方文化的挑战,中国文化自不能不进行调整和更新,但是调整和更新的动力必须来自中国文化系统的内部。易言之,此文化系统将因吸收外来的新因子而变化,却不能为另一系统(西方)所完全取代。"[33]总之,在梁任公登高一呼之后,质疑反传统与"科学主义"(scientism,即科学万能说)的人越来越多,"科玄论战"中的玄学派、反五四运动的学衡派与孙中山的三民主义都契合此一思路。

从晚清到"五四",调适型知识分子都以会通精神来阐释在西方文化的冲击之下,中国传统所具有的价值,也坚持中国必定不亡的信念,然而其论证的基础却经历了一个重要的变化。在晚清主要是以"国民"来铸造"国魂";至"五四"前后则强调"国性""国粹""立国精神"与"民族精神"。换言之,前者可以说是"政治民族主义",后者则是"文化民族主义"。不过这两者只是侧重点上的区别,并非截然不同的两个方向;相反,我们应视之为近代中国知识分子"为故国招魂"的延续性发展,而且他们的想法一直具有影响力。拙见以为,1949年之后,源于港台并进一步扩散到中国大陆乃至世界各地(如美国波士顿)的新儒家思想,正是结合以上两个阶段的思路,进一步从"尽心知性知天"或"内在超越"等哲学性的内圣功夫,来证成民主、科学体制下的"新外王"。新儒家的努力不一定完全成功,但是他们对五四反传统思想与马克思主义的挑战却不容低估。尤其值得注意的是,这几个路向其实都可以在清末民初梁启超的思想之中找到原初性的探索,并且形塑了20世纪思想界知识分子对"传统文化的现代意义"之讨论的基本方向。这样一来,梁任公在《清议报》《新民丛报》与《国风报》《庸言》上的言论,一方面带起了像胡适那样新学青年的革命精神,另一方面同时也为后来调适型知识分子继往开来的精神开拓了宽广的思路。

三、铸造"国魂":晚清时期梁启超的"国民"思想

近代中国知识分子"为故国招魂"的志向,可以追溯到晚清"戊戌变法"失败后,中国思想界的发展。由于政治革新的幻灭,知识分子开始采取思想救国的路子。梁启超在"戊戌政变"之后流亡日本,创办《清议报》。诚如张佛泉所指出的,在这一时期任公思想最重要的发展是在德国政治学者伯伦知理

(Bluntschli Johann Caspar，1808—1881）的影响下，形成了"国家"与"国民"的观念。"1899年梁启超于《清议报》第33期发表了两篇文章，一篇是《国民十大元气论》(一名《文明之精神》)，一篇是《中国魂安在乎》。在这两篇文章中，梁任公开始触及所谓现代国家之精神基础的问题。简单地说，任公追问中国在建立现代国家时，需要具有何种精神品质的现代"国民"。任公将此基础分别称为"国民之元气"与"中国魂"。他认为文明有"形质"面与"精神"面："衣食器械者，可谓形质之形质，而政治法律者，可谓形质之精神也。若夫国民元气……是之谓精神之精神。"任公指出，"精神既具，则形质自生"，"求文明而从精神入，如导大川，一清其源，则千里直泻，沛然莫之能御"。[35]

在第一篇文章之中，梁任公本来想写国民所需要的十大元气，后来只写了"独立论第一"，其他的部分则未能写成。任公说："独立者何？不借他力之扶助，而屹然自立于世界者也。"具有独立精神的是"国民"或"公民"，不具者则是"奴隶"。[36]他后来所写的《十种德行相反相成义》，谈到独立与合群、自由与制裁、自信与虚心、利己与爱他、破坏与成立，应该与"十大元气"的论旨有关。[37]

在同一期，任公又写了《中国魂安在乎》，这一篇和同期《自由书》专栏中前一篇《祈战死》相关。任公呼吁：

> 今日所最要者，则制造中国魂是也。中国魂者何？兵魂

是也。有有魂之兵，斯为有魂之国。夫所谓爱国心与自爱心者，则兵之魂也。而欲将制造之，则不可无其药料与其机器。人民以国家为己之国家，则制造国魂之药料也；使国家成为人民之国家，则制造国魂之机器也。[38]

这两篇文章大致上触及了任公国民思想的两个面向，亦即个人独立自主的精神与为国捐躯的爱国心。在任公看来，这两方面是未来中国所需要的"国魂"中的重要组成部分，简单地说就是现代国民对国家的认同。

1902年任公再次编辑《清议报》《新民丛报》上他的文章，如《少年中国说》《中国积弱溯源论》《论国家思想》《论进取冒险》等，加上"伤心人"（麦孟华）的《论中国今日当以竞争求和平》与《排外平议》两文，由上海冯镜如（？—1913）所经营的广智书局出版，名为《中国魂》。这本书尤其凸显了任公"招魂"的志向。在该书序文之中，任公说这本书是为了"舒中国之症结，凿中国之沌窍，延中国之血脉，提中国之精神。他日钗拿［中国］人雄飞大地，即此其原动力也"，又说"呜呼！大和魂既翔于东方矣，中国如待招也。吾将起灵均于九原"。[39] 值得注意的是，此书之中的"中国魂"，一方面是以"新民德"为宗旨，因此包括《新民说》（如《论国家思想》《论进取冒险》）上的文章；但也包括"开民智"的部分，亦即提供国民所需要的基本知识，如当时中国的人种、人数、宗教、地理状况、经济建设与对外关系等"中外大势"。

39

中國魂

飲冰室主人編輯

上海廣智書局印

例如梁任公所"想象"的中国人种有以下八种：汉种、通古斯种（满种）、蒙古种、高加索种、马来种、土耳古种（日文的汉字表记，即土耳其人）、西藏种、苗种。再者，书中列出的中国宗教则有以下九种：儒教（以"忠恕"为宗旨)、道教（以"制欲养心"为宗旨)、佛教（以"脱俗离欲"为宗旨)、白莲教（以"激发民心，谋为不轨"为宗旨)、喇嘛教（以"结众联盟"为宗旨)、回教（伊斯兰教，以"求长生说天道"为宗旨，教主"谟化灭独"）、天主教（以"造世界"为宗旨)、耶稣教（以"救众生"为宗旨)、拜物教（以"崇拜自然物"为宗旨)。总之，全中国四万万人作为一个有"魂"的人种，即由不同种族与宗教之人群所组成。[40]

其中最值得注意的是，任公在思索"中国魂"时也提到其所需要的物质基础，他和后来的孙中山一样，非常强调铁路的重要性。他拟定了十多条铁路路线，并说"铁路者中国之血轮也，未有血轮已涸，而灵魂尚能依附者。此哀时客所谓铁路时代也"。[41]这样一来，中国魂所代表的不但是"魂"之比喻所具有的抽象意涵，也和凝聚此一精神的经济建设密不可分。

在铁路表之后，任公还附上了"历代革命军及割据国所凭借地理表"，列了陈胜、吴广以降七十余位领袖的姓名与根据地。这或许显示在1902年对中国魂的"想象"之中，任公还欲掩弥彰地插入了"革命思想"，这与他在访美之前所主张的"破坏主义"相互呼应。

其后，通过1902—1903年在《新民说》上发表的文章，尤其是其中的《论尚武》一文，以及1904年他所编辑的《中国之武士道》一书，任公又继续探索上述《中国魂安在乎》一文中所提出的问题。但这时他不再感叹中国缺乏武士道精神，反而在中国传统之中找寻"尚武"精神的渊源。在《论尚武》一文中，任公说："孔子固非专以懦缓为教者也，见义不为，谓之无勇；战阵无勇，斥为非孝：曷尝不以刚强剽劲耸发民气哉！"[42] 在《中国之武士道》的凡例中任公又表示："武士道者，日本名词，日人所自称大和魂，即此物也。以其名雅驯，且含义甚渊浩，故用之"，"本编采集春秋战国以迄汉初，我先民之武德，足为子孙模范者，以列传体叙次之，加以论评，以发挥其精神"。[43]

任公的国民观念无疑源于西方"citizenship"（市民）观念与日本明治之后国家主义之国民观。他的想法不但受伯伦知理之启发，也受到中村正直（1832—1891）所译英国塞缪尔·斯迈尔斯（Samuel Smiles，1812—1904）所著《西国立志编》(*Self-Help: With Illustrations of Conduct and Perseverance*) 与弥尔《自由之理》(*On Liberty*)，[44] 以及日本思想界吉田松阴（1830—1859）的影响。他的国民观念不但强调国家认同的"形式的公民权"（formal citizenship）之层面，也重视国民应具有何种政治社会之权利的"实质的公民权"（substantive citizenship）之层面。[45]

那么中国所需要铸造的"国魂"是否全由西方与日本引进呢？任公不以为然。诚如上述，在他看来，中国所需要的爱国精神就是屈原与墨子的精神，而武士道在中国也有悠远的传统。⁴⁶在谈国民的独立精神的时候，他说"独立者，实行之谓也"，也就是实现王阳明所谓"知行合一"。再者，独立也指奋斗不懈，其实就是儒家所谓"舍我其谁"：

> 独立云者，日日以孤军冲突于重围之中者也。故能与旧风气战而终胜之。孔子曰："天下有道，丘不与易。"孟子曰："当今之势，舍我其谁。"独立之谓也，自助之谓也。⁴⁷

由此可见，任公借国民观念而铸造的"中国魂"，其中包含了来自西方（与日本）的文明精神，同时也包含了中国固有的精神资源，而两者之间可以相辅相成。

这样的想法一直贯穿于梁任公思想之中。在上述两篇文章出版之前，1897年，梁任公曾撰有《论中国之将强》（流亡日本之前，刊于《时务报》第31册），认为中国物产富饶、人才充足、智力优越、勤劳朴实，擅长移民海外，他因此大声疾呼"中国无可亡之理，而有必强之道"。⁴⁸1899年中，任公又撰写《论中国人种之将来》（《清议报》第19期），针对当时有人提出的"中国必亡论"与"保全中国论"，提出他的看法。任公乐观地说，"二十世纪，我中国人必为世界上最有势力之人种"，这是因为中国人种有以下四个特质："富于自治之力""有冒险独立之性质""长于学问，思想易发达""民人众多，物产沃衍，善经商而工价廉，将握全世界商工之大权"。⁴⁹

在1903年之后，任公对墨子学说与阳明思想的反复探究，也都是为了挖掘中国固有的精神资源，找寻源于传统文化的"元神真火"。1903年自美返国之后，任公在他所撰写的《论私德》中，提出"正本""慎独""谨小"等王学的德目，来铸造新民，正是《新民说》所揭橥"采补"与"淬厉"并重的具体展现。[50] 接着在1904年的《子墨子学说》中，梁氏则强调中国人有两个严重的缺点，一是自私自利，一是"命"的观念太强，因而不知自立自强，也缺乏西方冒险进取的精神。他觉得墨子的学说可以帮助国人解决这些问题。如墨子以兼爱为中心的"利他主义"，可以帮助国人医治自私自利的毛病，了解到正确的群己关系。而墨家精神之中最让他感动的，就是由兼爱、明鬼观念而产生的"轻生死""忍苦痛"的精神，他认为："欲救今日之中国，舍墨学之忍苦痛则何以哉，舍墨学之轻生死则何以哉？"[51] 换言之，在"新民"的理想之下，梁启超觉得传统儒家"杀身成仁""舍身［生］取义"的理想在实践之上有其限制性，"非学道有得者，不能切实体认，其平时养成之既甚难，其临事应用之抑亦不易，以故往往不能遽下"。[52] 他认为如果要使每一个国民都变成儒家的君子，具备现代国家思想，至少必须也要仰赖像墨家那种宗教观念，才能让人们为一个群体的道德理想而超越生死，在关键时刻敢于为国捐躯。[53] 总之，在《清议报》《新民丛报》时期，任公努力地会通中西思想资源，以国民来建构国魂、充实中国人种，希望借此能使国人屹然强立于天演界，而免于亡国与灭种的威胁。

四、"中国不亡论"与"国性说":梁启超的"文化民族主义"及其影响

如果我们借用英国学者本尼迪克特·安德森(Benedict Richard O'Gorman Anderson,1936—2015)的观念,认为"国家"与"文化"虽可能有各种抟成的因素,但更重要的是依赖国民对共同体的"想象",以界定其范围;他将此一现象称为想象,是因为在同一群体内的各个人不可能彼此完全认识,也不可能亲自去过所有的地方,或参与所有的事件,但是通过一种共同体的信念,可以"构造"出具有凝聚力(如同胞感与爱国心)的政治组织与文化群体。[54] 就此而言,诚如上述,梁启超的思想从晚清到民初经历了一个重要的变迁。梁启超在清末强调的是一种"政治性"的"国民想象",他借着结合中西思想,而建构由现代国民所构成的一个现代国家,企图在传统的根基之上思索中国作为政治体的未来。然而在民初,他更为强调中国之所以成为中国的"文化"想象,或可称之为"文化民族主义";他所提出的"中国不亡论"与"国性"的想法,都源于此一想象。[55]

诚如上节所述,任公在《时务报》与《清议报》阶段即曾提出"中国不亡论",但当时他的重点主要在于中国的"四万万同胞"之"人种"的不亡。此一人种的概念,与政治性的国家概念是重叠的,同时也与他所提出的亚洲"黄种人"相依对外的"亚洲主义"结合在一起。然而,至1901、1902年之后,尤其是从《新民丛报》开始,梁任公转而强调"民族"一词,在

他看来,"民族"是"种族"加上"文化";由"民族"一词又进而产生"民族主义"的观念。梁启超之所以从"人种论"转向以文化为中心的"民族主义",和法国社会心理学家吕邦(勒庞,又译卢般,Gustave Le Bon,1841—1931)的国民心理学理论有关。吕邦等国民心理学家认为:民族国家必具共同的历史背景和国民心理,它的组成分子是所谓"心理的品种"而不是生物的品种。[57] 如此一来,构成民族的重要成分不再单纯是血统性的种族(或人种),而是要加上历史与文化所构成的心理因素。

在《新民说》中,梁任公解释他之所谓"民族主义",其中已透露出人种不是唯一的标准:

> 自十六世纪以来(约三百年前),欧洲所以发达,世界所以进步,皆由民族主义(Nationalism)所磅礴冲激而成。民族主义者何?各地同种族、同言语、同宗教、同习俗之人,相视如同胞,务独立自治,组织完备之政府,以谋公益而御他族是也。[58]

梁任公认为民族主义之根源是一种"其国民独具之特质",亦即一种精神上、心理上的特质。[59] 在梁任公看来,中华民族之所以长久存在,即是因为此一民族之特质:

> 我同胞能数千年立国于亚洲大陆,必其所具特质,有宏

大高尚完美,厘然异于群族者,吾人所当保存之而勿失坠也。[60]

大约从1902年开始,任公开始多方面地阐释此一中国"特质"的具体内涵,并相信该特质可以与西方文化的优点结合在一起,从而保证中国不亡。他在1911年《国风报》(当年三至五月)上发表的《中国前途之希望与国民责任》,正是此一心态的反映。[61]这篇文章整理自任公与友人汤叡(字觉顿,笔名明水,1878—1916)的对谈。该年二月任公携长女令娴与汤叡游台湾,在旅途之中两人日夜相对,讨论国事,此文应是当时谈话的记录。在该文之首,有一段"著者识":"春寒索居,俯仰多感,三边烽燧,一日数惊。日唯与吾友明水先生围炉相对,慷慨论天下事。刿心怵目,长喟累欷,辄达旦不能休。……"

这篇对谈主要是针对晚清时流行的"中国必亡"的说法。由明水(汤叡)来陈述此一"中国必亡论",再由梁任公(沧江)加以辨析,而表明中国不亡。根据明水的陈述,当时不少人在社会达尔文主义思想的冲击之下认为:一、列强虎视眈眈,企图瓜分中国,中国可能步朝鲜之后尘而亡国;二、中国政府财政窘困,入不敷出,加上国民生计出现危机,很可能不久之后"全国破产";三、政府失职,无力处理当前危机;四、国民具劣根性,一国风俗颓坏,人心腐败。

梁任公不以为然,他认为国人所具有的"浑融统一之国民性,即我国家亿万年不亡之券"。梁任公的谈话与他在台湾旅行的经验有关系,他发现即使在日据之下的台湾,"其男女曾无一肯与日人杂婚者,避地内渡,岁不绝","台湾且然,况乃中原"。

此外,二人还很具体地谈到中国国民性之长短,在优良的方面:一、中国社会实现四民平等之理想;二、国民具有自营自助之精神;三、国民常能以自力同化他族,不但能自保,且能吸收他种文明。至于国民性的短处,明水提出国人缺乏科学观念、尚武精神,无爱国心、无政治能力等梁任公曾在《新民说》中所反复陈述的观点。梁任公认为并不尽然,如在尚武精神方面,他曾写《中国之武士道》,举证"我国古代尚武之风本甚盛",至秦汉之后才渐消弱,但是"其根器之受自先民者,终不失坠,有所触而辄见也"。[62] 其他方面也是如此。梁任公的想法无疑具有阳明学与佛教"唯心论"的色彩,也和上述"国民心理学"有直接的关联。梁任公说卢般(吕邦)认为国民心理中有"潜伏不现之特性",在时势急需之时,"摩荡而挑拨之,不期而同时并发"。梁任公显然相信中国国民性中这些潜伏的正面因子,会如"弱女之计"那样在危急的情况之下施展出来,"拯所爱于焚溺"。

总之,梁任公企图指出:

> 持中国必亡论者,即亡中国之人也。是故吾辈当常立一决心以自誓曰:"中国之存亡,全系乎吾一人之身。吾欲亡之,斯竟亡矣;吾欲不亡之,斯竟不亡矣。"[63]

第二章 铸造国魂：梁启超的"中国不亡论"

这篇文章刊出之后曾引起许多回响，我们可以举钱穆和左舜生（1893—1969）为例。钱穆当时16岁，就读于常州府中学堂。他读了这篇文章之后，深为任公的"中国不亡论"所感动，从此萌发爱国思想与民族文化意识。他后来在香港新亚书院演讲的时候，多次提到梁任公这篇文章"在他少年的心灵上激起巨大的震动"。[64]诚如余英时所述，"他深深为梁启超的历史论证所吸引，希望更深入地在中国史上寻找中国不会亡的根据。钱先生以下八十年的历史研究也可以说全是为此一念所驱使"。[65]左舜生也是如此，当时他18岁，在湖南长沙从长邑高等小学肄业，与同学易克疆是好友。他们非常喜爱阅读《国风报》上的文章，当其他学生均已就寝之后，他们两人还在自修室讨论。尤其是"梁任公、汤觉顿辩'中国究竟会不会亡'的问题。把我们两个青年简直弄得热泪长流"。[66]

梁任公在这篇文章之中虽然比较广泛地讨论了中国前途与国民责任，然而其中心论旨是在说明中国因为具有优良的国民性，可以使之"与天地长久"：

> 我国乃有天幸，借先民之灵，相洽以为一体……宗教同、言语文字同、礼俗同，无地方部落之相残，无门第阶级之互阋……夫我之有此浑融统一完全具足之国民性，此即其国家所以恃以与天地长久也。[67]

任公对中国国民性的信心，至民国以后，并未消减。1912年他在《庸言》所发表的《国性篇》《中国道德之大原》，乃至1915年的《〈大中华〉发刊辞》等文中，都反复地从"国性"，亦即"继继绳绳……一种善美之精神"，来论证中国不亡，并勉励国人"发扬淬厉"此一优良传统。[68]

　　从上述"发扬淬厉"的观念可见梁任公有关"国性"的想法一方面源于历史的积淀所产生的文化、心理特征，另一方面也具有包容性与创造性，"我国民于他社会之文明，非徒吸受也，且能咀嚼融化之，而顺应于我国民性以别有所建设"[69]，此即上文所述会通中西的精神。梁任公在1920年的《欧游心影录》中更充分地表现出"会通"精神的延续发展。这时欧战所显现出的西方文明的弊端使他更为坚信中国文明的价值。他引用柏格森（又译柏格孙，Henri Bergson，1859—1941）的老师蒲陀罗（今译布特鲁，Étienne Émile Marie Boutroux，1845—1921）的话——"一个国民，最要紧的是把本国文化发挥光大。……因为他总有他的特质，把他的特质和别人的特质化合，自然会产生第三种更好的特质来"，说明此即中国人对于世界文明之大责任。任公同时也呼吁国人要有"中国不亡"的信心，而且"我们只管兴会淋漓的做去便了"，"不可着急"。[70]

　　梁启超在清末民初以"文化想象"为中心所提出的"民族主义"具有重要的历史意义。当时有不少人在类似的信念鼓舞之下，努力地寻找国家的精神基础，以证明中国不亡。如严复也同样提倡"国性说"，在1913年的演讲中，他说：

第二章 铸造国魂：梁启超的"中国不亡论"

> 大凡一国存立，必以其国性为之基。国性国各不同，而皆成于特别之教化，往往经数千年之渐摩浸渍，而后大著。但使国性长存，则虽被他种之制服，其国、其天下尚非真亡。[71]

1914年严复在参政院提出《导扬中华民国立国精神议》，该议案不但抽象地指出"忠孝节义"等作为"立国精神"之价值，也提出具体的弘扬此一精神的制度安排。包括将中外先贤、名人的言行编入学校教科书，并以通俗歌曲、戏剧、图画的形式或祭典、庙会的方式广泛宣传。[72] 在同一年，严复又翻译了卫西琴（Alfred Westharp）所著《中国教育议》(*Chinese Education: How East and West Meet*)，该书的主旨也是结合中西，而回归中国传统。该文刊登于任公所主办的《庸言》之上。[73] 事实上，严复不但在主张"国性""中国不亡"等观念上与任公一致，也同样追求中西学术的会通。陈宝琛（1848—1935）曾评价严复的学术思想说："君于学无所不窥，举中外治术学理，靡不究极原委，抉其得失，证明而会通之。"[74] 上文中的"会通"二字，正是严复学术思想的核心。他本身的思想即结合了中学与西学、传统与现代，以及科学与宗教、伦理等。

除了严复，任公的思想也带动清末民初其他中国士人从历史文化中挖掘中国不亡的各种根据，有关"国魂""国粹""国学""国故"的探究纷纷兴起，[75]"有人以为此'魂'寄托于历史，有人以为哲学（儒家与诸子）即是'魂'，也有人以为文学才是'魂'的凝聚之地"。[76]钱穆所谓"治国史之第一任务,在能于国家民族之内部自身,求得其独特精神之所在"[77],与任公所开创的思路便有直接的关系。难怪钱穆在写给余英时的信中就说:"近人对梁氏书似多失持平之论,实则在五四运动后梁氏论学各书各文均有一读之价值也。"[78]

然而从梁任公、严复到钱穆的以"会通"思想为核心的"文化民族主义",在清末民初的思想界并非共识,它至少与两种观点针锋相对。一是以陈独秀、李大钊(1889—1927)为代表的"新文化运动"之西化论者,他们认为中国文化与科学、民主不相容,要肯定德先生与赛先生,就要反对"国粹和旧文学"。[79]第二种观点是梁漱溟在《东西文化及其哲学》中所提出的"中国化与西方化根本不同",他认为中国、印度与西方三者各具其特色异彩,而印度的"出世思想"与西方的"功利思想"都有缺陷,因此他在人生理想上归结到儒家,并指出世界未来将是中国文化的复兴。[80]钱穆非常敏锐地指出,梁漱溟虽然要反对陈独秀等人的新文化运动,亦对新文化运动的缺失有"补偏救弊"的作用,可是他实际上受陈氏议论的影响太深,此种论调"完全受陈独秀派独断论之遗毒,殊无历史上细密的证据"。[81]

在钱穆看来,陈独秀与梁漱溟的想法都不够注意到传统文化的延续性价值以及返本开新的文化潜力。钱氏发愤作《国史大纲》,就是希望国人能对以往的历史有一真实之了解,再进而"为未来精神尽其一部分孕育与向导之责"。[82]事实上,钱穆一生的写作、教学工作都围绕着此一"为故国招魂"的宏愿。自1949年至1965年，钱穆客居香港，从事高等教育事业，专注于人文道德教育工作，创办新亚书院及新亚研究所，默默耕耘，以新亚书院为发扬、保存中国文化之根据地。[83]

除了钱穆，当时在香港抱持着相同志向的还有大家所熟悉的唐君毅与牟宗三等新儒家。他们不但和梁任公一样，在传统思想倾向上具有肯定陆王、批判程朱，又接受佛学的哲学立场，在西方思想方面尊崇康德（又译汗德，Immanuel Kant，1724—1804），而且主张以渐进改革、继往开来的精神，会通中西文化，企图将中国传统精神资源与西方的自由民主思想和资本主义结合在一起，以建立一个新文明。难怪有学者认为任公所开创出的思想视角，正是为牟宗三、唐君毅所继承、开展，二人因此而可以被定位为"现代新儒家的第一开拓者"。[84]

钱穆与新儒家虽然立场不尽相同，但他们均一方面深入中国传统"寻找中国不会灭亡的根据"，并认为此一根据主要是中国历史文化独有的"精神"价值；另一方面则苦心孤诣批判西方的现代性，并接引民主与科学的制度设计与精神价值，"本中国内圣之学解决外王问题"，以"重建儒家与生活世界的关系"。[85]以新儒家来说，他们虽多半是从"本体论"的层面，来解决中西之冲突，并为中国文化找寻出路，希望以儒家内圣功夫确认主体与宇宙的关联，来保障主体道德的超越性与自主性，并作为自由制度的哲学基础，然其主要精神还是跟着严复、梁启超以来的"会通中西"的基本立场。例如牟宗三先生所提出的问题是：民主与科学的背后是有某种精神在支援的，重要的是"如何把精神接引过来"。牟氏讨论本体论而采用黑格尔（Georg Wilhelm Friedrich Hegel，1770—1831）围绕"精神"的历史观，就是为了了解"如何把精神接引过来"，从而以这个"精神"去"发动文化的力量、教育的力量"，宣扬"生命的学问"。[86] 这一思想系谱展现了近代中国在激进反传统主义与张之洞乃至梁漱溟的保守思想之间，另有一条"中间道路"。他们所想象的中国不但是一个在自由民主体制之下以国民精神为中心的政治共同体，也是一个民族文化的共同体。这样的志气德行与事业文章，一直到今日仍然发挥着莫大的鼓舞作用。

五、余论："游魂说"与"新启蒙"

严复、梁启超所开创的新的"调适"典范是结合了内在精神价值的创造性与外在自由理想的新人生观，从而与革命派、五四反传统思想与中国马克思主义的"转化"构想有所不同，也与守旧不变的态度异趣。很多人都认为"五四"以后梁启超落伍了，也不再对社会发生影响，这其实是以转化思想为唯一的正统所做的判断。诚如上述，在近代激烈化的历史潮流之中，此一调适型的思路不绝如缕，主要表现在港台的新儒家如唐君毅、牟宗三等人，乃至肯定传统的学者如刘师培（1884—1919）、钱穆、陈寅恪（1890—1969）、贺麟（1902—1992）、余英时、杜维明等人的思想之上。

然而从另一个方面来看，从严复所说的"立国精神"、梁启超所揭示的"中国魂""国性",钱穆所说的民族文化之"生原",到新儒家(与余英时)所提出的"内在超越",儒家传统中所萃取的"中国文化的精神价值",在西方现代科学与新的政治经济架构的冲击之下,无疑已经经历了不可逆转的蜕变。20世纪中叶之后,儒家思想在海峡两岸,也不如梁任公、钱穆与新儒家所期望的那样,继续发挥重大的影响力,能够建立起儒学与生活世界的密切关系。

郑家栋有关牟宗三思想的研究是对此一课题的严肃反省。他在《牟宗三》一书中以牟氏思想为例,指出现代新儒家遭遇到"走出历史"的困境。他认为牟氏哲学与儒学最大的差异在于牟氏没有实现中国固有的"知行合一"的理想。牟宗三的思想"与历史……不断分离",而"转化为某种与实际的历史过程相疏离的、纯粹观念形态的儒学",即变成一种"走出历史"的、被"哲学化"的、被"边缘化"的,而"与历史上知行合一的、生活化的儒学,已经不能同日而语"的儒学。所以牟氏在"制礼作乐"方面没有贡献,而"可以说与所有重要的历史事件无关"。简言之,郑家栋认为牟氏没有成功地会通中西哲学的基本原因是:他越将中国哲学理性化,越离开儒学围绕实践与知行合一的精神,因而陷入"坐而论道"的陷阱。[87]郑氏的观点与列文森的理论十分契合,难怪他在为后者《儒教中国及其现代命运》一书的中文版写序的时候,称赞此书"视野广阔,慧思独运,在揭示儒家文化内在特质方面着力甚深","包含了某种真知灼见","列文森的中国研究突出地表现出哲学与思想的魅力"。[88]此一赞美并非偶然。

郑家栋的看法与余英时"游魂"的观点十分类似。余英时深受钱穆影响，他说："我可以说，如果我没有遇到钱先生，我以后四十年的生命必然是另外一个样子。这就是说：这五年中，钱先生的生命进入了我的生命，而发生了塑造的绝大作用。"[89]他和钱穆一样肯定传统在中国现代文化形成之中所扮演的关键角色，尤其肯定新儒家所提出的"内在超越"。[90]然而他却已经不具有像钱穆那样对儒家思想，乃至民族精神必定"不亡"的乐观信念，他曾在《现代儒学的困境》一文中指出在现代的处境之下儒学已成"游魂"。他认为传统儒学是一套安排人间秩序的思想体系，"在两千多年中，通过政治、社会、经济、教育种种制度的建立，儒学已一步步进入百姓的日常生活的每一角落"。然而19世纪中叶以来，中国社会在西力冲击之下，开始走上一个"长期而全面的解体过程"，在此过程之中，儒学和制度之间的关系中断了。"一方面儒学已越来越成为知识分子的一种论说，另一方面，儒家的价值却和现代的'人伦日用'越来越疏远了。这是我用'游魂'描述儒学现况的主要根据。"余英时提出"游魂"说主要是为了凸显儒家的现代困境。他更进一步追问："如果儒学不甘仅为'游魂'而仍想'借尸还魂'，那么何处去找这个尸？"对于这个问题，他没有给出答案，甚至认为"未必有答案"。[91]这样的看法其实与列文森"儒家已寿终正寝"的观点以及郑家栋"走出历史"的看法没有很大的差别。

这样看来，列文森与"五四"先驱对儒家文化及其现代命运的看法，显然不完全是错误的。这也意味着钱穆、牟宗三等人对"五四"的批判与对传统文化的期望，似乎也不完全是正确的。

那么今天我们应该如何看待近百年来"五四"与"反五四"的争论呢？我想很多人会承认，五四运动对扫除传统文化中负面的部分与批判精神的建立有其贡献，而且如果没有"五四"学者激烈的理念与行径，"反五四"阵营也不一定走得出"返本开新"的路。在这方面贺麟说得很好。他认为正是五四新文化运动促成了儒家思想发展的一大转机："新文化运动之最大贡献，在破坏扫除儒家的僵化部分的躯壳的形式末节，和束缚个性的传统腐化部分。他们并没有打倒孔孟的真精神、真意思、真学术。反而因他们的洗刷扫除的工夫，使得孔孟程朱的真面目更是显露出来。"同样地，贺麟认为"五四"学者所仰慕的西洋文化也是"使儒家思想得新发展的一大动力"：

> 假如儒家思想能够把握、吸收、融会、转化西洋文化，以充实自身、发展自身，则儒家思想便生存、复活，而有新的开展。如不能经过此试验，渡过此关头，就会死亡、消灭、沉沦，永不能翻身。[92]

的确，"五四"学者对中国传统的质疑以及列文森等人"儒教已死"的宣称，并非无的放矢。在中国近代思想的研究上,列文森所点出的中国知识分子具有多重的内在紧张与躁动不安(例如中与西、理念与实践、爱国与维护传统)的观点也有一定解释性与持续的影响力。过去我们习惯于将五四运动视为"启蒙",近十多年来学界已逐渐认识到我们不能只考虑到"陈独秀及其创办的《新青年》为代表的主流启蒙传统",或说"转化型的启蒙传统",还需要考虑到受到西方"反启蒙思潮"与"唯情论"影响的梁启超、杜亚泉(1873—1933)、张君劢(1887—1969)、张东荪(1886—1973)等以《东方杂志》《解放与改造》《晨报副刊》等刊物为阵地的"调适型的启蒙传统"。[93]上述观点虽突破了旧有"五四"中心观的藩篱,然还是倾向于把"启蒙"视为"人类的普遍性理想与真理",而不够注意到所谓"真理"与"意识形态"之间的界线往往不是泾渭分明的。如果我们接受这种与西方怀疑主义传统密切相关的认识论的挑战,亦即肯定"一个人的主观心理跟这个人所依赖的'历史性话域'或'知识谱系'有密切的关系",并相信任何一个人在思考时所依赖的规矩,都是历史过程的产物,[94]那么,我们与其争辩说"五四"是"启蒙",或说新儒等"反五四"的思想是"启蒙",或是认为"启蒙"具有内在的冲突与张力,还不如说"张力"本身,亦即"五四"与"反五四"两方面的辩论本身,让思想界所产生的创造性的对话场域与自觉反省的精神,可能才是对现代中国的"启蒙"。[95]

第二章　铸造国魂：梁启超的"中国不亡论"

* 本章原题为《魂归何处？：梁启超与儒教中国及其现代命运的再思考》，收入郑大华、邹小站主编《思想家与近代中国思想》，北京：社会科学文献出版社，2005，第91—114页。

1　Joseph R. Levenson, *Liang Ch'i-ch'ao and the Mind of Modern China* (Cambridge: Harvard University Press, 1965 [1953]). 中译本:[美]勒文森:《梁启超与中国近代思想》，刘伟、刘丽、姜铁军译，成都：四川人民出版社，1986。Joseph R. Levenson, *Confucian China and Its Modern Fate: A Trilogy* (Berkeley: University of California Press, 1965 [1958]). 中译本：[美]列文森：《儒教中国及其现代命运》，郑大华、任菁译，北京：中国社会科学出版社，2000。Maurice Meisner and Rhoads Murphey, eds., *The Mozartian Historian: Essays on the Works of Joseph R. Levenson* (Berkeley: University of California Press, 1976). 香港中文大学出版社正在着手重新翻译、编辑《列文森文集》，已出版《儒家中国及其现代命运：三部曲》，刘文楠译，香港：香港中文大学出版社，2023。

2　杜维明：《儒教中国及其现代命运》，载《现代精神与儒家传统》，台北：联经出版公司，1996，第297页。

3　Joseph R. Levenson, *Confucian China and Its Modern Fate*, p. 106.

4　杜维明曾敏锐地指出，列文森的犹太教背景使他将危机感投射到中国，因而更深沉地感受到儒教将覆亡的命运。参见杜维明《现代精神与儒家传统》，第300—301页。

5　Joseph R. Levenson, *Liang Ch'i-ch'ao and the Mind of Modern China*, p. 219.

6　墨子刻：《序》，载黄克武《自由的所以然：严复对约翰弥尔自由思想的认识与批判》，台北：允晨文化，1998，第 iv 页。本书亦有简体字版，杭州：浙江古籍出版社，2021。

7　同上。Thomas A. Metzger, "'Transcending the West': Mao's Vision of Socialism and the Legitimization of Teng Hsiao-p'ing's Modernization Program," part of the series *Hoover Essays*, published by The Hoover Institution on War, Revolution and Peace, 1996.

8　见罗志田《送进博物院：清季民初趋新士人从"现代"里驱除"古代"的倾向》，载《裂变中的传承：20世纪前期的中国文化与学术》，北京：中华书局，2003，第91—130页。

9　唐君毅在描写民初学风的时候，注意到五四反传统思想与晚清今古文学派之间的连续性，他说胡适、钱玄同与陈独秀"初看起来好像是由新文化运动来的，其实都不是，是从清末章太炎、康有为来的。他们一方面推崇孔子,尊重中国从前的经书,另一方面是开始了后事的问题即中,反对孔子的思想",see also 唐君毅《民国初年的学风与我学哲学的经过》,载《生命的奋进:唐君毅、徐复观、牟宗三、梁漱溟四大学问家的青少年时代》,台北:时报出版公司,1984,第40页;林毓生《中国意识的危机:"五四"时期激烈的反传统主义》,穆善培译,贵阳:贵州人民出版社,1988;王汎森《古史辨运动的兴起:一个思想史的分析》,台北:允晨文化,1987。

10 萧公权:《萧公权先生序》,载张朋园《梁启超与清季革命》,第 vii 页。
11 余英时:《序》,载《现代儒学论》,上海:上海人民出版社,1998,第4页。
12 萧公权:《中国政治思想史》,台北:联经出版公司,1982,第803、821—822页。
13 萧公权:《孔子政治学说的现代意义》,载《迹园文存》,台北:环宇出版社,1970。他亦说"我相信中国文化和西洋文化都有优点和缺点。我们要用虚心的批判态度同时去检讨中西文化"。参见《问学谏往录》,台北:传记文学出版社,1972,第70页。
14 顾昕:《中国启蒙的历史图景》,香港:牛津大学出版社,1992。黄克武:《"五四话语"之反省的再反省:当代大陆思潮与顾昕的〈中国启蒙的历史图景〉》,《近代中国史研究通讯》第17期(1994),第44—55页。
15 Paul A. Cohen, *Discovering History in China: American Historical Writing on the Recent Chinese Past* (New York: Columbia University Press, 1984).
16 Hao Chang, *Liang Ch'i-ch'ao and Intellectual Transition in China, 1890–1907*. Thomas A. Metzger, *Escape from Predicament: Neo-Confucianism and China's Evolving Political Culture*.
17 [美]墨子刻、[美]马若孟等:《汉学的阴影:美国现代中国研究近况》,刘纪曜、温振华译,《食货月刊》第10卷第10期(1981),第449页。黄克武:《墨子刻先生学述》,《清华大学学报(哲学社会科学版)》第16卷第6期(2001),第67—70页。
18 吕实强:《儒家传统与维新》,台北:台湾"教育部",1976。王尔敏:《晚清政治思想史论》,台北:华世出版社,1976。
19 王汎森:《中国近代思想与学术的系谱》,台北:联经出版公司,2003。
20 Philip C. Huang, *Liang Ch'i-ch'ao and Modern Chinese Liberalism* (Seattle: University of Washington Press, 1972), p. 161.
21 黄克武:《一个被放弃的选择:梁启超调适思想之研究》;黄克武:《自由的所以然:严复对约翰弥尔自由思想的认识与批判》。
22 有关墨子刻"转化与调适"之分析架构,散见于该氏的著作,尤其见于 Thomas

A. Metzger, *The Internal Organization of Ch'ing Bureaucracy: Legal, Normative, and Communication Aspects; Escape from Predicament: Neo-Confucianism and China's Evolving Political Culture.*
23 Frank Dikotter, *The Discourse of Race in Modern China* (Stanford: Stanford University Press, 1992), p. 70. 严复在《有如三保》《保种余义》等文中即反复强调中国面临的不仅是"亡国",而且有"灭种之祸",故需要"进种"。参见王栻编《严复集》,第1册,第79—83、85—88页。
24 胡颂平编著《胡适之先生年谱长编初稿》,台北:联经出版公司,1984,第4册,第1165页。余英时:《现代儒学的困境》,载《现代儒学论》,第233页。
25 钱穆:《国学概论》,台北:台湾商务印书馆,1983,第188页。
26 钱穆:《国史大纲》,台北:台湾商务印书馆,1975,第29页。
27 余英时:《钱穆与中国文化》,上海:上海远东出版社,1994,第19—29页。
28 Benjamin I. Schwartz, *In Search of Wealth and Power: Yen Fu and the West* (Cambridge, Mass.: The Belknap Press of Harvard University Press, 1979 [1964]), p. 105.
29 梁启超:《欧游心影录(节录)》,《饮冰室专集》(七),台北:台湾中华书局,1978,第35页。
30 梁启超:《先秦政治思想史》,台北:台湾中华书局,1973,第182—184页。
31 钱穆:《国学概论》,第189页。
32 钱穆:《国史大纲》,第29页。
33 余英时:《现代儒学论》,第179页。
34 张佛泉指出,根据伯氏的理论,国家与国民乃一物之两面,相辅相成,不可或缺,均指人人参与其间、共同建立的政治共同体。因此"国民"乃一集体名词,与"国家"乃一而二与二而一之关系。可参张佛泉《梁启超国家观念之形成》,《政治学报》第1期(1971),第1—66页。亦可参见沈松侨《国权与民权:晚清的"国民"论述,1895—1911》,《历史语言研究所集刊》第73卷第4期(2002),第685—734页;郑匡民《梁启超启蒙思想的东学背景》,上海:上海书店出版社,2003。
35 梁启超:《国民十大元气论》(一名《文明之精神》),载饮冰室文集,3:61—65。
36 同上。
37 梁启超:《饮冰室文集》,5:42—51。
38 梁启超:《自由书》,台北:台湾中华书局,1979,第39页。

39 梁启超:《序》,载《中国魂》,上海:广智书局,1902。按"China"即中国,任公基本也避免使用"支那"。根据史蒂芬·田中(Stefan Tanaka)教授的研究,甲午战争爆发后,日本人好用含贬义的"支那"一词,"表示中国是保守不能自拔的扰乱之区,与作为现代亚洲国家的日本形成鲜明对照"。见 Stefan Tanaka, *Japan's Orient: Rendering Pasts into History* (Berkeley: University of California Press, 1993), pp. 3-4.;[美]孙隆基《清季民族主义与黄帝崇拜之发明》,《历史研究》2000年第3期,第79页。"灵均"乃屈原。
40 梁启超:《中国魂》,第1页下。值得注意的是任公也看到各宗教之间有内部的冲突,有些并与现实政权之间有矛盾(如白莲教)。
41 梁启超:《中国魂》,第4页上—下。
42 梁启超:《新民说》,台北:台湾中华书局,1978,第112—113页。此一观点受康有为启发,所谓"孔教乃强立主义,非文弱主义",至少可以追溯到梁启超《论支那宗教改革》(《清议报》第20期(1899),第4页下)。
43 梁启超:《凡例》,载《中国之武士道》,台北:台湾中华书局,1978,第1—2页。
44 郑匡民:《梁启超启蒙思想的东学背景》,第102—121页。
45 这是借用西方学者布鲁贝克(Rogers Brubaker)教授所谓"formal citizenship"与"substantive citizenship"的区别。前者关心的焦点是国家认同的问题,后者则强调一个政治社群之成员所应享有之权利。引自沈松侨《国权与民权:晚清的"国民"论述,1895—1911》,《历史语言研究所集刊》第73卷第4期(2002),第700页。
46 任公十分仰慕屈原,他在1922年曾于东南大学演讲"屈原研究",其中便赞美屈原"光荣的自杀",认为他的行为与作品"成就万劫不磨的生命,永远和我们相摩相荡"。参见《饮冰室文集》,39:67。
47 梁启超:《国民十大元气论》(一名《文明之精神》),《清议报》第33期(1899),第2页下。
48 见梁启超《论中国之将强》,《时务报》第31册(1897),第2页上—第4页上。
49 本文乃应日本《大帝国》杂志之邀而作,部分是针对日本读者。在此文之中梁任公对中国未来的乐观与希望,和他对日本人与中日合作的期望有关。他同时也批评日人的排华思想。参见梁世佑《从种族到民族:梁启超民族主义思想之研究,1895—1903》,中坜:台湾中央大学历史研究所硕士论文,2003,第76—79页。
50 黄克武:《梁启超与儒家传统:以清末王学为中心之考察》,《历史教学》2004年第3期,第18—23页。收入本书,即第三章。

51　梁启超:《饮冰室文集》,37:48。
52　梁启超:《饮冰室文集》,37:44。
53　黄克武:《梁启超的学术思想:以墨子学为中心之分析》,《"中研院"近史所集刊》第26期(1996),第41—90页。收入本书,即第四章。
54　见 Benedict Anderson, *Imagined Communities: Reflections on the Origin and Spread of Nationalism* (New York: Verso, 1983).
55　在近代中国,有关"国性"的讨论后来衍生为"国民性"与"改造国民论"等议题。见 Lydia H. Liu, "Translating National Character: Lu Xun and Arthur Smith," *Translingual Practice: Literature, National Culture, and Translated Modernity—China, 1900-1937* (Stanford: Stanford University Press, 1995), pp. 45-76；潘光哲《近现代中国"改造国民"论的讨论》,《近代中国史研究通讯》19期(1995),第68—79页。
56　梁世佑:《从种族到民族:梁启超民族主义思想之研究,1895—1903》,第94—100页。
57　Lung-kee Sun, "Social Psychology in the Late Qing Period," *Modern China* 18:3(1990), pp. 235-262.
58　梁启超:《新民说》,第3—4页。
59　梁启超:《新民说》,第6页。
60　梁启超:《新民说》,第6页。
61　梁启超:《饮冰室文集》,26:1—40。
62　梁启超:《饮冰室文集》,26:18。
63　梁启超:《饮冰室文集》,26:35。
64　余英时:《钱穆与中国文化》,第20页。
65　余英时:《钱穆与中国文化》,第21页。
66　陈正茂编著《左舜生年谱》,台北:"国史馆",1998,第22—23页。引左舜生《清民之际的长沙》,载《近卅年见闻杂记》,台北:中国青年党党史委员会,1984,第143页。
67　梁启超:《饮冰室文集》,26:10。
68　梁启超:《饮冰室文集》,28:12—20、29:83—86、33:79—90。
69　梁启超:《饮冰室文集》(节录),26:15。
70　梁启超:《欧游心影录》,《饮冰室文集》(七),第35—36、23—24页。
71　王栻编《严复集》,第2册,第330页。
72　王栻编《严复集》,第2册,第342—345页。
73　王栻编《严复集》,第2册,第341页。

74 王栻编《严复集》，第5册，第1542页。
75 有关国粹派的研究，见郑师渠《晚清国粹派：文化思想研究》，北京：北京师范大学出版社，1993。又，桑兵指出"国学"一词在近代中国的使用大约始于1902年，如梁启超曾于该年夏秋间提议创办《国学报》，惜议而未成。见桑兵《晚清民国时期的国学研究与西学》，《历史研究》1996年第5期，第30—45页。
76 余英时：《钱穆与中国文化》，第22页。
77 钱穆：《国史大纲》，第10页。
78 余英时：《钱穆与中国文化》，第230页。
79 陈独秀：《〈新青年〉罪案之答辩书》，《新青年》第6卷第1期（1919）。
80 梁漱溟：《东西文化及其哲学》，上海：商务印书馆，1922。
81 钱穆：《国学概论》，第167页。
82 钱穆：《国史大纲》，第2页。
83 有关钱穆与新亚书院，可参考区志坚《以人文主义之教育为宗旨，沟通世界中西文化：钱穆先生筹办新亚教育事业的宏愿及实践》，载香港中文大学文学院编《传承与创新——香港中文大学文学院四十五周年校庆论文集》，香港：香港中文大学出版社，2009，第90—114页。
84 ［日］竹内弘行：《梁启超与阳明学》，载广东康梁研究会编《戊戌后康梁维新派研究论集》，广州：广东人民出版社，1994，第259页。
85 郑家栋：《牟宗三》，台北：东大图书公司，2000，第37、235页。
86 ［美］墨子刻：《道统的世界化：论牟宗三、郑家栋与追求批判意识的历程》，《社会理论学报》第5卷第1期（2002），第79—152页。
87 郑家栋：《牟宗三》。墨子刻不同意这样的看法，他认为与其说新儒家"走出历史"，不如说在新的历史阶段与架构中，他们企图寻找改造实践和历史的思路。参见墨子刻《道统的世界化：论牟宗三、郑家栋与追求批判意识的历程》，《社会理论学报》第5卷第1期（2002）。
88 郑家栋：《列文森与〈儒教中国及其现代命运〉——代译序》，载列文森《儒教中国及其现代命运》，第1—19页。
89 余英时：《钱穆与中国文化》，第16页。
90 余英时：《从价值系统看中国文化的现代意义》，台北：时报出版公司，1984，第25—26页。
91 余英时：《现代儒学的困境》，载《现代儒学论》，第229—235页。
92 贺麟：《儒家思想的新开展》，载贺麟等著《儒家思想新论》，台北：正中书局，1978，第1—18页。引文见第3—4页。

93 高力克认为杜亚泉的思想代表了"调适的启蒙传统":"作为启蒙时代的思想家,杜的调和论思想代表了五四新文化运动主流之外另一种温和的启蒙传统。"参见高力克《调适的启蒙传统》,《二十一世纪》第59期(2000),第156—158页;高力克《调适的智慧——杜亚泉思想研究》,杭州:浙江人民出版社,1998年。有关欧亚"反启蒙论述""唯情论"对梁启超、张君劢等人的影响,参见彭小妍《唯情与理性的辩证:五四的反启蒙》,台北:联经出版公司,2019。

94 [美]墨子刻:《道统的世界化:论牟宗三、郑家栋与追求批判意识的历程》,《社会理论学报》第5卷第1期(2002),第80—82页。

95 有关"自觉"问题,请参考墨子刻《二十世纪中国知识分子的自觉问题》,载余英时等著《中国历史转型时期的知识分子》,台北:联经出版公司,1992,第83—138页。

第三章
宋明理学的现代诠释：梁启超的阳明学 *

一、前言：儒家传统与梁启超的思想转变

梁启超在1903年访美前后，思想发生重大变化，在访美之前，他企图"发明一新道德"，以西方思想来改造国人；访美之后，转而强调"欲以一新道德易国民，必非徒以区区泰西之学说所能为力也"，而必须依赖"原神真火"，亦即"吾祖宗遗传固有之旧道德"，为驱病之原。他乃提倡以传统修身的方法来成就私德，以解决因新学青年主张"一切破坏"所可能导致之弊病。[1]在《新民说》之中的《论私德》一文（作于1904年上半年）中，梁任公特别指出"王子及其门下所言"（主要是指刘宗周与黄宗羲）的"正本""慎独""谨小"三项，为"安身立命之大原"。[2]后来为了进一步表达他的看法，于1905年再出版《德育鉴》与《节本明儒学案》，在前书中他节录儒家典籍之中"治心治身之要"，以协助"有志之士……从事修养以成伟大之人格"；[3]后者则是黄宗羲《明儒学案》的删节本，在该书中他删除

了有关理气性命等形上学的讨论与辟佛的言论，节录"平易切实"的"入道之门"，"供我辈受用"。[4] 以上的几个例子显示，梁任公在1903年的《论私德》中主张"欲铸国民必以培养个人之私德为第一义"，在1904—1905年之间，大力宣扬传统道德（尤其是王阳明学说），这是他思想转向的一个重要标志。[5]

对于此一现象，在20世纪60—80年代，学界曾指出梁的思想从激进转变为缓和的原因包括：康梁师生关系与财务问题，与革命党感情日坏，受加藤弘之（1836—1916）、伯伦知理、布赖斯（今译布莱斯，James Bryce，1838—1922）与黄遵宪等人思想的影响，旅美期间看到海外华人表现出民族的劣根性等。再者，1903年斯宾塞（Herbert Spencer，1820—1903）过世，学界出现许多介绍斯宾塞思想的文字，以及严复译斯宾塞《群学肄言》（1903）一书中"群俗可移，期之以渐"之观点的影响亦不容忽略。[6]

严译《群学肄言》于1903年5月出版，梁启超可能在12月中旬获得该书，并立即开始阅读。这时梁启超听到了斯宾塞于该年12月8日逝世的消息，为了表达对斯宾塞的敬意，在《新民丛报》第38号与39号的合刊本上撰文以示纪念。在该刊中，梁氏还放上斯宾塞的照片以示悼念，照片下方有如下一段文字：

> 斯宾塞英国人为近时一大哲学家，实十九世纪学界之代表人物也。著有哲学书五大帙行世。其外著述尚多，本号揭

其传略,可窥一斑。先生生于一八二〇年,以一九〇三年十一[二]月八日卒。享八十有二。本报前既揭其肖像,顺特再揭之,以致哀悼云。[7]

同时该期丛报亦登载了梁启超《新民说》系列中有关"私德"的讨论。他开始立基于调适取向与传统道德原则,从高唱"公德"转为提倡"私德"。任公谈论"私德"时,曾两次引用严译斯宾塞的句子:

斯宾塞之言曰:"凡群者皆一之积也,所以为群之德,自其一之德而已定。群者谓之拓都,一者谓之么匿,拓都之性情形制,么匿为之。么匿之所本无者,不能从拓都而成有;么匿之所同具者,不能以拓都而忽亡。"(按:以上见候官严氏所译《群学肄言》,其云拓都者,东译所称团体也;云么匿者,东译所称个人也。)[8]

斯宾塞有言:"衰世虽有更张,弊泯于此者,必发于彼;害消于甲者,将长于乙。合通群而核之,弊政害端,常自若也。是故民质不结,祸害可以易端,而无由禁绝。"呜呼!吾观近年来新学说之影响于我青年界者,吾不得不服斯氏实际经验之言,而益为我国民增无穷之沉痛也![9]

这两段中的引文分别出自《群学肄言》的第40页与第17页。

由此吾人应可断定严复译介的斯宾塞学说，是促成梁氏思想转变的因素之一。

日本京都大学的退休教授狭间直树又针对此一课题提出一个非常重要的诠释，认为梁任公的思想转变主要是受到日本学术界的影响。狭间先生指出，梁任公表面上是回归传统道德，实际上是受到日本"大和魂""武士道"观念之启发，以及如吉本襄、井上哲次郎（1855—1944）等学者所强调的以阳明学"作为明治日本的国民道德之重要组成部分"，"正是基于这样一种可做借鉴的背景，才有了梁启超对王学的称颂"。[10]"因此，尽管梁口头上称颂'固有之旧道德'，但他并非为了复古，而在于纠正邪误的风潮以实现中国的维新"，上述"邪误的风潮"主要是指革命派所主张的"破坏主义"。[11]

狭间先生的文章也涉及梁任公思想的变化与儒家传统的连续性与非连续性的课题。狭间氏显然认为梁任公所提倡的"固有道德"，是以日本"大和魂""武士道"为模范的国民精神。换言之，在肯定儒家传统、反对"瞎闹派"破坏固有道德的同时，已在某种程度上背离了传统。狭间的解释与王汎森的看法有相互契合之处。王汎森认为在《德育鉴》中，任公"巧妙地将理学工具化，并将原来宋明儒的价值的部分转换为对现代国家富强的追求"，其终极目标是"想养成爱国合群的现代公民"。所以对梁任公来说，"立志"是"立真志爱国"，而他讲良知，也是以爱国为良知，"这是王阳明以来所不曾如此强调的"。[12]

其实早在狭间与王汎森文章发表之前，刘纪曜已经提出了

这　角度的阐释。他分析《德育鉴》一书的内涵，认为对任公来说儒家思想是工具性的：

> 梁启超是想借儒家的成德修养功夫，以达成现代的非儒家的目的，主要即"国民资格"的养成，以完成建国救国的理想。从《德育鉴》中有关先儒语录或文字的选录……可知梁启超对儒家成德功夫的强调，虽然比较倾向王阳明的心学，然而其所以如此，主要乃因王学简易直捷，而非儒学传统中的宗派门户之见使然。梁启超显然已经跳出儒学传统中的宗派门户之争，虽然亦有所主，然而亦颇能兼容并蓄，杂取各家之长……梁启超因此超越了儒家传统，但是却不忘利用儒家传统。[13]

刘纪曜"工具性"或"利用儒家传统"的说法，也和他所谓在梁任公的思想之中儒家有关心性的论证与"内圣外王"的理想都已经被抛弃了，所以其所接受的儒家思想"都只具形式意义，而无实质意义"的说法一致。[14]换言之，儒家成德的努力实质上只是为了造就"国民资格"，以"建国救国"，而不具有终极价值。以上的说法均偏向梁任公与儒家传统的非连续性的一面，强调其借着宣扬传统儒家道德来建立"国民"所需要的精神基础，以接引"近代的民族国家"，而他所谓"现代国家"，是一种围绕资本主义与自由民主之政治、经济架构。从这个角度来看，他在清末的"传统转向"是突破儒学传统的。

拙见以为，以上的观点一方面过度突出梁任公思想与中国传统的非连续性，亦即不够深入认识到梁任公思想与传统的连续性；同时在非连续性的方面，又没有细究梁任公通过阳明学所提倡的"国民资格"与"西方近代文明"中自由民主体制之下的"公民精神"(civility)有没有重要的不同。本章尝试从以上问题出发，以宋明理学的"现代阐释"为焦点，来探讨梁启超的阳明学。[15]

二、梁启超思想的内在逻辑

在思考为什么梁启超在1903年前后会"从发明新道德到回复旧传统"之时，我们不能忽略梁任公在去日本之前长期沉浸于中国传统的学术世界。他自幼研读四书五经，对儒家典籍深有研究，并且对日本学界的情况与政局发展，也已经有初步的认识。[16]拙著《一个被放弃的选择》曾从思想"内在逻辑"的角度指出，梁任公1903年前后的思想变迁有其内在的动因，其主轴乃任公新民思想之中从先哲"因材而笃与变化气质"所引申出来的"淬砺"与"采补"、"保守"与"进取"并重的精神。拙著认为，"就《新民说》与其后思想之发展来说，有许多保守与调适的取向在有些人所谓的'最激烈'的《新民说》时期已经存在，因此美国之行一方面是一个新的刺激，让他重新思索中国未来的发展，但另一方面似乎并未改变他的思想的根本取向，只是证验与强化了他原有的调适观点"。[17]

拙著并进一步地提出任公调适思想的一些特点，这几点或许可以视为梁启超思想的核心。笔者认为任公一生之中吸收了东、西方的各种知识，因而表现出复杂多变的面貌，或激进或保守，但在多变的表层之下仍展现出具"调适"精神的特点。

如果将梁任公1903年之后转向以阳明学为中心的传统道德的转变，放在以上的脉络来观察的话，梁任公所实践的正是"淬砺其所固有"。诚如他在《新民说》之《释新民之义》(1902)中所说：

> 凡一国之能立于世界，必有其国民独具之特质。上自道德法律，下至风俗习惯、文学美术，皆有一种独立之精神。祖父传之，子孙继之；然后群乃结，国乃成；斯实民族主义之根柢源泉也。我同胞能数千年立国于亚洲大陆，必其所具特质，有宏大高尚完美，厘然异于群族者，吾人所当保存之而勿失坠也。[18]

在1904—1905年之间，他借着王学所要传达的即是上述中国所独具的一种精神特质。这也是笔者在上一章所指出的他1899年在《清议报》上大声疾呼"中国魂安在乎"[19]，1902年由上海广智书局编辑出版《中国魂》，企图"舒中国之症结，凿中国之沌窍，延中国之血脉，提中国之精神"[20]的延续发展。

任公将铸造"中国魂"与提倡阳明学联系在一起，这和他的成长经历密切相关。他自幼即沉浸于宋明理学的思想氛围之中。明中叶与王阳明同为理学大师的陈献章（陈白沙，1428—

1500）即是广东新会人，离任公的住家茶坑村"不过十余里"。[21]任公很可能从小就耳濡目染，而熟读陈白沙的诗文。[22]梁启超从1890年万木草堂时代开始，又在康有为的指导下系统地研习"陆王心学，而并及史学、西学之梗概"。[23]在长期的阅读、思索之中，任公越来越亲近王学，也将理学应用到实际生活，以修养个人身心。

1900年，他在写给好友麦孟华（字孺博，号伤心人，1875—1915）、罗普（号孝高，1876—1949）等人的信中，谈到以克己、诚意、主敬、习劳、有恒等条目来自我要求，也觉悟到"非学道之人，不足以任大事"：

> 弟日来颇自克厉，因偶读曾文正家书，猛然自省，觉得非学道之人，不足以任大事。自顾数年以来，外学颇进，而去道日远，随处与曾文正比较，觉不如甚远。……养心立身之道，断断不可不讲。去年长者来书，责以不敬……至今回思，诚乃狗彘不如，惭汗无极。其大病又在不能慎独戒欺，不能制气质之累也。故弟近日以五事自课：……[24]

在同一时间梁任公写给康有为的信中，也多次提到此次因读曾文正家书而猛然自省的经验。[25]

梁任公并仿效曾国藩，以写日记的方式来作自省，也希望好友能"勤攻其过"：

> 近设日记，以曾文正之法，凡身过、口过、意过皆记之，而每日记意过者，乃至十分之上。甚矣！其堕落之可畏也！弟自此洗心涤虑，愿别为一人（原注：乃另起头），不敢有迁视讲学之心，不敢有轻视前辈之意，惟欲复为长兴时之功课而已。诸兄弟若爱我者，幸勤攻其过。弟亦愿诸兄弟鉴于弟之堕落，而亟亟猛省，思所以进德修业，不胜大望。[26]

检阅日记并公之于师友的修身方式，在明清书院之中有不少的先例，在晚清时也仍然盛行。[27]上述梁任公的做法显然是延续此一传统。

梁任公不但以理学来修身，并与朋友规过、砥砺，也认识到理学与"国民教育"之关系。1901年，他感叹地说："学者求新知识，固属要事，然于当前陈腐之事物，决不可轻看而吐弃之。吾今日每读中国理学家之书，常觉其于国民教育上有一大部分之关系……"[28]其所编辑的《节本明儒学案》即此一精神的展现，在该书《例言》中他说"启超自学于万木草堂，即受《明儒学案》，十年来以为常课"；丁文江编的《梁任公先生年谱长编初稿》也持此一说法："《节本明儒学案》……是先生十年来读《明儒学案》时节钞之有得部分，多属治心治身之要。"[29]

对梁任公而言，宋明理学所教导的内容不但是客观的知识，更是与生命的处境密切相关的人生智慧。在梁任公成长的过程之中，《明儒学案》（以及佛经）一直给予他心灵上的安慰，尤其是在心情恶劣之时，可以帮助他回复平静。《梁任公先生年谱长编初稿》中有一封写于1904年的致蒋观云函,信中梁任公谈到与自己相依为命的姐姐亡故,使他"痛澈心骨",并直接促使他编辑《节本明儒学案》:"仆于十日前有姊之丧……心绪恶劣,不能自胜。……日来惟读《明儒学案》,稍得安心处,拟节钞之印行,公谓如何?"[30]这样一来,梁任公在1903年之后转向王学始有了一个长远的背景。"梁启超在十几年的时间里对王学的钦敬和研习,为他1905年前后阐扬王学提供了知识准备和思想基础"[31],这也可以说是他多年来依赖儒家(与佛教)典籍以安顿身心的经验分享。

从内在逻辑的角度来看,拙见以为梁启超的思想一方面固然在某种程度上离开了儒家传统,接受源于西方有关国家、国民的新观念;但是另一方面,在1903年之后,梁任公思想与传统之间仍然有很强的连续性,此一连续性又和他的"淬砺采补""继往开来"之精神是相贯通的。

梁氏仍然强调在个人道德方面彻底改造的精神,亦即在人的改造方面是以道德优先,认为"惟德最难",这与宋明理学的修身传统强调"自得""求诸己""为己之学"的精神是一致的。

他虽然重新定义了道德的范围,将"公德"也纳入个人修养的项目之内;但此一想法实际出于"私德公德本为一体""群己平衡"的观念,并与《大学》修齐治平、"絜矩之道",《中庸》"成己……成物"的理想之间,有很强的连续性。这也是梁任公为何要反复解释"为己之学"并非独善其身,而是"欲度人而先自度也","为己之说正与成物不能相离而已"。[32]

他虽然对宋明理学中道德形上学的部分讨论得较少,但在他的思想中良知的本体论与其他的修身功夫是紧密相关的,不能说他已放弃了所谓"玄学"(metaphysics)。这个看法和他的知识论也是相契合的,他虽然重视科学,但也强调科学以外的学问(特别是美感与宗教经验)很重要。他在1923年的"科学与人生观"论战中支持张君劢,反对丁文江与胡适,实有长远的思想背景。

简单地说,梁任公延续了清中叶以来的经世传统,企图解决"兼内外"的核心议题,亦即结合内在道德、知识的追求与外在事功上的成就。[33] 用王阳明的话来说,即追求"静处体悟"与"事上磨炼"的结合。[34] 他并进一步将内外问题与中西接融问题结合为一,从事"会通中西"的努力。唐君毅、牟宗三等新儒家都继承了任公此一志业。

同时由于受到连续性因素的影响,梁任公所宣扬的现代国民的精神与西方所谓"公民精神"也有很重要的不同。墨子刻认为西方自由传统受到亚里士多德(又译阿里士多德或亚里大得勒,Aristotle,前384—前322)与柏克(Edmund Burke,1729—1797)保守主义传统之影响,强调张灏所谓"幽暗意识",因而认为人类的政治行为不可能太理想。[35] 在此传统之下,国民道德的尺度呈现一种特殊的形态,例如一个好国民可以自私,但不能说谎,应尊重契约、保持卫生习惯等。此一道德可谓"乡愿的道德"。这样的尺度亦给予个人较广范围的自由。同时在此情况之下,政治冲突不是君子、小人之争,而是各自代表利害关系的"中人"(medium)之间的冲突。西方民主传统中的容忍精神部分正源于此一理念。

相对来说,中国知识分子在引进西方自由传统时,由于受到知识论与人性论方面两种乐观主义的影响,他们不肯定"乡愿"或"中人"的道德,也不强调每个人可以追寻"既合理又合法的自我利益"(legitimate self-interest)。墨子刻认为梁启超新民思想所企求的即是高标准的"君子的道德",而不是"乡愿的道德",这也显示出梁任公思想与儒家传统中"君子之德风""君仁莫不仁"等观念之间的连续性。[36]

梁任公在晚清时有关墨子学的研究(参见本书第四章)亦可以印证上述的想法。他从墨子思想中提取出"轻生死"或说勇于为国捐躯的观点,作为国民的一个条件,这一点很可能是受到孟子"舍生取义"与日本"武士道"精神的双重影响。

梁启超对"公德"的看法与上述西方"公民精神"的观念相比较的话,两者显然有不少重叠的地方,但是西方公民精神主要是多种观念的混合体,并强调个人在特殊的时刻能为群体牺牲(例如在战争期间英国人也鼓励、推崇为国捐躯的精神)。因此我们可以说西方公民精神虽包含,却不那么突出像日本武士道那种"尊皇"、无私的"殉国"精神。[37]这样一来,梁启超所强调的"国民道德"与西方的"公民精神",以及日本带有军国主义色彩的"忠君""尊皇"思想,在群己权界方面便有所差异,而差异的产生主要源于梁任公对君子道德与群体凝聚力的双重强调,因而对民德有较高的期许。[38]

《德育鉴》一书也显示任公将"国民道德"等同于君子的道德，因而具有"精英主义"（elitism）的特点。在他看来，国民精神的一个重要特质是使每一个人具有知识分子那种以天下为己任的使命感，明公私义利之辨，要能像王阳明与曾国藩那样，"转移习俗而陶铸一世之人"，"以身为教，因以养成一世之风尚，造出所谓时代的精神者"。[39]同时，梁任公也引王阳明、江左王门学者王畿（号龙溪，1498—1583）与江右王门学者钱一本（号启新，1546—1617）的话，以为乡愿不足取："乡愿惟以媚世为心，全体精神，尽从外面照管，故自以为是，而不可与入尧舜之道"，"圣门教人求仁，无甚高远，只是要人不坏心术……乡原［愿］是全坏心术者"。[40]

梁任公的新民观念与西方公民精神的差距，显示中西自由传统在道德问题处理上的重大差异。此一差距不能简单地视为任公误解西学之精义。墨子刻先生很敏锐地指出梁启超对德育的想法也反映了近代知识分子在面对西方自由主义、个人主义时的批判意识，这一批判意识与严复以及新儒家，甚至金耀基、胡国亨等人的想法是一脉相承的。[41]如果以上的说法可以立足，那么我们还可以说，儒家思想（或阳明学）对任公只具有"工具性"或"形式"上的意义，而无"实质"上的意义吗？

三、心有所主而兼容并蓄：阳明学与梁启超思想的取舍问题

在儒学传统之中，梁任公显然偏向王阳明学派，"称颂王

学"。但是值得注意的是，对他来说，王学是他对中国、日本、西方众多思想资源进行选择、取舍的一环，这些选择共同构成其学术思想的核心。再者，梁任公在取舍的同时，也持某种程度的宽容态度，因而表现出兼容并蓄的精神。

在此理念之下，梁任公对各种学术思想进行评比的工作。他认为理论最完善的是佛学，佛学提供了超越现实世界的根本原理或所谓"出世间"方面的探索，也揭示了具体可行的道德原则；其次是儒家中的王阳明学说与西方学者康德的理论；再其次才是程朱理学，以及其他的思想观念。从以上的评比，我们可以更清楚地了解梁任公对阳明学的看法，以及阳明学在他的思想中的地位。兹分以下数点来说明。

（一）阳明学之地位在佛学之下

在儒、释、道三教的选择上，梁任公肯定儒、释，而极力批评道家思想。梁任公认为老子"雌柔无动之旨"与"不为天下先"的精神，和阳明学者如吉田松阴所代表的进取、尚武精神迥异，因而感叹"老氏之学之毒天下，未有艾也"。[42]在儒、释之中，任公认为佛学地位较高。这样一来，儒学中阳明学的地位便处于佛学之下。这主要是因为在本体论方面，阳明学说不如佛理那么深入。

首先，梁任公不满意宋明理学有关阴阳、理气的说法。[43]在节录《明儒学案》时，任公说：

> 明儒……其学说之一大部分，则又理也、气也、性也、

命也、太极也、阴阳也，或探造物之原理，或语心体之现象。凡此皆所谓心的科学也，其于学道之功，本已无与。况吾辈苟欲，治此种科学则有今泰西最新之学说在，而诸儒所言，直刍狗之可耳。故以读科学书之心眼以读宋明语录，直谓之无一毫价值可也。[44]

由此可见，梁任公清楚地放弃了传统的阴阳五行的宇宙观，而在某种程度上接受严复以来所译介的西方科学（如进化论、物理学、心理学）对宇宙、人生的看法。

然而梁任公绝非一个科学主义者，他也没有完全放弃理学的本体论。在理学的理论之中，他接受王阳明"致良知"的说法，认为"吾人心中一点灵明，便是真阳种子，原是生生不息之机"。[45] 对王学左派"提挈本体太重，而几忘有致字"，"终日谈本体，不说功夫，才拈功夫，便指为外道"，他则感到不满。[46] 对王阳明之后所出现的左、右两派，他同意每人因禀性不同，"无论从何门入，而皆可以至道"，但梁任公自己较偏向重功夫的一派：

> 致良知之教，本已盛水不漏，而学者受之，亦往往学焉而得其性之所近。故王子既没，而门下支派生焉，纷纷论辨，几成聚讼。语其大别，不出两派：一曰趋重本体者（即注重良字），王龙溪、王心斋一派是也；一曰趋重功夫者（即注重致字），聂双江、罗念庵一派是也。要之，皆王子之教也。

……若启超则服膺双江、念庵派者……[47]

梁任公对功夫的强调并不表示他完全不谈本体问题。他是将王学中致良知的本体论与佛教的说法结合在一起，而使之相互发明。例如他认为王学的说法，可以用禅宗的概念来理解：

> 昔禅宗五祖将传衣钵，令及门自言得力。首座神秀说偈曰："心似菩提树，意如明镜台，时时勤拂拭，勿使惹尘埃。"五祖未契，六祖乃说偈云："菩提本无树，明镜亦非台，本来无一物，何处惹尘埃。"遂受衣钵。今略比附之，则双江、念庵一派，"时时勤拂拭"之说也；龙溪、心斋一派，"本来无一物"之说也。如近溪所谓"以不屑凑泊为功夫""以不依畔岸为胸次"，是可谓禅宗之尽头语矣。上等根器人，得此把柄入手，真能无挂碍、无恐怖，任天下之大，若行所无事。[48]

梁任公又说："近溪所谓'迷心为觉、觉心为迷'，即《楞伽经》'迷智为识、转识成智'之义。"[49]

梁任公更直接地以佛学中"真如""无明"的理论与王学中"良知"的说法相贯通。他认为佛教所说的"真如"就是王学中的良知与康德思想中的"真我"，或朱熹（1130—1200）所说的"义理之性"；"无明"则是康德所说的"现象之我"与朱熹所说的"气质之性"。他不但在《德育鉴》中谈到这一点，在1903—1904年所写的《近世第一大哲康德之学说》中也反复讨论。[50]

总之，梁任公在本体论方面是以佛家的理论来统摄阳明学说。他舍弃了宋明理学家有关阴阳、理气的说法，而保留王学之中致良知的本体论；再将此一理论与佛教的观点结合在一起，以此作为功夫论之形上的基础。

梁任公将儒佛思想相结合，其实也是延续宋明理学的传统。所以他对理学家一方面吸收佛学思想，另一方面又辟佛的观点，难以苟同：

> 宋明儒者，以辨佛为一大事，成为习气，即梨洲亦不免。夫佛固不可谤，谤之无伤于日月，不俟论矣。抑宋明哲学，何以能放一异彩，其从佛学转手之迹，显然共见……刘念台亦云："莫悬虚勘三教异同，且当下辨人禽两路。"诚知本之言也。[51]

梁任公似乎没有意识到，当他将佛教真如、无明的本体论与王学致良知相结合之时，因为在根本的心性问题上采取了一个与孟子或王阳明很不同的观点，他的看法反而较接近朱熹"义理之性"与"气质之性"的说法。我们姑且不论这是否是从儒家的"一元论"到佛家的"二元论"。[52]一个更值得注意的议题是，在"无明"观念的影响之下，任公对人性中恶的一面有更深刻的体认，对他而言，人性中的恶不但是"自造的"，也是"先天的"。他之所谓"先天"有三方面的意义。第一是社会的影响，任公用"器世间"的佛教概念来说明："一切众生，自无始来，即以种种因缘，造成此器世间（社会）。此器世间实为彼'无明'所集合之结晶体。"第二是"民族全体之习"。他说："凡一民族必有其民族之特性，其积致之也，以数千百年，虽有贤智而往往不能自拔。"第三是"血统遗传之习"，亦即遗传自家庭的一些特性。他说："一切众生……又各各承受其父若祖之特别遗传性，凡此皆受之于住胎时，而非出胎后所能与也。"在此状况之下，任何人都不能保持纯粹的"真如"，无所搀杂。[53]这很可能影响到他的思想中"幽暗意识"的一面，而让他与西方自由主义更容易接轨。[54]

（二）阳明学说与康德思想若合符契

在佛学之下，任公认为最值得注意的哲学理论是阳明学说与康德思想。任公在《新民说》与《德育鉴》中都曾提到阳明学说与康德思想"枹鼓相应"。[55]不过在这些引文之中，梁任公只简单地说康德与阳明均强调致良知与知行合一。然而在《近世第一大哲康德之学说》一文中，他则清楚地说明他对两者的肯定在于双方均从良心之自由来论证道德责任感。梁任公说康德的道德学说即将真我与现象之我进行对照，并指出个人肉体的生命虽然会因为疲劳而休息、饥饿而进食，不得不依循"不可避之理"，但是真我则是超越时间与空间的，因而有道德自主的能力，所谓"欲为善人欲为恶人皆由我所自择""道德之责任，生于良心之自由"。[56]任公对于这样的看法颇为激赏，以为康德思想会通了佛教的真如说与阳明的良知说，也配合孔子所

谓"我欲仁，斯仁至矣"的道理。[57]（参见本书第五章）

梁任公以为康德所谓"责任道德说"仅适合君子，对于"不认此责任而甘于自暴者"则无可奈何，因此他认为对"中人以下"只能以功利主义的道德说（福善祸淫）来加以规劝。梁任公甚至以弥尔对边沁功利主义的修正来补充说明："真苦真乐必不存于躯壳，而存于心魂。"[58]无论如何，对任公而言，从理论的圆满度来说，儒、墨均有缺陷，但儒家的境界要超过墨家。任公并以佛教的"权实并用"来统摄儒、墨二家，作为道德理论的最高原则。这样一来，康德与阳明学说对人们认识个人道德自主性来说，是有价值的，然其缺陷则是不如佛家那样认识到以权实并用分别处理具有道德自主性的君子与关心功利的"中人以下"，而能兼儒、墨之长。

（三）服膺阳明而不菲薄程朱

在儒家传统之内，任公面对程朱与陆王的进一步选择，明显地以为陆王思想要比程朱思想高明，"子王子提出致良知为唯一之头脑，是千古学脉，超凡入圣不二法门"；而且在方法上"简易直切"，能切中时弊，所以任公说"窃以为惟王学为今日学界独一无二之良药"。[59]但任公却不菲薄程朱，他认为程朱之学亦有其价值。这牵涉到梁任公对知识的看法。他将知识分为两大类，一是"智"，一是"德"；有时他则称为"科学"与"道学"。[60]智的方面又包括"物的科学"与"心的科学"，德的方面则为道德方面的知识。（这与中国传统"尊德性"与"道问学"的区别密切相关）他对科学的界定是较广泛的，无论是理化、工程、法律、生计等都属于"物的科学";而哲学、伦理学与心理学则属于"心的科学"。对梁任公来说两者有时有重叠之处,所以有些哲学问题,例如宇宙论方面,会受到物的科学之影响。

在智育范围之外,梁任公认为还有涉及道德修养的"道学"。在他看来,这方面的知识与哲学上对伦理思想的客观了解截然不同,后者是对知识客体的客观研究,不一定涉及行为层面;而前者则会对人类自身的道德行为产生直接影响。由于智育与德育的差异,对知识的追求不但不一定会带来道德的提升,有时甚至是有害的。他说:"象山所谓田地不洁净,则读书为借寇兵、资盗粮。阳明所谓投衣食于波涛,只重其溺。……盖学问为滋养品,而滋养得病根,则诚不如不滋养之为愈。"[61]

就获取知识的难易程度来说,梁启超和严复一样,认为智识的取得较为容易,而道德的修养则比较困难。他认为道德教育要通过个人的切实修养,"必其心得也甚深,而身体力行也甚笃",不能以学习智识的客观了解的方式来获得,否则只是"所谓闻人谈食,终不能饱,所谓贫子说金,无有是处"。[62] 换言之,人民道德修养的完成不能依赖西方科学,而要基于传统中国的一种直觉式的学习,而任公以为这是最困难的,也是当时中国人最需要面对的挑战。这一点则涉及他对玄学与宗教的看法,他在"科玄论战"中支持张君劢等人的"玄学派",反对胡适、丁文江等人的"科学主义",认为"人生观"的问题不是科学所能完全解决的,便与此有关。总之,在他的思想中,为了达到新民的目标，不但要吸收西方科学与其他知识以提升"民智"，同样重要的是必须要依靠传统学术以培养"民德"，而后者远较前者困难。[63]

由于对德、智的区别，以及对道德追求较为困难的认定，任公批评程朱"即物穷理"的理论是"研究科学之一法门"，在探求"身心之学"方面其用处则不大："朱子之大失，则误以智育之方法，为德育之方法，而不知两者之界说，适成反比例，而丝毫不容混也。"[64] 他更引用陆九渊对朱熹的批评——"易简工夫终久大，支离事业竟浮沉"，认为朱熹的修身方法过于支离，"头痛灸头，脚痛灸脚，终日忙个不了，疲精敝神，治于此仍发于彼，奈何？"[65] 根据梁任公的说法，朱熹晚年对此亦有所反省，认为"学道之不可以不知本"。梁任公认为朱熹之所谓"本"，就是上述王阳明所说的"致良知"：

> 若返诸最初之一念，则真是真非，未有不能知者。即如我辈，生于学绝道丧之今日，为结习熏染，可谓至极，然苟肯返诸最初之一念，真是真非，卒亦未尝不有一隙之明……致良知三字，真是呕心呕血研究出来，增减不得……真所谓放之四海而皆准，俟诸百世而不惑者也。[66]

梁任公虽然崇尚陆王，批判程朱，但他也不以为朱子之言一无可取。他说："吾虽服膺王学，而于朱子万不敢菲薄，盖朱子所言，有益于学者修养之用者，兹多矣……未敢有门户之见存也。"[67]在《德育鉴》一书中,梁任公也收入十余条程朱的说法,认为有益身心修养。尤其值得注意的是,梁任公非常推崇支持程朱学派的曾国藩、罗泽南(1808—1856)。[68]

曾国藩的思想其实与梁任公有诸多不同之处,相对于梁任公主张王阳明的"致良知"之说,曾氏崇尚程朱的修养功夫,主张"居敬穷理","以仁为体,以礼为用"。他认为,一味地从"尽心养性"的道体上下功夫,已不周世用,"修齐治平"的功业,唯有从研习古人"治礼"的实学上去努力,方为真实有效。[69]曾氏继承清中叶以来凌廷堪(1755—1809)"以礼代理"的学术趋向[70],提出"理学即礼学"的纲领。再者,相对于梁任公所采取的尊孟抑荀的立场,曾氏则大力推崇荀子"隆礼"思想。

除了以上的差异,曾氏平息门户之争、重视经世致用,并成就具体之事功,尤其是平定太平天国之乱,挽救中国文化之沉沦的观点,则与梁任公思想合拍,并深受其肯定。[71]在《新民说》与《德育鉴》中,梁任公对曾国藩砥砺道德修养,并进而移风易俗,扭转时代风尚,成就伟大事业,赞誉有加。《德育鉴》一书以曾国藩《原才篇》"风俗之厚薄奚自乎,自乎一二人之心之所向而已"结尾,梁任公并写了一段按语称颂曾、罗两人"以道自任"的使命感,此一处理方式,实寓有深意:

> 曾文正生雍、乾后,举国风习之坏几达极点,而与罗罗山诸子,独能讲举世不讲之学,以道自任,卒乃排万险、冒

> 力难以成功名，而其泽且至今未斩。……由是言之，则曾文正所谓转移习俗而陶铸一世之人者，非必不可至之业。[72]

这也显示任公一方面心有所主，心仪陆王之学；另一方面却又能兼容并蓄，肯定程朱思想的学术精神。

四、小结

许多学者都认为王阳明学说是梁任公思想的核心。例如，严复在探索梁任公思想渊源之时，即强调梁任公"宋学主陆王"，因此"凭随时之良知行之"，发出"偏宕之谈，惊奇可喜之论"。[73]贺麟也强调梁任公"全部思想的主要骨干，仍为陆王……在他去世前两三年，我们尚曾读到他一篇斥朱子支离，发挥阳明良知之学的文章"。[74]总之，阳明学乃梁任公思想之核心，也是我们认识梁任公思想的一个重要的切入点。

然而值得注意的是，在中国近代学术史上，梁任公并不以"阳明学者"自居。他在20世纪20年代写了两本有关清代学术史的书，一是《清代学术概论》，一是《中国近三百年学术史》，这两本书都强调清代思潮的主轴是"对于宋明理学之一大反动"。[75]因此他认为入清之后，无论程朱或陆王都渐渐衰息，汉学考证转而勃兴。对于其中的阳明学派，梁任公指出在刘宗周（1578—1645）之后有孙夏峰（孙奇逢，1584—1675）、李二曲（李颙，1627—1705）、黄宗羲（1610—1695）三人，其后"邵念鲁、全谢山结浙中王学之局，李穆堂结江右王学之局。这个伟大学派，自此以后便仅成为历史上名词了"。[76]对于清中叶以后的学术发展，梁任公谈到考证、今文学、佛学与西学，甚至也提到道咸之交罗泽南、曾国藩以"宋学"相砥砺，造成宋学的复兴。然而他从来没有将他自己放在宋明理学（乃至清代阳明学）的思想"系谱"之内。在他看来，李穆堂之后，清代的阳明学派已不复存在。

在清代学术的脉络之内，梁任公一方面强调他与康有为的关系，提到开始时他接受今文学，其后"不慊于其师之武断"，绝口不谈"伪经"与"改制"；在儒学传统之内，他转而致力于"绌荀申孟"。另一方面梁任公则强调他在输入西学上的成就，认为他自己扮演着"新思想界之陈涉"的角色。以上的学术定位充分显示，梁任公已自觉脱离了宋明儒学的脉络，开始走上一条近代中国发现、拥抱现代西方文明之路。简言之，他以建设现代国家与国民，铸造国魂为自己的首要任务。

那么在此过程中，梁任公思想之中的阳明学究竟扮演着何种角色呢？笔者认为在"淬砺""采补"并重的精神指导之下，梁任公的阳明思想同时展现了他与儒家传统的延续与断裂，这成为他建构融贯中西之"新民学说"的重要一环。这涉及刘纪曜所提出的一个重要论断："梁启超显然已经跳出儒学传统中的宗派门户之争，虽然亦有所主，然而亦颇能兼容并蓄，杂取各家之长。"[77]

这可以分以下方面来说明。首先，梁任公在1903年访美归来之后所提倡的王学，虽受日本阳明学的影响，但也具有本土学术脉络,是其多年沉浸于中国学术传统之后所做的选择。在中国儒、释、道三教的传统之中,任公选择了儒、释两者,而不那么重视道家,他甚至反复批评老子养成柔弱、退让的精神。他进而将佛教"真如""无明"的本体论与阳明的"致良知"之说,以及儒家各派的道德修养功夫结合在一起。至于传统儒家的阴阳五行理论与理气心性等学说,任公则将之抛弃。其次,在儒家思想的范围之内,他尊宋学而对汉学考证有正负交织的复杂看法。再其次,在宋学之中,他采取尊陆王而斥程朱的思想选择;而在王学之内,他则偏向重功夫的"江右王学",而不赞成更加激烈的王学左派。总之,如果从儒家思想的尊德行、道问学与经世这三方面来看,他肯定尊德行与经世,而将道问学(包括研习科学)视为比较次要的。

由此可见梁任公的阳明学与中国传统学术之间的连续性,此一连续性也影响到他对西方公民精神的引介。他所建构的民德不是具有普遍精神的"乡愿的道德",而是具有精英主义色彩的"君子的道德"。

拙见以为,上述梁任公对儒家思想的看法,不能视为是"工具性"的。上文曾指出儒家思想在任公"痛澈心骨"之时,给予其抚慰的力量。在《德育鉴》一书中,他更开宗明义地点出"为己"之学、"求诸己"的想法,坚持"我欲仁,斯仁至矣"的道德自主信念,这些观点都具有终极性的价值。对梁任公而言,这些儒家传统的道德信念,与佛学、墨学、西方科学以及康德所代表的西方伦理哲学传统,可以融洽地结合在一起,并帮助人们接受进取冒险、权利、自由、自治、进步、合群、尚武等新价值，培育出新时代所需要的新国民。

简言之，梁任公在清末转向"称颂王学"的历史意义在于，他一方面从一个西方的视角来回观传统，对传统做出"现代诠释"；另一方面，他又企图依赖传统的精神资源来会通中西，以建立现代国家、现代国民所需要的道德基础。在这个意义上，同样倾向陆王、批判程朱，又肯定佛学与康德思想的新儒家（唐君毅、牟宗三等人），无疑继承了梁任公的志业，共同抗拒五四反传统思想，并对中国传统与西方现代性如何接轨的严肃议题有更为深入的思索。[78]再者，政治人物蒋介石也在他的影响之下提倡"致良知""知行合一"以及"复兴中华文化"，这显示梁启超的思想在实践层面也发挥了重要的影响。[79]

附图：吉田松阴像

第三章 宋明理学的现代诠释：梁启超的阳明学

松陰文鈔

日本 吉田寅次 遺著
中國 梁啓超 節抄

廣智書局校印叢書第二種

附图：《松阴文钞》封面

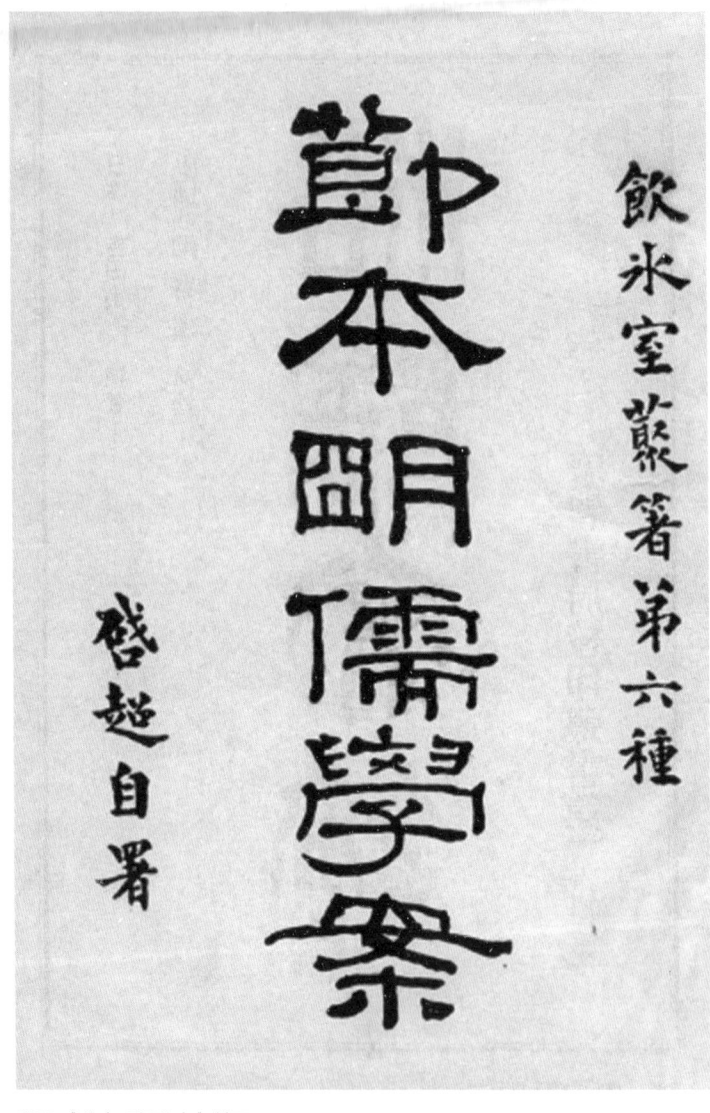

附图：《节本明儒学案》封面

* 在此特别感谢狭间直树先生寄赠《节本明儒学案》与《松阴文钞》影印本，使我得以进行此一研究。本章原题为《梁启超与儒家传统：以清末王学为中心之考察》，刊于《历史教学》2004年第3期，第18—23页；亦载于李喜所主编《梁启超与近代中国社会文化》，天津：天津古籍出版社，2005，第141—153页。

1 梁启超：《新民说》，第131页。
2 梁启超：《新民说》，第137—142页。
3 梁启超：《德育鉴》，台北：台湾中华书局，1979。
4 梁启超：《节本明儒学案》，东京：新民社，1905。
5 此外，梁任公于1904年冬天完成《中国之武士道》，该文延续《新民说》中《论尚武》一节，"采集春秋战国以迄汉初，我先民之武德，足为子孙模范者……以发挥其精神"。1906年2月，梁任公再录日本阳明学者吉田松阴之作品，完成《松阴文钞》，以助国人探求"事业学问之本原者"。这两个作品也与任公所提倡的王学有关。
6 黄克武：《一个被放弃的选择：梁启超调适思想之研究》，第29—31页。张朋园：《社会达尔文主义与现代化》，载《陶希圣先生八秩荣庆论文集》，台北：食货出版社，1979，第208页。1903年斯宾塞过世后出现了许多纪念文字，如在刊登梁启超《论私德》的《新民丛报》第38、39号合本第95—114页，即有慧广《大哲斯宾塞略传》一文，介绍斯宾塞的生平与思想。
7 《英国哲学大家斯宾塞》，《新民丛报》第38、39号（合刊，1903），图片页。
8 梁启超：《新民说》，第119页。
9 梁启超：《新民说》，第128页。
10 ［日］狭间直树：《关于梁启超称颂"王学"问题》，《历史研究》1998年第5期，第40—46页。
11 ［日］狭间直树：《〈新民说〉略论》，载《梁启超·明治日本·西方》，第89页。
12 王汎森：《中国近代思想中的传统因素——兼论思想的本质与思想的功能》，《学人》第12辑（1997），第14—17页。
13 刘纪曜：《梁启超与儒家传统》，台北：台湾师范大学历史研究所博士论文，1985，第164页。
14 刘纪曜：《梁启超与儒家传统》，第348页。
15 本文的焦点是梁任公在1903—1905年之间对王学的提倡。20世纪20年代之后任公再度提倡阳明学，撰有《儒家哲学》《王阳明知行合一之教》等文，此时与清末有截然不同的思想背景，涉及梁任公与孙文学说、马克思主义以及实用主义与功利主义的对话。详见竹内弘行《梁啓超の陽明学说——一九一〇年代を中心に》,《名古屋学院大学外国語学部論集》第9卷第1号(1997),第69—80页。

16 康有为所主持的万木草堂非常注意日本学界的情况,他撰有《日本明治变政考》(始于1886,完成于1896),编有《日本书目志》(1897年印行)。见萧公权《康有为思想研究》,汪荣祖译,台北:联经出版公司,1988,第313页。万木草堂的学生不但阅读如吉田松阴的《幽室文稿》,也接触中江兆民(1847—1901)汉译的《民约论》与《佛国独立史》。同时,康有为命长女同薇编辑《日本变法由游侠义愤考》(上海:大同译书局,1898),介绍幕末日本国内外情势与志士的救国活动。所以任公早在去日本之前,即对日本阳明学者的作品有所接触。梁任公在写给品川弥二郎(1843—1900,当时之内务大臣,也是吉田松阴"松下村塾"之弟子)的信中说:"启超昔在震旦,游于南海康先生之门,南海之为教也,凡入塾者皆授以《幽室文稿》。曰:'苟士气稍偶衰落,辄读此书,胜于暮鼓晨钟也。'仆既受此书,因日与松阴先生相对晤。"见郭连友《梁启超与吉田松阴》,载《吉田松阴与近代中国》,北京:中国社会科学出版社,2007,第172—199页。

17 黄克武:《一个被放弃的选择:梁启超调适思想之研究》,第36—37页。

18 梁启超:《新民说》,第6页。

19 梁启超:《中国魂安在乎》,《清议报》第33期(1899),第2b—3a页。参见本书第二章。

20 梁启超:《序》,载《中国魂》。

21 梁启超:《儒家哲学》,台北:台湾中华书局,1980,第50页。陈白沙的故居在新会白沙村(今隶江门市)。陈白沙的理学上承南宋陆九渊,下开明代王阳明,是广东唯一入祀孔庙的大儒,享"岭南一人"之美誉。明神宗万历年间曾建白沙祠,江门市在白沙祠原址上扩建成陈白沙纪念馆。

22 任公在《新民说》与《德育鉴》上都引用过陈白沙的诗句:"镌功奇石张宏范,不是胡儿是汉儿!""吾道有宗主,千秋朱紫阳,说敬不离口,示我入德方。"可见他对白沙的作品颇为熟悉。参见《新民说》,第20页;《德育鉴》,第58—59页。

23 [日]竹内弘行:《关于梁启超师从康有为的问题》,载《梁启超·明治日本·西方》,第3页。

24 丁文江编《梁任公先生年谱长编初稿》,第121页。

25 丁文江编《梁任公先生年谱长编初稿》,第206页。

26 丁文江编《梁任公先生年谱长编初稿》,第121页。

27 王汎森:《近代中国私人领域的政治化》,载《中国近代思想与学术的系谱》,

第167—169页。作者提到在1899年，张謇（1853—1926）在拟《金陵文正书院西学堂章程》时，仍规定院生月终时应将日记"送诸生父兄鉴阅"。
28 梁启超:《机埃的格言》,《清议报》第100期（1901），第2b页。
29 梁启超:《节本明儒学案》，第1页。丁文江编《梁任公先生年谱长编初稿》，第206页。
30 丁文江编《梁任公先生年谱长编初稿》，第198页。
31 吴义雄:《〈节本明儒学案〉与梁启超的新民学说》，香港浸会大学"二十世纪中国之再诠释"会议论文，2001。
32 梁启超:《德育鉴》，第12页。
33 黄克武:《〈皇朝经世文编〉学术、治体部分思想之分析》，台北：台湾师范大学历史研究所硕士论文，1985。
34 梁启超:《德育鉴》，第39页。
35 张灏:《幽暗意识与民主传统》，台北：联经出版公司，1990。
36 有关西方自由民主体系之中需要培养的公民精神（civility）及其与中国现代主流思想的差异，请见 Thomas A. Metzger, "The Western Concept of the Civil Society in the Context of Chinese History," in Sudipta Kaviraj, Sunil Khilnani, eds., *Civil Society: History and Possibilities* (Cambridge: Cambridge University Press, 2001), pp. 207–214. 中文版参见墨子刻《中国历史脉络中的西方公民社会概念》，载《政治批评、哲学与文化：墨子刻先生中文论文集》，第254—284页。
37 源于王阳明思想的日本武士道精神所具有的修己治人、成己成物、体用兼备的责任感，与中国儒者是相同的；但是他们将"忠"作为一切道德的判准，并且将忠奠定在本土神道的宗教意识之上，因而将"尊皇"视为一绝对价值，这与主张"从道不从君"的中国儒者又有所不同。参见张崑将《德川日本"忠""孝"概念的行程与发展：以兵学与阳明学为中心》，台北：喜玛拉雅研究发展基金会，2003。有关中日阳明思想的异同，参见张崑将《近代中日阳明学的发展及其形象比较》，《台湾东亚文明研究学刊》第5卷第2期（2008），第35—85页。
38 黄克武:《梁启超的学术思想：以墨子学为中心之分析》，《"中研院"近史所集刊》第26期（1996），第86页。
39 梁启超:《德育鉴》，第101—102页。
40 梁启超:《德育鉴》，第3、8—9页。
41 墨子刻:《墨子刻序》，载《胡国亨文集》，兰州：兰州大学出版社，2000，第1—8页。胡国亨:《独共南山守中国》，香港：中文大学出版社，1995年。

金耀基:《中国政治与文化》,香港:牛津大学出版社,1997。

42 梁启超:《新民说》,第112—113页。梁启超:《自由书》,第3册。梁启超对老子的批评与严复对老子思想的肯定截然不同,1905年严复在东京出版的《评点〈老子〉》一书,正是为了"批判梁任公等新学之士的老子观",其认为老庄思想可以与西方的自由主义相会通。参见拙著《笔醒山河:中国近代启蒙人严复》,桂林:广西师范大学出版社,2022,第168—170页。

43 梁启超:《德育鉴》,第73页。

44 梁启超:《例言》,载《节本明儒学案》,第2页。

45 梁启超:《德育鉴》,第30页。

46 梁启超:《德育鉴》,第46、34页。梁启超:《新民说》,第140页。

47 梁启超:《德育鉴》,第29—30页。

48 梁启超:《德育鉴》,第32页。

49 梁启超:《德育鉴》,第32页。

50 该文刊于《新民丛报》第25、26、28号(1903),以及第46—48号(合刊,1904),其间因任公访美而中断。以下有关康德的部分见拙文《梁启超与康德》,《"中研院"近史所集刊》第30期(1998),第101—148页。收入本书。

51 梁启超:《例言》,载《节本明儒学案》,第2页。

52 刘纪曜曾指出此一转变是从儒家的"一元论"到佛家的"二元论"。参见刘纪曜《梁启超与儒家传统》,第160页。

53 梁启超:《德育鉴》,第76页。

54 有关任公思想中的"幽暗意识",见拙著《一个被放弃的选择:梁启超调适思想之研究》,第180—181页。

55 梁启超:《新民说》,第139页。梁启超:《德育鉴》,第38页。任公在晚年写《儒家哲学》时仍然表示阳明的"致良知","拿现在的话解释,就是服从良心的第一命令,很有点像康德的学说"。参见梁启超《儒家哲学》,第52页。

56 梁启超:《近世第一大哲康德之学说》,《新民丛报》第26号(1903),第16页;第46—48号(1904),第56页。

57 梁启超:《近世第一大哲康德之学说》,《新民丛报》第28号(1903),第12页。

58 梁启超:《德育鉴》,第54页。

59 梁启超:《德育鉴》,第24页。

60 梁启超:《节本明儒学案》,第1页。

61 梁启超:《德育鉴》,第5页。

62 梁启超:《新民说》,第136、143页。
63 黄克武:《一个被放弃的选择:梁启超调适思想之研究》,第102—103页。
64 梁启超:《德育鉴》,第23页。
65 梁启超:《德育鉴》,第25页。
66 梁启超:《德育鉴》,第27页。
67 梁启超:《德育鉴》,第24页。
68 梁启超:《德育鉴》,第102页。罗泽南属程朱一系,曾著有《姚江学辨》,抨击阳明甚力。见陆宝千《论罗泽南的经世思想》,《"中研院"近史所集刊》第15期下(1986),第76页。
69 叶瑞昕:《从曾氏理学到梁氏心学——清末五十年间儒家伦理思想的传承与转化》,http://www.confucius2000.com/confucian/czslxdlsxx.htm(2023/06/05 点阅)。
70 张寿安:《以礼代理:凌廷堪与清中叶儒学思想之转变》,台北:"中研院"近史所,1994。
71 黄克武:《一个被放弃的选择:梁启超调适思想之研究》,第128—129页。
72 梁启超:《德育鉴》,第102页。
73 王栻编《严复集》,第3册,第648页。
74 贺麟:《当代中国哲学》,南京:胜利出版社,1947,第4页。
75 梁启超:《清代学术概论》,第3页。
76 梁启超:《中国近三百年学术史》,台北:台湾中华书局,1983,第52页。
77 刘纪曜:《梁启超与儒家传统》,第164页。
78 例如唐君毅《人文精神之重建》,台北:台湾学生书局,1980;牟宗三《政道与治道》,台北:台湾学生书局,1980。
79 参阅拙文《蒋介石与阳明学:以清末调适传统为背景之分析》,载黄自进主编《蒋中正与近代中日关系》,上册,台北:稻乡出版社,2006,第1—26页;以及《蒋介石与梁启超》,载吕芳上主编《蒋中正日记与民国史研究》,台北:世界大同出版有限公司,2011,第121—138页。

第四章
诸子学的现代诠释：梁启超的墨子学*

一、前言：清代墨学的复兴

在本章，笔者尝试以梁启超对墨学的研究为例，进一步阐明他的学术思想的特点。梁启超自幼便对《墨子》深感兴趣，[1] 表示"极崇拜"墨子的思想，[2] 他在一生之中的不同阶段，撰有多篇文章讨论墨学。墨学在梁氏学术思想之中虽然不像西学、佛学、史学，尤其是近三百年学术史那么受重视，却是他的学术兴趣与思想表现之中非常重要的一环。

任公的墨学研究依时间先后可分为两大阶段，一是1904年在《新民丛报》上撰写《子墨子学说》与《墨子之论理学》的一个阶段；一是20世纪20年代撰写、出版一系列有关墨子的文章，其中包括考证性的《墨经校释》，以及义理性的《墨子学案》和《先秦政治思想史》中的墨子部分等。这两个阶段前后相隔将近二十年。那么两者对墨学的讨论有无不同？如果有的话，其基本差异为何？这些差异又是何种原因所造成的？笔者认为梁启超的论墨之作一方面出于他对先秦学术思想的兴趣,另一方面则反映出时代思潮的影响。在《新民丛报》时期,其墨学的主旨是为现代中国国民与国家的建构,提供一个既植根于传统又符合西方学说的理论基础。到了20世纪20年代,他的墨学不再具有那么强的政治民族主义的色彩,而倾向于说明未来中国作为一个实体,在文化上应有的特质及其传统根源。

在进入正题之前,先简要地叙述清中叶以来诸子学的兴起,尤其是"墨学"在沉寂了两千多年之后的再度复兴。[3]为什么在清中叶之时,学者们对《墨子》会产生浓厚的兴趣呢?这就必须要探讨清代汉学在乾嘉晚期,从对于儒家经典的研究,延伸到先秦诸子的转折。清中叶诸子学的兴起是一个相当复杂的课题,不但有思想的因素,也有政治、社会、经济等层面的复杂线索。[4]简单地说,要了解此一现象,可以从考证运动的内在动力说起。[5]根据余英时的看法,清代考证学是儒学向"智识主义的转化",企图通过文字训诂以阐明古圣先贤在六经中所蕴藏的"道";而其主要典范的建立,则是清初儒者顾炎武(1613—1682)所提倡的"读九经自考文始,考文自知音始,以至于诸子百家之书,亦莫不然"。[6]

在此典范的指导下,清代学者对先秦古籍的研究,从群经开始,接着为辅助经学考证与阐扬义理,又注意到先秦诸子。诸子研究之中最先面临到的学术课题是儒家阵营之内的《荀子》,再探究下去则是儒家以外的"异端",如《墨子》《老子》

《管子》等。然而考证的根本目的是明义理,所谓"训诂明而后义理明",所以在对了书做过深入的整理之后,又必然导向对诸子思想的再发现与再评估。[7]《墨子》就是在这个学术脉络之中被挖掘出来,而赋予了新的意义。

乾隆四十五年(1780),汪中(1744—1794)首先校释《墨子》(此书后佚失),并撰《墨子序》与《墨子后序》,力辩荀、孟二氏绌墨之不当,以为儒墨是表面相异,其里本同。汪中虽然还是从儒家的立场来肯定墨子,以为墨子是符合儒家精神的,但已一反孟子以来斥之为异端的说法,对墨子有较正面的评估。[8]

乾嘉以来的墨学虽然有一些像汪中所提出来的义理上的讨论,但基本上还是比较倾向于考证工作,其目的在于整理出一个可以解读的《墨子》版本。其中贡献较大的要推毕沅(1730—1797)的《墨子注》(刊布于乾隆四十八年)、苏时学(1814—1873)的《墨子刊误》与孙诒让(1848—1908)的《墨子闲诂》等书,经过他们的努力,《墨子》一书的主要部分已可成诵。[9] 但是其中《经上》《经下》《经说上》《经说下》与《大取》《小取》等六篇,虽然先后经过毕沅、王念孙(1744—1832)、张惠言(1761—1802)、俞樾(1821—1907)、章炳麟等人的校勘,仍然不易理解。梁启超的《墨经校释》与胡适的《墨辩新诂》两书,正是继承了此一学术传承而作。[10] 这是清中叶以来墨学在考证校勘方面大致上的演变。[11]

孙诒让的《墨子闲诂》是公认清末墨学研究的重要作品,

第四章 诸子学的现代诠释：梁启超的墨子学

梁启超曾说"自此书出，然后《墨子》人人可读，现代墨学复活，全由此书导之，古今注《墨子》者固莫能过此书，而仲容一生著述亦此书为第一也"[12]，其对墨学研究的兴趣也显然受到孙诒让的启发与鼓励，[13]因此从这本书可以了解到当时墨学兴起的一些重要因素。《墨子闲诂》作于光绪十九年（1893）前的十余年间（约1877—1893年），当时西力冲击已成不可抗拒之势，所以该书虽为延续汉学传统而来的校勘之作，但这时学界对《墨子》的兴趣已受西学影响。

这一点可以从俞樾为《墨子闲诂》所撰写的序文之中看出端倪，俞氏一方面赞美孙诒让在考证上的成就，指出孙氏"凡诸家之说，是者从之，非者正之，阙略者补之……旁行之文，尽还旧观，讹夺之处，咸秩无紊。盖自有《墨子》以来，未有此书也"；另一方面他又说：

> 墨子惟兼爱，是以尚同；惟尚同，是以非攻；惟非攻，是以讲求备御之法。近世西学中，光学、重学，或言皆出于墨子，然则其备梯、备突、备穴诸法，或即泰西机器之权舆乎！嗟乎，今天下一大战国也，以孟子反本一言为主，而以墨子之书辅之，倘足以安内而攘外乎？勿谓仲容之为此书，穷年兀兀，徒敝精神于无用也。[14]

俞序明确指出墨学在沉寂多时之后，再度受到清末学者注目的重要原因。首先是《墨子》中有不少的内容可以与西方科技相

103

配合。清末之时很多学者正是从"西学源于中国说"的角度,来挖掘《墨子》一书的现代意义,认为西方的数学、光学、重学等科技"我早已有之";[15]后来这种说法虽转趋式微,但随着逻辑学(logic,梁译"论理学",严译"名学")的引进,近代许多学者如章炳麟、胡适以及梁启超等,则是从墨子与西方逻辑学和印度因明学的异同比较,来研究此书。[16]无论如何,墨学之中倾向以控制环境作为增进人生福祉的手段,墨子又以擅造巧械著名,所以有些像冯友兰(1895—1990)那样的学者,在探讨"中国何以未有科学"时,就感叹地表示,如果墨家思想能获得充分开展,中国极可能很早就有科学了。[17]这是近代墨学发展的第一个线索,注意到《墨子》与西方科学技术的关系。

俞序除了强调《墨子》与"泰西机器"的关联,也注意到以墨子思想来补儒家之不足,以达到"安内而攘外"的效果。这一点则涉及诸子学的发展直接地促成儒家正统地位的动摇。[18]换言之,近代中国知识分子在思索中国问题时,不再固守儒学的范畴,同时也从墨学中汲取营养。最极端的想法则如郭沫若(1892—1978)所说,"在打倒孔家店之余,欲建立墨家店"。[19]然而,这方面的演变也与西力冲击是密切相关的,中国知识分子实际上是逐渐采用西方的标准来评估中学,在这种评估之中,墨家思想因为符合新的标准,而被用来攻击儒家的一些想法。例如梁启超即将墨子与西方新的价值标准,如民约论、基督教的博爱理想、社会主义与西方经济观念等相提并论;许多人也说墨子"爱无等差"的观念颇合于"平等"的理想,与儒家重视阶级的观念有所不同。[20]这是近代墨学发展的第二个线索,以墨子思想来比附西方的新价值与攻击儒家传统。

在上述两条线索的发展下,清末民初对墨子的研究蔚为风气,然而这时随意比附的情况也变得十分严重。陈寅恪对此深表感叹,他在为冯友兰所写的《〈中国哲学史〉审查报告》一文中说:

> 著者有意无意之间,往往依其自身所遭际之时代,所居处之环境,所熏染之学说,以推测解释古人之意志。由此之故,今日之谈中国古代哲学者,大抵即谈其今日自身之哲学也;所著之中国哲学史者,即其自身之哲学史者也。其言论愈有条理系统,则去古人学说之真相愈远;此弊至今日之谈墨学而极矣。今日之墨学者,任何古书古字,绝无依据,亦可随其一时偶然兴会,而为之改移,几若善博者能呼卢成卢、喝雉成雉之比;此近日中国号称整理国故之普通状况,诚可为长叹息者也。[21]

可见这是近代墨学研究中最让人诟病之处。

总之,从清中叶到20世纪初,学者们的兴趣从经学考证延伸到诸子学的领域,在此过程中《墨子》受到许多人的重视,而如何确定《墨子》的文字,以及如何评价墨子思想,成为学术界讨论的重要课题。在文字方面,孙诒让的《墨子闲诂》一书基本上将传抄讹误、脱漏错乱的地方加以疏理,使《墨子》一书可以解读;然而主要讨论逻辑的部分(《经上》《经下》《经说上》《经说下》《大取》《小取》)则要到梁启超、胡适之后,才整理出一些眉目。至于评价的问题,乾隆末年,汪中开始肯定墨子思想的价值,但还是以儒家作为判断的标准;鸦片战争之后,随着中国与西方的接触,对墨子的评价受到西方价值的莫大影响,这些价值包括科技成果与社会、政治理想。质言之,近代墨学的复兴固然与传统学术的发展,尤其是乾嘉考证之风所引起的学术兴趣密切相关,但是其直接的动机,则是明显地出于西力冲击之下,对如何设定未来中国之目标的现实关怀。梁启超就是在乾嘉以来的学术传承以及西力冲击所产生的爱国情怀的交织下,开始动笔撰写有关墨子的文章的。然而,梁启超在处理此一课题时,并没有把西方的价值标准绝对化,他将墨学放在世界思想的舞台上,借着将墨子思想与古今中外各种思想的比较、评估,而将各种思想会通在一起,最终的目的是希望借此能为未来中国找到一个思想上的共识。

二、《新民丛报》时期梁启超的墨子学

在了解上述背景之后,我们可以开始探讨梁启超的墨子学了。梁启超早期对墨学的研究可以发表于《新民丛报》第49、50、51、52、53、57、58等号(光绪三十年五月至十月,1904)的《子墨子学说》与《墨子之论理学》两文为代表。首先我们必须了解梁启超当时的思想状况,该文发表之时,他刚

刚结束将近一年的美国之行（1903.2.20—12.11）返回日本，正在撰写《新民说》最后一部分的几篇文章，包括《论私德》与《论政治能力》等文。梁启超此时思想的主线已经从宣扬激烈革命，转向提倡渐进改革；从强调学习西方的"发明新道德"，转变为重视源于传统文化的"元神真火"。就学术思想来说，在西学方面，讨论西方经济思想的《生计学说沿革小史》以及论康德、边沁（Jeremy Bentham，1748—1832）、伯伦知理等的文章都已发表；中学方面，因为受到赴美之行的影响，《论中国学术思想之变迁》一文在第22期（1902.12）佛学部分写完之后，就暂时停了下来。

其中1902年开始撰写的《论中国学术思想之变迁》一系列文章（其后结集为专书）和我们要讨论的题目有很密切的关系。此文综论中国古今学术发展的主要趋势，其中先秦部分即谈到墨家。梁启超指出春秋末期墨与孔、老并立，三分天下。他的分析围绕地理因素，认为中国古代思想之中，北派重视实际，以孔子为首；南派则崇尚玄想，以老子为魁；至于墨子，他很简单地说：

> 墨亦北派也，顾北而稍近于南。墨子生于宋，宋南北要冲也，故其学于南北各有所采，而自成一家之言。其务实际、贵力行也，实原本于北派之真精神，而其刻苦也过之；但其多言天鬼，颇及他界，肇创论法，渐阐哲理，力主兼爱，首倡平等，盖亦被南学之影响焉。[22]

他也谈到后来墨学分为兼爱、游侠与名理三派。在讨论先秦诸家之派别以后,梁启超本来打算接着写"论诸家学说之根据及其长短得失"一节,但是他却感到力不从心,所以只好暂阙,在该节标题下,他有如下的说明:"此节原为本论最要之点,但著者学殖浅薄,综合而论断之,自愧未能,尚须假以时日,悉心研究,非可以率尔操觚也。"遗憾的是这一部分后来他一直没有机会补写。在暂阙的"论诸家学说之根据及其长短得失"一节之后,梁氏撰有"先秦学派与希腊印度学派比较",指出先秦思想的一个缺点是"论理(logic)思想之缺乏",不如印度的因明之教与亚里士多德的论理学,而《墨子》"大取""小取"等篇虽有名学之词句,"但其学终不成一科耳"。

以上是梁启超在《新民丛报》第7号(1902)上发表的对墨学的看法,可以反映出,大约在1902年中期,他还没有能力充分处理先秦各派,包括墨子在内的思想内容,并评论其得失;而他对墨学中的逻辑部分也没有很高的评价。其后,梁启超介绍了许多西方的经济、哲学思想,又去了一趟美国,思想发生很大的变化。至1904年中叶,他再次回到先秦诸子的领域,而首先处理的就是《墨子》。

为什么梁启超这时认为自己已经可以讨论《墨子》的学说根据,并评论其长短得失了呢?这当然是因为他在这两年之间"悉心研究"的结果,然而其中我们不能忽略的一个重要因素是,梁启超在这段时间阅读了一些有关中国古代思想史的日文书，日本学者的观点刺激了他对先秦思想的重新诠释。过去我们常注意到梁启超通过日文书学习西方思想，但实际上他也通过日文著作来认识中国。他在赴日前期所撰的《东籍月旦》一文中就介绍了好几本日本人所写的中国史，并以为是很有参考价值的。例如他说桑原骘藏（1870—1931）的《中等东洋史》"包罗诸家之所长……繁简得宜，论断有识"；田口卯吉（1855—1905）的《支那开化小史》一书，"其论则目光如炬，善能以欧美之大势，抉中国之病源，诚非吾邦詹詹小儒所能梦也，汉以前尤为精绝"。[23]以《子墨子学说》来说，梁启超清楚地表示，文中有些地方在资料排比上是采用日人高濑武次郎（1869—1950）所著《杨墨哲学》一书，然而"按语则全出自鄙见"（《子墨子学说》37：4）。[24]总之，有关中国历史与思想的日文著作帮助梁启超澄清了先秦思想发展脉络的一些问题，尤其是让他开始建立起对墨子学说的整体理解。

再者，梁启超通过日文书而了解的西学，也对他认识先秦思想有所帮助，在《子墨子学说》中他多次将墨子与西方思想作比较，比较的对象包括柏拉图（Plato，前427—前347）、霍布士（今译霍布斯，Thomas Hobbes，1588—1679）、陆克（洛克）、卢梭（或译为卢骚）、康德、边沁、约翰·弥勒、基督教、社会主义等。由此可见，当梁启超更深入地了解西方文化后，反而能更清楚地看到中西的对照，也对中国古代思想有较从前更进一步的认识。因此也可以说，日本学界对中西文化的研究（以及东学与西学），刺激了梁启超重新了解中国的历史文化。

《墨子之论理学》一文也与日译书籍有关。梁启超谈到这篇文章的撰写受到两个因素的刺激，第一是汉译西方有关 logic 的书，如明代李之藻（1565—1630）与严复有关"名学"的译作；第二是日译有关西方论理学的著作。梁启超有关墨子论理学的研究，即尝试将这些学术的成果结合在一起，是典型的"凭借新知以商量旧学"。[25]在中西论理学名词的采用上，梁启超的做法是"东译［指日译］、严译，择善而从，而采东译为多。吾中国将来之学界，必与日本学界有密切之关系。故今毋宁多采之，免使与方来之译本，生参差也"（《子墨子学说》37：55）。由此可见日本学术在梁启超心中的重要性。但是日本学术对他的影响，似乎主要是提供他一些史料的整理、思想内容的编排等方面的启示，并扩展他的视野，而不足以影响到他思想的基本走向。

　　在《墨子之论理学》一文中，梁启超从《墨子》之中最基本的逻辑术语的界定，谈到不同论证方法与推理原则，更将墨子的论理学与西方的演绎法、归纳法相印证。在将中西比较之后，梁启超指出，墨子的论理学虽然不如"今世欧美治此学者之完备"，但在二千多年前有此成就"亦足以豪也"（《子墨子学说》37：63）；"吾东方之倍根，已生于二千年以前，我学界顾熟视无睹焉，是则可慨也已"（《子墨子学说》37：17）。由此可见他对墨学中的逻辑部分已开始有很高的评价。[26]总之，梁启超研究墨子论理学的目的，在于融合中学与西学，并借此提升民族自信心，使国人能像西方借由文艺复兴创造近代文明那样，也能够从中国传统中开出新局（《子墨子学说》37：55）。[27]

《子墨子学说》一文有类似的用心，不过更着眼于以墨子精神来解决当时中国社会的"民德"问题，这与他在《新民说》之中的主张有很密切的关系。笔者曾指出，梁启超在《新民说》中认为群与己应维持一个以"界"为中心的平衡关系，他一方面重视社会秩序，一方面也肯定个人自由与个性发展，而在国家危急的时刻，群要比己来得重要。他之所谓"新民"就是要人们能认识正确的群己关系，并养成公德心、国家思想、冒险进取、自由、进步、权利等现代国民的精神。[28]梁启超在《新民丛报》时期对墨学的探讨与"新民"的理想有直接的关系，是他对于未来中国"国家与国民之想象"的一环。[29]

在《子墨子学说》中梁氏强调中国人有两个严重的缺点，一是自私自利，一是"命"的观念太强，因而不知自立自强，也缺乏西方冒险进取的精神。他觉得墨子的学说可以帮助国人解决这些问题。[30]

首先是自私自利方面的缺点，在文章一开始梁启超就感叹地说：

> 今举中国皆杨也，有儒其言而杨其行者，有杨其言而杨其行者，甚有墨其言而杨其行者，亦有不知儒、不知杨、不知墨而杨其行于无意识之间者。呜呼！墨学遂亡中国，杨学遂亡中国！今欲救之，厥惟学墨……（《子墨子学说》37：1）

此处所说的"杨学"即杨朱之学，主张为我拔一毛而利天下不为者，梁启超所说的"举中国皆杨"主要是指国人"知有小己而不知有国群"的毛病，亦即缺乏公德心，也缺乏国家思想。

如何解决这些问题？梁启超认为墨子以兼爱为中心的"利他主义"，可以帮助国人医治自私自利的毛病，了解到正确的群己关系。他很同意墨子所说"利人即所以利己也"的说法，他指出：

> 利己者人类之普通性也，骤语以社会全体之利，则以为不亲切而膜视之。故墨子复利用此普通性，而极明利人即利己之义。……盖墨子以实利主义为兼爱主义之后援，其意谓不兼爱者则直接以利己，兼爱者则间接以利己，而直接之利，不如间接之利尤广而完而固也。（《子墨子学说》37：24—25）

他更以日人加藤弘之利己主义的推理来佐证墨子的说法，加藤氏说"人类只有爱己心，无爱他心，爱他心者，不过'知略的爱己心'耳"，[31]梁启超认为墨子正是专利用这种"知略的爱己"，来激起人们的"利他主义"。

然而墨子的兼爱、利他思想除了有"利人即利己"的基础，还奠立在一种宗教观念之上，亦即利人是上天所嘉许的行为，如《法仪》篇即有"爱人利人者，天必福之；恶人贼人者，天必祸之"。梁启超指出这是"功利主义"的道德说,与儒家所谓"责任道德说"正立于相反的地位。对儒家来说,道德行为是一种目的,而不是一种手段,所以只问事情本身对不对,而不问行为的结果是得祸或得福。但墨家却把道德行为当成得利的手段,是为了得福而为善,为了避祸而不为恶。梁启超敏锐地指出"儒墨之异同比较,有最明显之一语,即儒者常以仁义并称,墨者常以爱利并称是也。曰仁曰爱,同一物也,而儒者以义为仁爱之附属物,墨者以利为仁爱之附属物";简单地说,儒家言"义不义",墨家则明"祥不祥"。

传统儒家思想多从"正其谊不谋其利,明其道不计其功"的角度批评墨家功利的想法,但是梁启超则不然,他认为这两种说法是可以互补的,关键在于传统儒家的"责任道德说"只适合君子,却无法影响"中人以下"。他感叹地说:

> 众生自无始以来,结习既深,而天行之酷,又常迫之使不得不孳孳谋其私,于此而徒以责任道德之大义律之使行,其不掉头以去者殆希矣。孔教之不能逮下皆坐是。夫中国既舍孔教外无他宗教,而孔教之高尚而不普及也又若此,于是《太上感应篇》《文昌帝君阴骘文》《关帝明圣经》等,乃得乘虚而抵其缺,凡此皆以祥不祥为劝义之一手段,未足为病也;奈其所谓义不义之目的,又卑下浅薄,无以导人于向上之途,此实中国德育堕落之一重要原因哉!

(《子墨子学说》37:27)

为了引导"中人以下"为善,而调整儒家思想者,并不始于梁启超,乃是明清经世思想家就已十分注意的课题,[32]可以说是儒家自宋明理学强调心性修养,转为明末以来的"经世实学",同样注重内在功夫与外在事功(当时所说的"兼内外")的过程中,儒者所希望解决的重要问题之一。[33]在鸦片战争前夕,魏源(1794—1857)所编的《皇朝经世文编》之中,即有好几篇文章关心"中人以下"的道德问题。例如陆陇其(1630—1692)在《功行录序》中说:导引君子向善,不必以福祸之说诱之,因为"君子衡理不衡数";然而就一般人而论,"言福然后足以引天下之中人,言祸然后足以惧天下之不肖"。此外,李颙、姜宸英(1628—1699)、彭定求(1645—1719)、方苞(1668—1749)、罗有高(1733—1778)等人的文章都肯定报应福祸之说有助于劝善。[34]这样的想法一方面出于实际的需要,另一方面也明显受到佛教与民间宗教等思想(如明末袁黄)的影响。[35]

再者,清末康有为所提倡的孔教思想、民初一度盛行的孔教运动,其实也是针对同样的问题,要使儒家具有宗教的规范力。[36]梁启超的想法与此一思路是一致的。他指出,儒家思想在境界上是超过墨家的,不过两者都有缺陷,一是不圆满中的圆满者(墨),一是圆满中的不圆满者(儒):

若墨子所云云,则践履道德者得福,反是者得祸。若有人焉，曰我不欲得福而欲得祸，则行不道不德之事，未从禁之也（原注：参观本报前号康德学说）。故墨子之道德论，非究竟圆满主义也。虽然，世之真恶福而乐祸者，实无一人，则墨子之说亦可谓不圆满中之圆满者矣。且即以道德之责任律人，而人之不认此责任而甘于自暴者，又奈之何？故孔子学说，亦有圆满中之不圆满者存也。（《子墨子学说》37：8）

所以梁启超主张将儒、墨、佛三者融合为一，对君子用实法，对小人用权法，如此可以有助于改良"民德"：

使孔子而如佛之权实并用也（自注：佛大乘法，不厌生死，不爱涅槃，此其目的也，实法也；小乘法专言生死之可怖、涅槃之可歆，此其手段也，权法也），兼取墨子祥不祥之义而调和之，则吾二千年来社会之现象，其或有以异于今日乎！（《子墨子学说》37：27）

在梁启超看来，自私自利的一个重要表现是缺乏国家思想或爱国情操，墨家精神之中最让他感动的，其实就是由兼爱、明鬼观念而产生的"轻生死""忍苦痛"的精神，他认为："欲救今日之中国，舍墨学之忍苦痛则何以哉？舍墨学之轻生死则何以哉？"（《子墨子学说》37：48）换言之，在新民的理想之下，梁启超觉得传统儒家"杀身成仁""舍身［生］取义"的理想在实践之上有其限制性，"非学道有得者，不能切实体认，其平时养成之既甚难,其临事应用之抑亦不易,以故往往不能逮下"。(《子墨子学说》37:44)他认为如果要使每一个国民都变成儒家的君子,具备现代国家思想,必须要仰赖像墨家(与佛教)那种宗教观念,才能让人们为一个群体的道德理想而超越生死,在关键时刻敢于为国捐躯。

就群己关系而言,梁启超提倡墨学的目的无疑是在药治国人过度重视利己而忽视利群的缺点,而利群的具体内涵,就是他在《新民说》之中所反复讨论的公德心与国家思想。因此在梁启超看来,他所说的公德心与国家思想并不是西方社会所特有的,而是与传统思想中儒学、墨学的理想分不开的。而造就此一新国民的方法也包含了儒家"责任道德说",墨家福善祸淫、明鬼,以及佛教权实并用等观念。总之,梁启超国家思想中的传统根源是不容忽略的。

再者,梁启超的群己观也不全是要求个人要为群体牺牲(当然国家危亡时应该这样做),他吸收了墨家"利人乃所以利己"的观念,认为群、己是交织在一起的,而两者都有本质上的重要性。[37]在此要特别指出的是,梁启超并不是只重群体而不重个人,他并不完全肯定墨子以兼爱为基础的"利他主义"。他在对兼爱思想的批评之中指出,墨家在中国的失败是有其原因的,"近世伦理学家,谓极端之利他主义,必不能为学说之基础,诚哉其然矣!墨子于此终局之结果,似有所未审也"。梁启超认为像墨子所宣扬的极端利他主义,其最大的缺点就是抛弃了"自己"与"所有权"的观念,是知有群而不知有己;

这种理想只可能在"如柏拉图、德麻摩里辈（原注：参观《生计学·沿革小史》篇；笔者按：指 Plato 与 Thomas More）所虚构之共产主义"，或佛教所说"令一切众生入无余涅槃以灭度之"的情况下，才能实现，在一般的社会中是不可能的。所以他认为追求此种理想并非社会之福。(《子墨子学说》37：34)他说：

> 社会学家言，人类与"非人动物"之界线多端，然其最要者，则对于外界而觉有所谓"自己"者存也（原注：参观《新民丛报》第廿四号《论初民发达之状态》）。言政治、言法律、言生计者，亦往往以"所有权"之一观念，为万法之源泉，盖必"所有权"之观念定，然后"将来"之思想发生，而人人知有将来，是即社会进化之所以弥劭也。若一社会之人，悉举其自己之观念、所有权之观念而抛弃之，即使互无损于他人之独立，而举其本身应行之义务，相为无理之交换，是果为社会之福乎？质而言之，则社会之自杀而已。(《子墨子学说》37：36)

由此可见，清末梁启超在《新民丛报》之上与革命党人辩论，反对土地国有，晚年又不赞成在中国实行马克思式的共产主义，是有其思想根源的。[38]任公认为，一味地倡导大公无私，不重视"自己"，也不重视个人的"所有权"，无异于"社会之自杀"。总之，为了公允地了解梁启超的群己观，我们必须要在"群"与"己"两方面同时观照，他不是一个集体主义者或国家至上主义者，也不是一个西方意义下的个人主义者，而是重视群己之间的互动与平衡，有一点类似西方强调个人与群体之间相联系的"社群主义者"。从此角度才能了解梁启超思想的复杂性与巧妙性。

梁启超对墨子"兼爱""利他"思想的另一批评，是有关"利"的观念，墨子说人们兼爱可以得利，但他之所谓"利"是指维持生存所需要的衣食住行等"必要的欲望"，所以他提倡节用、节葬，反对奢侈等。梁启超认为人类除了必要的欲望，还有"地位的欲望"，意指相应于国民的程度与个人在群体中的身份；其所谓"必要的欲望"也是不同的，会随着文明程度的提升而有所变化。无疑地，梁启超的理想社会决非人人平等而仅有物质温饱的社会，而是有层级性与进步性的。他坚信"欲望之一观念，实为社会进化之源泉，苟所谓必要者不随地位而转移，则幸福永无增进之日"（《子墨子学说》37：20—21）。梁启超这种对利与欲望的想法，显然较契合资本主义的经济体制，而与社会主义或共产主义不相契合。[39]

再者，梁启超指出墨子坚持严格的"必要"之欲望，所以"非乐"，他只知道有物质上的实利，而不知道有精神上的实利。（《子墨子学说》37：24）以娱乐一事来说，墨子只知此事废时旷业，但实际上以娱乐为目的的休闲生活，能间接地陶铸人之德性与增长人之智慧，是人生中很重要的一部分。

梁启超更将墨子的实利思想与边沁、弥勒的功利主义作一比较，指出墨子《大取》"天之爱人"一条、《非攻中》"然而何为为之"一条、《耕柱》"大国之攻小国"一条，以及《非攻中》"饰攻战者言曰"一条，都阐明了所谓"凡事利余于害者谓之利，害余于利者谓之不利"及"凡事利于最大多数者谓之利，利于少数者谓之不利"之原则，其说法与边沁的"比较苦乐以为道德之标准"的说法是一致的；但是墨子专言利害问题，"边氏更推原苦乐以鹄利害，其言尤亲切有味"。后来弥勒补充边沁的说法，认为作为道德基础的苦乐不仅是量的多少的问题，也应注意到苦乐的性质，因而有"知力的快乐、思想的快乐、道德的快乐"等之分别。[40]梁启超认为弥勒的这个观念将乐利与道德贯通在一起，在理论上是圆满无缺的。墨子的实利思想大抵来说，过重物质而忽略精神，但在《鲁问篇》"公输子谓子墨子"一条也曾发明"凡事能使吾良心泰然满足者谓之利，否则谓之不利"的观念。[41]梁启超认为这样的主张和弥勒一样，尝试将乐利与道德结合在一起，是很高明的说法。(《子墨子学说》37：29)

梁氏从墨学中领悟的另一个重要观念是"非命"，这样的想法他早在1902年撰写《新民说》中《论进取冒险》一节时就已经谈到。他认为国人重"命"，以为事事都是早已注定的，因而消极地自暴自弃，缺乏努力奋斗、开创新局的精神：

> 危乎微哉！吾中国人无进取冒险之性质，自昔已然，而今日且每况愈下……所称诵法孔子者，又往往遗其大体，摭

其偏言……取其"命"主义,而弃其"力"主义。(自注:《列子》有《力命篇》,《论语》相于下言仲,尤朴可不悟力,其申力,命两者,皆孔子所常言,知命之训、力行之教,昭昭然矣。)[42]

在《子墨子学说》一文的"非命"一节中,梁启超又开宗明义地说:

> 非命者,墨学与儒学反对之一要点,而亦救时最适之良药。征诸儒家言曰,孔子进以礼,退以义,得之不得曰有命。曰不知命,无以为君子也;曰死生有命,富贵在天;曰莫非命也,顺受其正;曰道之将行也与,命也,道之将废也与,命也;曰吾之不遇鲁侯,天也;诸如此类,不可枚举。故命也者,实儒教中一普通之信条也。
>
> (《子墨子学说》37:12—13)

显然他要借颂扬墨子的"非命"观念,来批判所谓"儒家的命定主义",以建立具有现代精神的"新民",而"非命"也就是"力行"。[43]

墨子非命说的基础是经验与归纳,亦即援引"先王之前言往行"以为证。梁启超对此说法并不赞同,他根据"天演论"为非命说立下新的论据。他说:

> 物竞天择一语,今世稍有新智识者,类能言之矣。曰优胜

劣败,曰适者生存,此其事似属于自然,谓为命之范围可也。虽然,若何而自勉为优者适者,以求免于劣败淘汰之数,此则纯在力之范围,于命丝毫无与者也。(《子墨子学说》37:14)

接着梁启超将生物区分为"自然界之物"与"灵觉界之物",前者如草木,后者则如动物,而人类是灵觉界最高等之动物。梁启超指出自然界之物无自主力,故完全受"命"的支配;灵觉界之物则具有自主力,故"命"丧失其影响力。对此,他以人的夭寿来做说明,随着医学的进步,人类平均寿命逐渐增加,"十七世纪欧洲人,平均得寿仅十三岁;十八世纪,平均得寿二十岁;十九世纪,乃骤增至平均得寿三十六岁。然则寿夭者,必非命之所制,而为力之所制,昭昭明甚矣"。(《子墨子学说》37:16)

至于国人流行的"人生之富贵、贫贱归诸命"的说法,梁启超也加以驳斥。他说人的贫富贱贵,往往是由于社会全体之力所凝聚成的制度所造成的,在现实世界中有许多不合理的制度,使"力"得不到合理的发挥与公平的竞争,在这样的制度中,人们不能自拔,所以归之于"命"。实际上这些社会制度都是可以用人力来破除的,例如当时的科举制度(至1905年才废):

取彼尽人所能为而优劣程度万不能相悬绝之八股试帖楷法策论,而限额若干名以取之,以此为全国选举之专途,其势不能不等于探筹儿戏，应举者虽有圣智，无可以用其力之余地也；而一升一沉之间，束其缄而不得，夫孰得不仰天太息曰"命也命也"而已？……然此果足为有命说之根据乎？一旦以力破此制度，则皮不存而毛焉附矣！（《子墨子学说》37：16）

梁启超更以佛教因果的说法来支持墨子非命的观点，认为佛教的因果说是"有力而无命"，退一步而言，即使有"命"的作用，这个"命"也是人类的自力所可以左右的。这一理论将梁启超思想中的群己关系以及人类历史演变的决定因素等重要的问题，从本体论的角度结合在一起，梁启超认为是"其论据精深博辩，盛水不漏"。下文是了解梁启超此时思想十分重要的一段话，值得仔细玩味：

佛说一切器世间、有情世间，皆由众生业力所造，其群业力之集合点，世界也，社会也（即器世间）；而于此集合点之中，又各自有其特别之业力，相应焉以为差别，则个人是也（即有情世间）。故一社会今日之果，即食前此所造之因，一个人前此之因，亦即为今日所受之果。吾人今者受兹恶果，当知其受之于么匿（即个人）之恶因者若干焉，受之于拓都（即社会）之恶因者若干焉。吾人后此欲食善果，则一面须为么匿造善因，一面须为拓都造善因……（《子墨子学说》37：17）[44]

第四章　诸子学的现代诠释：梁启超的墨子学

这样的理论将群与己从哲学层面结合在一起，使梁启超的群己并重的观点更具有说服力。

梁启超对墨子的研究不但注意到改善民德的问题，也了解到民德的改善要依赖一套新的政治架构，即国家建构的问题。这时他对卢梭所谓国家是由"公民同意所造成"的"民约论"说法仍颇为醉心，并以此来评估墨子的政治思想。他的看法是："墨子之政术，民约论派之政术也，泰西民约主义，起于霍布士，盛于陆克，而大成于卢梭。墨子之说，则视霍布士为优，而精密不逮陆、卢二氏。"（《子墨子学说》37：37）

梁启超认为中国以前讨论国家起源时多主张"神权起源"与"家族起源"，只有墨子在《尚同》之中阐明"天下之乱生于无正长（原注：上篇作政，中下篇皆作正），故选择贤圣立为天子，使从事乎一同。谁明之？民明之。谁选择之？民选择之。谁立之，谁使之？民立之，民使之也"（《子墨子学说》37：38），这是主张国家由民意所共建，是一种本土的"民约论"。[45]在国家建立之后，墨子认为人民应上同于天子，梁启超说这一理论与霍布士所说民约建立后将公共权力交给一个专制君主的说法，是完全一致的。但是为什么梁启超又认为霍布士的学说不如墨子呢？这是因为霍布士主张君权无限，墨子则了解到君权不可全无限制，因而提出"以天统君"的观念，要求天子要上同于天。梁启超说墨子的思想是以宗教迷信来监督政治领袖，"其术涉于空漠"，不如儒家以人民为天之代表，来得完备（"天视自我民视"的说法），但在当时这也是无可奈何的

123

事。(《子墨子学说》37，40) 再者，西方的民约论在霍布士之后，经过陆克与卢梭的修正，放弃了君主专制的学说，并创出民主的路子，此点则是墨子所不及的。[46]

由于墨子的政治思想与宗教之间的密切关系，梁启超认为它的组织与基督教很类似，例如"巨子"的地位即有如教皇。要而论之，梁启超指出，墨子将宗教与政治结合在一起的想法，不是国家主义，而是世界主义、社会主义；墨子要求"视人之国若视其国，视人之家若视其家"，他的理想与儒家的"大同"是一样的。从梁启超对墨子政治思想的讨论，可以反映他的政治理想是围绕着反专制、限制君权与推崇民主的；同时，他虽高倡国家主义，但在他的思想中大同的理想还是存在的，只是认为当时不宜实行罢了。

综上所述，梁启超在《新民丛报》时期对墨子思想之见解，在近代墨学史上有其特殊的意义。在他之前，清代考据学者几乎都是从章句校释的角度整理《墨子》一书，而清末像黄遵宪等主张革新之士，则是肤浅地以墨子思想来比附西学；梁启超则在日文著作的启发之下，首度很详细地从义理的层面，对墨子的学说作系统化的分类整理、评论，并阐述其现实意义，亦即给予其一个"现代诠释"。这在墨学进展上是很具开创性的，所以当时才能"引起了许多人对墨学的新兴趣"。[47] 就梁启超墨子学的内涵而言，他以佛学、儒学以及西学（如天演论、民约论）解墨的目的，在于融通各种不同的学术思想，企图廓清传统中国流行的错误观念，如自私自利与迷信风水、气运等，以及补足儒家思想中尤其是在促使"中人以下"积极为善方面的缺失，激发人们休戚与共、利人即利己的道德感；而此一民德的改善也必须建立在卢梭"民约论"式的政治架构之上。总之，梁启超在《新民丛报》时期的论墨虽有"纯学术"的一面，出于他对先秦学术思想的兴趣；然而其主旨则是为现代中国国民与国家的建构，提供一个既植根于传统又符合西方学说的理论基础。进一步而言，梁氏在清末对于现代国民与国家的想象，他所标举的"界限"（boundaries）基本上是"政治性"的，是在群己平衡的架构中，一方面强调兼爱、利他的国民精神，一方面也肯定国民作为一个"个体"所具有的政治、社会与经济的权利；他的构想与当时革命党人所倡导的"种族性"的、"群体性"的国家与国民想象，有很明显的不同。[48]

三、20世纪20年代梁启超的墨子学

梁启超在撰写完成《子墨子学说》之后，开始参加与革命党人（《民报》诸子）就民族、政治与社会民生三方面的论战，双方更清楚地陈述了上述两种不同的对国家与国民的想象。[49]接着是辛亥革命的成功，梁启超返国投身政局，组进步党，又任司法总长（1913年熊希龄内阁）、财政总长（1917年段祺瑞内阁），并促成政府对德宣战等，至1917年底左右才退出政坛。1918—1920年梁启超率团赴欧考察，此行中他看到欧战后的残破，认为是西方过度讲求物质文明的结果。返国之后，他回过头来对中国文化产生一种乐观而自作主宰的信心，并开始兴办

文化事业与从事讲学。这时他所关怀的焦点议题,不再具有那么强的民族主义的色彩,而倾向于说明未来中国作为一个政治实体,在文化上应有的特质及其传统根源。

从1920年开始,梁启超再次回到先秦政治思想史的领域。这一年的冬天,他应清华大学之邀,讲授"国学小史",本来只打算讲十次,后来赓续至五十余次。岁末休假期间,他将年轻时代以来阅读《墨经》的札记比次整理,约有数万言,合为《墨经校释》一书。[50]次年春天,清华学生请他将授课讲义整理印行,梁启超觉得"兹稿皆每日上堂前临时信笔所写,多不自惬意。全书校定,既所未能,乃先取讲墨子之一部分,略删订",成《墨子学案》一书。[51]1922年梁启超再赴北京法政专门学校及东南大学讲授"先秦政治思想",后来他又将讲义编为《先秦政治思想史》(一名《中国圣哲之人生观及其政治哲学》)一书,其中也有一部分讨论到墨子思想。[52]以上三部作品是梁启超晚期论墨的主要著作。

梁启超这时的墨子学与《新民丛报》时期对墨子的讨论,前后相隔近二十年,两者有何异同?首先让我们看看前后相同的部分。梁启超对墨子生平与思想的叙述与分析,大致上是前后一致的;他对墨子思想的评估方面,也有一些地方并无变化,例如梁启超对于墨子"非命"的肯定、对"非乐"的批评,以及对其政治思想的评论等看法,与前期都是一样的。

梁启超肯定墨子"非命"的主张,他说"非命"的观念"直捣儒道两家的中坚,于社会最为有益。'命'是儒家根本主义之一，儒说之可议处，莫过此点。我国几千年的社会，实在被这种'命定主义'阻却无限的进化。墨子大声疾呼排斥他，真是思想界一线曙光"。(《墨子学案》39：24)他甚至将《子墨子学说》中从"天演论"讨论"非命"观念的一段非常长的文字，以引文的方式，放在《墨子学案》之中，并指出"墨子非命，是把死社会救活转来的学说"。(《墨子学案》39：25—27)至于墨子的"非乐"说，梁启超则说：

> 墨子学说最大的缺点，莫如"非乐"，他总觉得娱乐是废时失事，却不晓得娱乐和休息，可以增加"物作的能率"。若使墨子办工厂，那"八点钟制度"他定然反对的；若使墨子办学堂，一定每天上课十二点钟，连新年也不放假。但这种办法对不对，真可以不烦言而决了。(《墨子学案》39：20)

这样的看法与前期完全一致。

在政治思想方面，梁启超还是说把墨子放在从霍布士到卢梭的背景中来评论，认为墨子的"民约"思想走"到霍氏那一步，还未到卢氏那一步"，因而深表惋惜。(《墨子学案》39：29)

要讨论梁启超前后期论墨的差异，不能不注意到胡适的影响。[53]根据梁启超的自白，《墨子学案》与前期论墨的不同之处，在于他采取了不少胡适的说法：

> 吾昔年曾为《子墨子学说》及《墨子之论理学》二篇，坊间有汇刻之名为《墨学微》者。今兹所讲，与少作全异其内容矣！胡君适之治墨有心得，其《中国哲学史大纲》关于墨学多创见。本书第七章，多采用其说，为讲演便利计，不及一一分别征引，谨对胡君表谢意。（《墨子学案》39：2）

其中谈到前、后期论墨"全异其内容"，至于有什么不同，梁启超只简单地提到胡适对他的第七章"墨家之论理学及其他科学"有许多帮助；其他的不同之处他没有明言，本文将会做仔细的探讨。

下面我们先回顾一下胡适与梁启超在墨学方面的往来。[54]

梁、胡两人相差十八岁，出身迥异，一为传统文人，一为新式留学生，但是在学术上却有十分密切的关系。[55]就墨学而言，胡适自称梁启超在《新民丛报》上谈墨子的文章，引发了他研究墨学的兴趣。[56]后来胡适留美归来，声名益显，对墨学有了自己的心得，又回过头来影响到梁启超对墨子的看法。梁启超最早可能是在1918年中期在报纸上读到胡适有关墨学方面的著作。1918年5月北大学术演讲会出版了胡适的《墨家哲学》（学术演讲录）小册，这个小册在北方风行一时，其内容先后在许多报刊连载。天津《大公报》从7月28日开始刊登，以《墨家哲学：北京大学教授胡适君在学术讲演会讲演辞》为题，每日一栏，连载了近三个月，至10月18日结束。《晨钟报》也同时转载此文。梁任公注意到这一颗耀眼的新星，因此托人向胡适致意。1918年9月26日，胡适写信告诉好友许怡荪：

> 夏间改定《中国哲学史大纲》上卷，已付印，一二月后可出版。春间（五月）印行《墨家哲学》小册，在北方颇风行，有两家日报（天津《大公报》，北京《晨钟报》）日日转载之。梁任公托人致意，言本欲著《墨子哲学》一书，见此书遂为搁笔。此殆因今日著述界太萧索，故易受欢迎耳。[57]

胡适完成《中国哲学史大纲》（1918）之后，梁启超认为墨子（与荀子）部分讲得最好，因而将胡适的意见放在他自己讨论墨子的著作之中。由于胡适在墨学研究上的成绩，民国十年（1921）初，梁启超《墨经校释》完稿之后曾请胡适写序。以前辈而邀后辈写序，是很不寻常的，胡适因此很认真地批评梁启超校勘的主要方法，又指出其中的一些缺失。5月3日，胡适又致函梁任公，说："先生对于我那篇匆促做成的序文，竟肯加以辩正，并蒙采纳一部分的意见，这是先生很诚恳的学者态度，敬佩敬佩。"[58]

后来梁启超却将胡适的序文放在书末，称为后序，自己则撰写了一篇答辩的文字，称《读墨经余记》，置于卷首，回答胡适的质疑，胡适因此觉得很不高兴。[59]然而梁启超《墨经校释》一书所提出的观点，又刺激了胡适《墨辩新诂》的写作。（《墨经校释》38：99）

以上是梁、胡二人在论墨上的往来。

梁启超讨论《墨子》一书之内容与思想的部分，很明显地受到胡适的影响。例如胡适将《墨子》一书分为五组，再论其史料价值，梁启超说这五组"分得甚好"，他只略作增添；(《墨子学案》39：6) 而在谈到要治《墨子》应参考的书籍时，他除了列有毕沅、孙诒让、张惠言与他自己的著作，也列了胡适的《中国哲学史大纲》，但却没有列其他学者，例如章炳麟的著作。[60]

如上所述，梁、胡二氏在墨学方面较重要的往来是关于《墨经校释》。此书是梁启超二十多年来治墨的心得，依赖清中叶以来毕沅、张惠言、孙诒让等人的学术成果，又受到时人章炳麟、胡适等人之著作的启发而写成。[61] 梁启超在序文中很清楚地铺陈了这一学术脉络，"其于毕、张、孙诸君子之说持异同者盖过半，然非诸君子勤之于前，则小子何述焉？故知学问之业，非一人一时代所能就，在善继而已矣"，"章太炎(炳麟)、胡适之(适)所撰述，时有征引浚发，深造盖迈先辈"。(《墨经校释》38：2) 这些纵与横的学术背景，是了解梁启超对墨经的学术兴趣时所不能忽略的。

梁、胡二人对于墨经之中讨论逻辑（当时所说的论理学）的部分都十分感兴趣，梁启超在20世纪20年代对墨子论理学方面的讨论，是深受胡适影响的。他在置于《墨经校释》卷首的《读墨经余记》一文中，谈到《小取》中所说论辩的七大法则，所谓"一或、二假、三效、四辟、五侔、六援、七推"时，就明言"以上七条，胡适《哲学史大纲》解释甚当（自注：余旧著《墨子论理学》一篇,亦曾释此七条,不如胡适之完密)"。(《墨经校释》38:10)[62]在《墨子学案》中,梁启超解释其中的第四条"辟"时,说"此条论譬喻的作用,胡适引《说苑》中讲惠施一段故事,解释得最好";在解释第五条"侔"时,说"胡适引《公孙龙子》解释此条,甚好"。胡适引用弥尔(梁启超译为弥勒或穆勒)有关归纳的五个方法,梁启超也引用这五个方法,只是约略地改变顺序,并附上英文。这些例子可以证明,上文所引梁启超的话,所谓《墨子学案》"第七章,多采用其说,为讲演便利计,不及一一分别征引,谨对胡君表谢意",是有根据的。

梁启超与胡适在墨学研究上也有一些不同的意见,首先是在《墨经》的文字解读之上。两人在这方面的辩论主要是关于《经说》中每句之标题与断句,梁启超以为《经说》每一段的首字是该段的标题,此标题是与经文(《经上》《经下》)相对应的。胡适则怀疑此一原则,以为有很多例外。[63]英国汉学家葛瑞汉(A. C. Graham,1919—1991)在将近半个世纪之后,再度回顾这一辩论,认为梁启超的观察是很重要的,因为此一原则提供了一个客观的方法,来找出《经说》之中每一段的首字,因而解决了断句的基本问题,他并指出梁启超所说的原则已获得学者们普遍的接受。[64]

梁、胡之间的另一争执是墨经之成书年代与作者的问题。孙诒让最早指出墨经"据庄子所言,则似战国之时墨家别传之学,不尽墨子之本旨。毕(沅)谓翟自著,考之未审";[65]胡适跟着孙诒让的说法，认为"墨辩（指《经上》《经下》《经说上》《经说下》《大取》《小取》等六篇）诸篇若不是惠施、公孙龙作的，一定是他们同时的人作的"。胡适举出四个理由来支持他的论断：（1）与他篇文体不同；（2）与他篇理想不同；（3）《小取》篇两称"墨者"，故绝不出于墨子手；（4）所言与惠施、公孙龙相同。总之，胡适认为墨经中的问题是惠施、公孙龙那一时代才有的哲学问题，而非墨子那一时代所能提出的。[66]

梁启超不同意他们的看法，认为"孙、胡说非也"。他强调这六篇虽多谈名学，但性质各异，不可并为一谈，胡适将之视为同出一人，是一个根本的错误。梁启超认为"《经上》必为墨子自著无疑"，"《经下》或比《经上》时代稍后，其两经皆墨子著耶？抑《经下》出诸弟子手耶？未能确断。《经说》则决非出自一人，且并未必出自一时代，或经百数十年递相增益，亦未可知"，"《大取》《小取》，既不名经，自是后世墨者所记，断不能因彼篇中有'墨者'之文，而牵及经之真伪"。[67]至于墨经与施、龙之关系，梁启超以为两人学说是从墨经中衍生出来的，不能因为他们引用墨经中的一小部分，就说"墨经为施龙辈所作"，更何况两者内容有相异之处。[68]墨经成书年代的断定是一个很复杂的问题，目前学界虽较多人支持胡适的看法，反对梁启超的观点，但仍无法视为定论。

梁、胡两人对于墨经逻辑部分之解释，也有其他的不同，主要在于墨经逻辑与印度因明学（佛教的逻辑学）的比较方面。梁启超在清末所撰《墨子之论理学》一文中只提到西方的逻辑学,并没有谈到墨学与印度因明学的比较;但是在《墨经校释》与《墨子学案》两文中,对墨经论理学与印度因明学的比较,却成为一个很重要的角度。在这方面首开其风的可能是章炳麟,[69]章氏思想之中佛教的唯识宗是一个重要的来源,唯识宗之中的因明学即佛教的逻辑学。首先要说明的是,虽然梁、胡、章三人都将墨子论理学与印度因明学加以比较,但或许是因为梁启超有较强烈的民族情感,并缺乏胡适与章炳麟所有的反传统的倾向,所以他将墨子说成是世界上最早的逻辑学者,认为墨子早已了解到西方亚里士多德的逻辑学与印度因明学所提出的一些原则,例如形式逻辑与三段论法等;而胡与章则在这方面有所保留,注意到三者的相异之处。

章炳麟在1906年所作的《论诸子学》一文中谈到因明学中"三支"(宗、因、喻)的说法,此三者与西方逻辑学的三段论法颇为类似,但推论的顺序不同,宗是结论,因是小前提,喻是大前提。他举出一个实际的例子来说明三支的推论,后来胡适与梁启超都在他们的书中采用了同样的例子。章炳麟说:

> 佛家因明之法,宗、因、喻三,分为三支。于喻之中,又有同喻、异喻。同喻、异喻之上,各有合离之言词,名曰喻体。即此喻语,名曰喻依。如云:声是无常(宗),所作性故(因)。凡所作者皆是无常,同喻如瓶;凡非无常者皆非所作,异喻如太空(喻)。[70]

其后章炳麟在1909年所撰的《原名》一文中，则以因明学三支的架构来讨论印度、西方与墨经推论方式的相异之处：

> 辩说之道，先见其旨，次明其柢，取譬相成，物故可形，因明所谓宗、因、喻也。印度之辩，初宗，次因，次喻。大秦之辩，初喻体，次因，次宗。其为三支比量一矣。墨经以因为故，其立量次第：初因，次喻体，次宗，悉异印度、大秦。[71]

胡适对章氏的论断感到不满，他认为章炳麟将墨经描写为这种三支的形式"未免太牵强了"，"以为墨家有三支式的证据，其实是大错的"，因为墨家并无发达的"法式"，这一点与印度的因明、欧洲的逻辑有完密繁复的"法式的逻辑"是不同的。[72]

梁启超在《墨子学案》中对墨经论理学与因明学的比较，很明显是在与章炳麟和胡适辩论，他不同意章炳麟所说墨家有论理的法式，但其形态与印度、西方不同的说法，也不同意胡适所谓墨家的论理不重法式的观点。梁启超认为"引经就说"（将《经》与《经说》配合起来）之后，可以得到有如因明三支的论理方式；甚至墨经之中也有类似西方大前提、小前提、断案的推论方式。（《墨子学案》39：48—51）总之，梁启超在阐明墨经与印度、西方逻辑的类似性方面，态度要较章、胡两人明确得多了。

我认为梁启超上述对类似性的强调，虽然是出于他的学术判断，但很可能与他思想中民族主义的倾向有关系。质言之，梁启超研究墨经逻辑学的目的，主要还是通过墨经与西方、印度的比较，将之视为"世界最古名学书之一"，[73]借此阐明：中国传统之中可以找到与西方科学相类似的东西，以此而振奋民族精神。他在谈完墨子的论理学之后，感叹地说：

> 以上把墨辩的七法讲完，墨家论理学的全部也算讲完了，这部名著，是出现在阿里士多德以前一百多年，陈那[74]以前九百多年，倍根、穆勒以前二千多年。他的内容价值大小，诸君把那四位的书拿来比较便知，我一字也用不着批评了。只可惜我们做子孙的没出息，把祖宗遗下的无价之宝，埋在地窖子里二千年。今日我们在世界文化民族中，算是最缺乏论理精神、缺乏科学精神的民族，我们还有面目见祖宗吗？如何才能毅一雪此耻？诸君努力啊！（《墨子学案》39：65）[75]

由此可见，梁启超《墨子学案》中对墨子论理学的讨论，与清末时所撰《墨子之论理学》一文，其根本关怀是相连续的，都带有振奋民族精神的动机。

除了以上的不同，仔细比对梁启超与胡适讨论墨子思想的著作，可以发现两者还有其他的差异。胡适论墨的主轴是强调墨子的哲学方法，他说"儒墨两家根本上不同之处，在于两家哲学的方法不同，在于两家的'逻辑'不同"。胡适认为儒家最爱提出一个极高的理想目标，作为人生的目的，所以儒家的议论总偏向动机的一方面,而不注意行为的效果;推到极端,则如董仲舒所说的"正其谊不谋其利,明其道不计其功",这样的看法只说这事情应该如此做,却不问为什么应该如此做。然而,胡适认为墨子却处处要问"为什么",强调知道了为什么之后,才知道怎么做;换言之,墨子以为事事物物都有一个用处,知道事物的用处,才知道它们的是非善恶,由此导引出实利主义的原则。胡适即依此主轴讨论墨子思想。[76]

梁启超显然同意古代哲学中认识论的重要性,他说胡适"评各家学术,从他的名学上见出他治学的方术","真是绝大的眼光",尤其是关于墨子与墨经两篇"都是好极了,我除了赞叹之外,几乎没别的说"。[77]但是他自己的论墨之作,并没有围绕胡适所说的哲学方法,他有他自己所关怀的议题。

梁启超在20世纪20年代论墨的中心议题是什么呢?我认为他主要关怀的是中国作为一个国家,未来应有的文化特质及其传统根源,而不那么强调清末时从政治角度对国家与国民所做的想象。具体来说有以下三项:社会生活之中个体与群体的关系应该如何安排,精神生活与物质生活应该如何调和,以及宗教与科学、人生应有何种的关系等。这些在20世纪20年代时为许多中国知识分子所关心的论题,与后来所爆发的"科学与人生观"论战有直接的关系。[78]下面我将从这个角度讨论梁启超前后期墨学的异同。

第一,《新民丛报》时期正处于清末国家危亡的关键时刻,所以梁启超特别强调墨子的"轻生死""忍苦痛",呼吁国人要放弃自私自利的想法，能够为国捐躯。这种强烈的"国家主义"情绪在1920年代已不复存在，这时梁启超思想中群己并重，尤其是保障个性与个人自由的想法抬头。他转而批评墨家"以社会吞灭个性""非惟不许人民行动言论之自由，乃并其意念之自由而干涉之"的说法，而此一观点与儒家传统是相关的：

> 要而论之，墨家只承认社会，不承认个人。据彼宗所见，则个人惟以"组成社会一分子"之资格而存在耳；离却社会，则其存在更无何等意义。此义也，不能不谓含有一部分真理。然彼宗太趋极端，诚有如庄子所谓"为之太过已之太顺"者（原注：《天下篇》评墨家语），结果能令个人全为社会所吞没。个性消尽，千人万人同铸一型，此又得为社会之福矣乎？荀子讥其"有见于齐无见于畸"（原注：见上），盖谓此也。[79]

这种着重点的转变并非毫无脉络可循，笔者曾指出，梁启超自《新民说》以来的群己观，就围绕着群与己之间以"界"为中心的平衡关系，而（他和约翰·弥勒一样）主张在国家危急的时刻要较偏于群。前文也谈到梁启超十分强调"自己"与"所有权"的观念。至20世纪20年代，他似乎不再具有清末那种亡国的迫切感，因此很自然地转回到群己并重，并认为个人与个性有本质上的重要性，不应为社会所吞没。他在《先秦政治思想史》的结论部分，特别表示了对"个性与社会性之调和问题"的关心，并清楚地说明，他的理想是建立"个性中心之

'仁的社会'":

> 宇宙间曾无不受社会性之影响束缚而能超然存在的个人,亦曾无不借个性之缲演推荡而能块然具存的社会。而两者之间,互相矛盾互相妨碍之现象,亦所恒有。于是对此问题态度,当然有两派起焉:个人力大耶?社会力大耶?必先改造个人方能改造社会耶?必先改造社会方能改造个人耶?认社会为个人而存在耶?认个人为社会而存在耶?据吾侪所信,宇宙进化之轨则,全由各个人常出其活的心力,改造其所欲至之环境,然后生活于自己所造的环境之下。儒家所谓"欲立立人,欲达达人""能尽其性则能尽人之性",全属此旨。此为合理的生活,毫无所疑。墨法两家之主张以机械的整齐个人使同冶一炉、同铸一型,结果至个性尽被社会性吞灭。此吾侪所断不能赞同者也。……今后社会日趋扩大、日趋复杂,又为不可逃避之事实。如何而能使此日扩日复之社会不变为机械的,使个性中心之"仁的社会"能与时势骈进而时时实现,此又吾侪对于本国乃至全人类之一大责任也。[80]

由此可见20世纪20年代梁启超的群己观对于群己平衡以及个人与个性的重视。

梁启超在这一时期批评墨子思想中过度重视群体的倾向,也受到时代环境的影响,尤其是1917年俄国革命给他的刺激。他觉得墨子思想在许多地方与俄国革命后所实施的社会主义制度,在精神上是相通的。他说"俄国劳农政府治下的人民,确是实行墨子'兼以易别'的理想之一部分";又说在经济方面,俄国人民的食住"都由政府干涉,任凭你很多钱,要奢侈也奢侈不来,墨子的节用主义,真做到彻底了",(《墨子学案》39:18)墨家"其奖厉劳作之程度,至于'日夜不休以自苦为极',真可谓过量的承当矣……专重筋肉劳力而屏其他(原注:现俄国劳农政府之见解即如此)"。[81]简言之,无论墨子的新社会,还是1917年之后俄国的劳农政府,梁启超认为其缺点是太重群体与平等的理想,而忽略了个人自由:

> 墨子的新社会,可谓之平等而不自由的社会。揣想起来,和现在俄国的劳农政府,很有点相同。劳农政府治下的人民,平等算平等极了,不自由也不自由极了。章太炎很不佩服墨子,他说墨学若行,一定闹到教会专制,杀人流血。这话虽然太过,但墨子所主张"上之所是,必皆是之;上之所非,必皆非之",却不免干涉思想自由太过,远不如孔子讲的"道并行而不相悖"了!(《墨子学案》39:30)

上面的看法显示,俄国共产革命的经验,使梁启超对过度强调平等、忽略自由,强调群体、忽略个性的政治理想感到怀疑,而关于这一点,他的意见与章炳麟很类似。

20世纪20年代梁启超论墨的第二个特点是注意到"唯心""唯物"之议题与"精神""物质"两者的配合问题。此时他大力批评墨家"唯物论色彩太重",而过于"自苦"的精神。此一态度不但与他对"非乐"的评估一致,也与上述他对马克思主义的看法有关。他说:

> 墨子是个小基督,从别方面说,墨子又是个大马克斯(编者注:即马克思)。马克斯的共产主义,是在"唯物观"的基础上建设出来;墨子的"唯物观",比马克斯还要极端。他讲的有用无用、有利无利,专拿眼前现实生活做标准,拿人类生存必要之最低限度做标准,所以常常生出流弊。(《墨子学案》39:20)

梁启超的看法是"非'唯'",他不认为人类的历史可以化约到某一个最关键性的原因。[82]就精神、物质的课题来说,他强调两者的调和,他说"人类精神生活不能离却物质生活而独自存在,吾侪又确信人类之物质生活,应以不妨害精神生活之发展为限度"。[83]

此一态度的形成要追溯到梁启超游欧归来之后的思想变迁。他看到西方随着科学的勃兴,导致物质上的畸形发展,甚至压迫精神,觉得欧战后西方文化的危机与"纯物质、纯机械的人生观"有密切的关系,因此他特别突显精神生活与物质生活之调和的重要性。[84]1923年之后,梁启超加入"科学与人生观"论战,他的基本立场其实早已形成,难怪他说"人生问题,有大部分是可以——而且必要用科学方法来解决的,却有一小部分——或者还是最重要的部分是超科学的",而他所说的一小部分正是所谓个人的自由意志、情感、直觉等精神方面。[85]

20世纪20年代梁启超论墨的第三个特点是对墨子的宗教思想采取批判的态度。前面曾谈到,清末梁启超释墨时十分肯定墨子以天志、明鬼之观念来导引"中人以下"为善,他认为借此可以解决儒家"不能逮下"的问题。但到了后期,他既不那么强调人民要为国捐躯,也不谈以福善祸淫来导引"中人以下"为善的想法。他仍与前期一样,将墨子定位为"宗教家",指出墨家以天的意志为衡量一切事物之标准,因此与基督教的性质最接近,例如墨家的领袖"巨子"产生的方式与"基督教之罗马法王极相类"。所以他认为"故墨教若行,其势且成为欧洲中世之教会政治,此足为理想的政治组织耶？是殆不烦言而决矣",[86]显然他对墨子宗教思想的批评与前述章炳麟所谓"教会专制"是相关的。梁启超更批评"天志"的说法"罅漏百出,所论证多半陷于'循环论理'",本身难以成立。至于"明鬼",他也说墨子只在很粗浅的经验论之中来解答"鬼神有无"的问题,实在没什么价值。他的结论是:

> 墨子这种宗教思想,纯是太古的遗物……这种思想对于他的学说的后援力,其实也很薄弱,徒然奖励"非理智的迷信",我们不能不为墨子可惜了!(《墨子学案》39:23)

在此必须要了解梁启超将墨子宗教思想贬为"迷信"的背

景。五四运动以后许多中国知识分子挟着科学的优势,认定宗教是过时的,不能存在于现实世界(如陈独秀就有这样的看法),1920年北京少年中国学会的执行委员会甚至决定禁止有任何宗教信仰的人成为会员。[87]这样普遍性的对科学的崇拜很可能影响梁启超对宗教的态度。然而诚如上述,梁启超不是唯物主义者,也不是科学主义者,他对于宗教(尤其佛教)对人类精神提升所产生的价值,有很深的体会,因此将墨子思想斥为迷信的基础,虽然立足于"科学",却又不完全是"科学"。

例如墨子说凡是做了天所不欲之事者,会受到疾病的惩罚,梁启超驳斥说,近世科学昌明之后,知道疾病不由天做主,"墨子立论的基础,便完全破坏",这是从科学角度批评墨子的宗教思想。然而梁启超视墨子宗教思想为迷信的另一原因,则是将墨子的想法与基督教、佛教对比的结果。例如他说基督教有"灵魂""他界"的观念,墨子却没有,因此墨子思想缺乏对人们行为的制裁与心灵上的安慰,其理论不如基督教完整。至于佛教,梁启超一直对之有很高的评价,"启超确信佛教为最崇贵最圆满之宗教,其大乘教理尤为人类最高文化之产物"[88],"佛教之信仰乃智信而非迷信"[89],而其因果轮回的本体论的理论是非常周密的;相较之下,墨子的宗教思想,自然只能算源于初民社会的"迷信"了。

四、小结

以上我从三方面来概述20世纪20年代梁启超论墨的特点,

及其所反映出的对未来中国文化的看法。简单地说,第一,梁启超强调群己并重,而个人与个性在此关系中有根本的价值,因此他批评墨子过度重视群体、强调平等,而忽略个人自由的想法,也反对教会专制与共产主义式的集体主义;第二,梁启超主张精神生活与物质生活的调和,因此他批评墨子过重物质、忽略精神的观念,也抨击马克思主义的唯物主张;第三,梁启超受现代科学影响,怀疑墨子从简单的经验论角度讨论"明鬼",又从基督教"灵魂"说与佛教"因果轮回"观等观点,将理论不完善的墨子宗教思想斥为"迷信"。这三点结合起来,可见梁启超思想始终围绕着"自我",他强调此一自我一方面不应受政治、经济与思想势力的绝对宰制,另一方面则是对各种精神与物质的价值是开放的。

总之,20世纪20年代梁启超的思想有了新的变化,此一变化与当时中国的情境,以及1917年俄国的共产革命,和他1918—1920年的赴欧之旅等有密切的关系。这时他不复表现出他所说的"褊狭的国家主义"[90],或持"畸形爱国论"[91],所以他不再宣传重视群体,尤其是在危急时刻要为国牺牲的观念,也不再借用墨子宗教思想来导引"中下之人"为善;他转而强调不应"只承认社会,不承认个人",主张尊重个人自由、肯定发挥个性。不过在此要特别指出的是,梁启超前后虽有强调重点的转移,但是我认为他的群己观一直是奠基于佛家因果论与儒家己立立人的观念之上,又受到西方自由主义的影响的,他一贯主张群己之间的互动与平衡,而"己"有莫大的重要性。所以他在清末一方面有在危急时人们应为国捐躯的想法，另一方面则强调"界"的重要性，认为在界之内人人有权享有自由，[92]又说社会中要保存"自己"与"所有权"的观念；在民初他一方面强调保存个性，另一方面又说儒家"仁的社会"中所谓"欲立立人，欲达达人"与"能尽其性，则能尽人之性"的说法和保存个性是相互契合的。此一重视个人的观念又与他肯定精神价值与宗教情操是结合在一起的。质言之，以佛、儒思想以及英国式自由民主理念为基础的群己观，是梁启超思想变迁之底层的不变因素。

在此值得讨论的是，1920年左右，正是五四运动的时代，许多知识分子在救亡的迫切感之下，从批判儒家传统，走向拥抱马克思主义。[93]而梁启超却与此相反，逆其道而行，他肯定儒家传统，并认为像马克思主义那种激烈的社会主义、唯物思想，不适合当时的中国。[94]为什么他会采取此一逆主流的思想路径？我认为这与他的墨子研究所反映的根本看法，亦即主张"个性与社会性之调和""精神生活与物质生活之调和"以及"宗教与科学并重"等是很有关系的。梁启超正是依赖这些思想资源独树一帜，并驳斥当时"最时髦"的马克思主义。

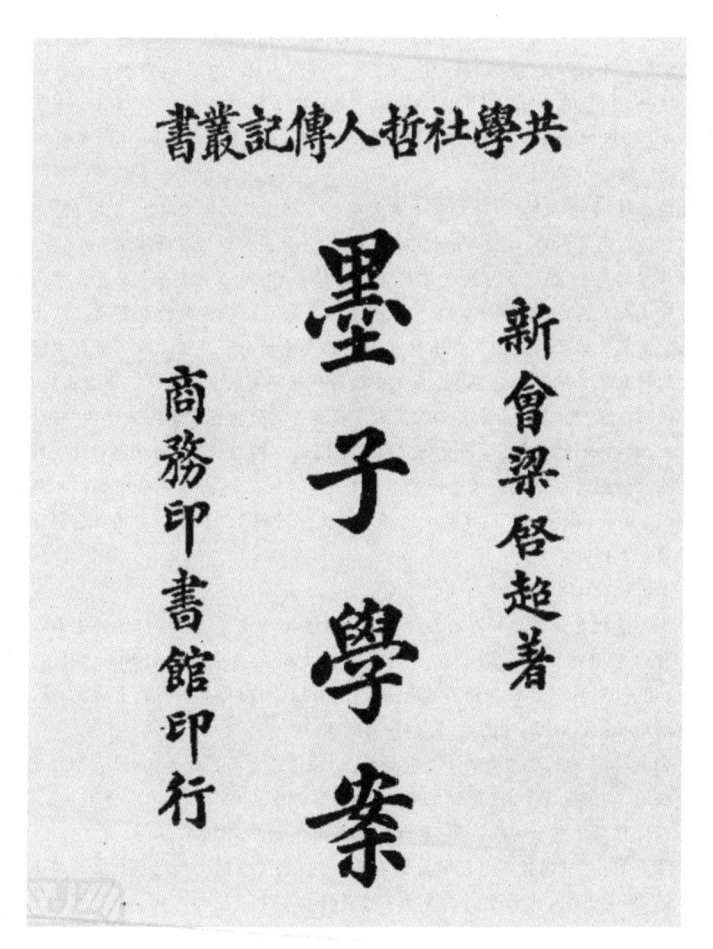

第四章 诸子学的现代诠释：梁启超的墨子学

共学社哲人传记丛书

新會梁啟超著

墨子學案

商務印書館印行

附图：1921年版《墨子学案》封面

* 本章原题为《梁启超的学术思想：以墨子学为中心之分析》，刊于《"中研院"近史所集刊》第26期（1996），第41—90页。

1 在《〈墨经校释〉序》中梁启超说"启超幼而好墨"，参见《饮冰室合集》（十），上海：中华书局，1941，38：2。"38：2"指合集（十）中的"饮冰室专集之三十八"（《墨经校释》），第2页，下同。如"37"指"饮冰室专集之三十七"（《子墨子学说》），"39"指"饮冰室专集之三十九"（《墨子学案》）。

2 在《清代学术概论》中，梁启超也说年轻时"好《墨子》，诵说其'兼爱''非攻'诸论"（第61页）。

2 梁启超：《评胡适之〈中国哲学史大纲〉》，载《饮冰室文集》，38：67。

3 自秦汉到清中叶，很少人研究《墨子》，西晋鲁胜曾为墨辩作注（见《晋书》卷四九），郑樵《通志》《艺文略》则载有唐代乐台注《墨子》三卷，两者皆佚失。王尔敏很早即指出"近代墨学复兴"这一论题的重要性，认为墨学虽属于学术的范围，但表达了重要的思想动向。见王尔敏《近代中国思想研究及其问题之发掘》，载《中国近代思想史论》，台北：华世出版社，1977，第528页。后来其门人王文发撰成《近代的墨学复兴，1879—1937》（台北：台湾师范大学历史研究所硕士论文，1973）。罗检秋也对此论题有深入的探讨，见氏著《近代墨学复兴及其原因》，《近代史研究》1990年第1期，第148—166页；《近代诸子学与文化思潮》，北京：中国社会科学出版社，1998。

4 罗检秋：《近代诸子学与文化思潮》。

5 有关清代考证学之渊源的各种说法，请参见拙文《清代考证学的渊源：民初以来研究成果之评介》，《近代中国史研究通讯》第11期（1991），第140—154页。后收入拙著《反思现代：近代中国历史书写的重构》，成都：四川人民出版社，2021，第147—168页。

6 余英时：《清代思想史的一个新解释》，载《历史与思想》，台北：联经出版公司，1976，第142页；余英时：《中国哲学史大纲与史学革命》，载《中国近代思想史上的胡适》，台北：联经出版公司，1984，第82页。

7 余英时：《中国哲学史大纲与史学革命》，载《中国近代思想史上的胡适》，第78—79页。余氏引《四库全书总目提要》中《子部总叙》来证明，诸子学的兴起，导致学者以平等的眼光来看待儒家之外的各家思想，"儒家本六艺之支流……其余虽真伪相杂，醇疵互见，然凡能自名一家者必有一节之足以自立。即其不合于圣人者，存之亦可为鉴戒"。

8 汪中的这两篇文章收入氏著《述学》，台北：台湾中华书局，四部备要本，1965，内篇三，第1页上—第4页上。近人的研究见贺广如《乾嘉墨学蠡测：汪中〈墨子序〉试析》,《中国文学研究》1992年第6期，第151—166页。汪中的论点提出之后受到翁方纲（1733—1818）从儒家观点而来的严厉批评，称之为"名教之罪人"，由此可见汪中观点的突破性。见方授楚《墨学源流》，上海：中华书局，1937，第214—215页。

9 《墨子闲诂》是公认在校释方面最为完备的本子，综合了有清以来十余家的研究成果。但该书也有其失误，近人吴毓江的《墨子校注》（北京：中华书局，1993），原书为1944年重庆独立出版社刊行搜集的海内外十七个版本，补正了孙诒让校勘上的一些失误。此外李笠与马宗霍两人对孙书亦有补正。见李笠校补《校补定本墨子闲诂》，台北：艺文印书馆，1981，第三版；马宗霍《墨子闲诂参正》，济南：齐鲁书社，1984。

10 晋朝的鲁胜将《经上》《经下》《经说上》《经说下》等四篇称为"墨辩"，胡适的书名由此而来，但他又加上了《大取》《小取》，将此六篇统称为"墨辩"；至于梁启超所说的"墨经"仅指《经上》《经下》《经说上》《经说下》四篇。有关这方面的讨论，见水渭松《墨子导读》，成都：巴蜀书社，1991，第37—40页。对这一部分的校刊、训诂与考订的工作，英国汉学家葛瑞汉的著作是到目前为止许多学者公认最为权威的。见 A. C. Graham, *Later Moist Logic, Ethics and Science* (Hong Kong: Chinese University Press, 1978)。

11 有关清代墨学的演变，见梁启超《〈墨经通解〉叙》，载《饮冰室合集》（十一），39：83—87；梁启超《中国近三百年学术史》，第229—231页；王文发《近代的墨学复兴，1879—1937》，第36—40页；A. C. Graham, *Later Moist Logic, Ethics and Science*, pp. 70–72；林正珍《近代中国思想史上墨学复兴的意义》，《文史学报》第21期（1991），第143页。民国初年学者对墨子仍有很浓厚的兴趣，如钱穆、唐钺（1891—1987）、罗根泽、朱希祖（1879—1944）、杨宽（1914—2005）等人都撰有这方面的文章。见顾颉刚编《古史辨》，台北：明伦出版社，1970年，第4、6册。

12 梁启超：《中国近三百年学术史》，第230页。

13 《墨子闲诂》于光绪十九年（1893）出版后，孙氏曾送给任公一部，在《中国近三百年学术史》中任公谈到："此书初用活字版印成，承仲容先生寄我一部，我才二十三岁耳。我生平治墨学及读周秦子书之兴味，皆自此书导之，附记志感。"（第230页）1897年孙诒让又致书任公，鼓励他研究墨学，以成"旷代盛业"。见孙诒让《与梁卓如论墨子书》，载《籀庼述林》，第10卷，转引自方授楚《墨学源流》，第219页。

14 俞樾：《〈墨子闲诂〉序》，载《墨子闲诂》，上海：上海书店影印版，出版

时间不详。有关俞樾、孙诒让与清末江浙学团的渊源，见|||||⋯⋯《古堡精舍与十九世纪中国教育、学术的变迁》，《食货月刊》第13卷第5、6期(1983)，第70—79页。

15 邹伯奇（1819—1869）与陈澧是最早以西方科技视角来挖掘《墨子》一书之意义的学者。见梁启超《中国近三百年学术史》，第230页；A. C. Graham, *Later Moist Logic, Ethics and Science*, pp. 71-72. 又如黄遵宪在《日本国志》一书中即说："余考泰西之学，其源盖出于墨子……机器之精、攻守之能，则墨子备攻、备突、削鸢能飞之绪余也；而格致之学，无不引其端于《墨子》经上下篇。"见氏著《日本国志》，台北：文海出版社，1968年，"学术志一"，第787页。严复在1895年所撰《救亡决论》中曾描写此说："晚近更有一种自居名流，于西洋格致诸学，仅得诸耳剽之余，于其实际，从未讨论。意欲扬己抑人，夸张博雅，则于古书中猎取近似陈言，谓西学皆中土所已有，盖无新奇。如星气始于臾区，勾股始于隶首；浑天防于玑衡，机器创于班墨……"见王栻编《严复集》，第1册，第52页。有关清末"西学源于中国说"的讨论，见全汉升《清末的西学源出中国说》，《岭南学报》第4卷第2期(1935)，第57—102页；王尔敏《中西学源流说所反映之文化心理趋向》，载《"中研院"成立五十周年纪念论文集》，台北："中研院"，1978，第789—802页。

16 梁启超曾谈到他们三人在这方面的贡献："章太炎（炳麟）《国故论衡》中有《原名》《明见》诸篇，始引西方名学及心理学解《墨经》，其精绝处往往惊心动魄。而胡适之(适)著《中国哲学史大纲》，惟《墨辩》一篇最精心结撰，发挥实多。适之又著《小取》篇新诂，亦主于以西方名学相引证。我自己也将十年来随时札记的写定一编，名曰《墨经校释》，其间武断失解处诚不少，然亦像有一部分可供参考。"参见梁启超《中国近三百年学术史》，第231页。

17 冯友兰说："依我看来，如果中国人遵循墨子的善即有用的思想……那就很可能早就产生了科学。"见氏著《为什么中国没有科学》，载《三松堂学术文集》，北京：北京大学出版社，1984，第41页。这是1921年他在美国哥伦比亚大学哲学系演讲的文稿。

18 张灏：《晚清思想发展试论：几个基本论点的提出与检讨》，《"中研院"近史所集刊》第7期(1978)，第475—484页。他指出晚清时所谓"中国传统"有其发展性与复杂性，所以晚清思想不仅受西方的冲击，也受传统的冲击；因此研究晚清思想史的一个极重要的课题就是探讨这两种冲击之间的关系，看它们如何化合成新的思潮。

19 郭沫若:《十批判书》,北京:科学出版社,1956,后记,第466页。例如易白沙(1886—1921)一方面批判被专制君主所利用的儒家思想,另一方面则大力颂扬墨家,他说"周秦诸子之学,差可益于国人而无余毒者,殆莫如于墨子矣。其学勇于救国,赴汤蹈火,死不旋踵,精于制器,善于治守。……非举全国之人,尽读《墨经》,家有禽子之巧,人习何之力,不足以言救国",更说墨子的天志、明鬼的理论可以劝善惩恶,维系群伦,比儒释道三教都来得好。见易白沙《述墨》,《新青年》第1卷第2期(1915)、第1卷第5期(1916)。易白沙与儒学传统的关系见 Lin Yü-sheng, *The Crisis of Chinese Consciousness: Radical Anti-traditionalism in the May Fourth Era* (Madison: The University of Wisconsin Press, 1978), p. 66.

20 如觉佛认为"我国儒家之学说,多重阶级……墨子痛之,以兼爱立教,而平等之旨昭,而阶级之制可破。……在墨子之意,以为欲打破重重之阶级,不可不提倡兼爱主义。兼爱主义者,社会主义也"。见觉佛《墨翟之学说》,原载《觉民》第7期(1904),收入王忍之等编《辛亥革命前十年间时论选集》,北京:生活·读书·新知三联书店,1978,第1卷,下册,第866页。在同盟会的《民报》创刊号(1905)卷首载有墨子画像,称之为"世界第一平等博爱主义大家",与黄帝("世界第一之民族主义大伟人")、卢梭("世界第一之民权主义大家")、华盛顿("世界第一之共和国建设者")并列。

21 陈寅恪:《〈中国哲学史〉审查报告》,载《陈寅恪先生论文集》,台北:九思出版社,1977,第1361页。研究上古史的杨宽也有类似的意见,他说当时研究墨经的人有"强古书以就我"之弊。见杨宽《论晚近诸家治墨经之谬》,章太炎编《制言半月刊》第29期(1936),第1页。

22 梁启超:《论中国学术思想变迁之大势》,台北:台湾中华书局,1974,第19页。此处梁启超将墨子说成宋人。但是至撰写《子墨子学说》之时,他改变了意见,经过详细考订之后,他接受了孙诒让的说法,认为墨子是鲁国人。见《饮冰室合集》(十), 37: 3。目前学术界多主张墨子为鲁国人。

23 梁启超:《东籍月旦》,载《饮冰室文集》, 4: 100。此处对该书的赞美似有夸张之处。梁启超对日本东洋史(中国史)研究之评估也有变化,在1922年上海商务印书馆出版的《中国历史研究法》中,他则很瞧不起日本人的中国史研究,他在"外国人著述"中说"日本以欧化治东学,亦颇有所启发,然其业未成。其坊间之《东洋史》《支那史》等书累累充架,率皆卤莽灭裂,不值一盼"(第98页)。后来桑原骘藏在这本书的书评之中对此表示不满,他认为民国以后政治上从亲日转向排日的梁启超,在学

149

问上也从亲日转向排日,并说梁启超这种不了解实情的批评是不足挂齿的。见氏著:《梁啓超氏の『中国歴史研究法』を讀む》,载《桑原骘藏全集》,东京:岩波书店,1968,第2卷,第476页。

24 [日]高瀬武次郎:《楊墨哲學》,东京:金港堂书籍株式会社,1902。

25 梁启超:《〈墨经校释〉自序》,载《饮冰室合集》(十),38:2。

26 值得注意的是,此文之中梁氏并没有谈到墨子论理学与印度因明学的比较。

27 梁启超在该文的附言中说得非常清楚:"夫人性恒爱其所亲,而重其所经历,故使其学诚为吾古人所引端而未竟者。今表而出之,则为子孙者若有手泽之思,而研究之心因以骤炽。近世泰西之文明,导源于古学复兴时代,循此例也。故今者以欧西新理比附中国旧学,其非无用之业也明矣。"(《子墨子学说》37:55)

28 黄克武:《一个被放弃的选择:梁启超调适思想之研究》。

29 此处之想象是借用 Benedict Anderson, *Imagined Communities: Reflections on the Origin and Spread on Nationalism* 一书中所谓国家是一种"想象的社群"之用法。

30 除了梁启超,严复也有类似的意见,希望借着发挥墨子兼爱的精神来拯救国人自私的倾向。严复在翻译孟德斯鸠(Montesquieu,1689—1755)《法意》(1904—1909出版)一书有关斯多噶派"其所皇皇者,以拯救社会为唯一天职已耳"一段时,有如下的按语:"吾译此章,不觉心怦怦然,汗浃背下沾衣也。夫孟子非至仁者欤,而毁墨,墨何可毁耶,且以其兼爱为无父,又以施由亲始为二本,皆吾所至今而不通其说者也。夫天下当腐败否塞,穷极无可复之时,非得多数人焉,如吾墨,如彼斯多噶者之用心,则熙熙攘攘者,夫孰从而救之。"见《法意》,台北:台湾商务印书馆,1965,第24卷,第11页。再者,上引佛的《墨翟之学说》一文也说该文写作的目的是"处乐利主义深中于多数人之脑筋,利己心重,公德渐消磨",要借墨子思想"以养成公德,以收回国魂"。见王忍之等编《辛亥革命前十年间时论选集》,第1卷,下册,第866—869页。

31 梁启超在《新民丛报》第21号(1902)即详细介绍了加藤弘之的思想,见《加藤博士天则百话》(第51—61页)。有关加藤弘之对任公思想的影响,见 Philip C. Huang, *Liang Ch'i-ch'ao and Modern Chinese Liberalism*, pp. 56-61.

32 此一关怀或许也可以追溯到《孟子·梁惠王篇》所说"无恒产而有恒心者,惟士为能。若民,则无恒产,因无恒心;苟无恒心,放辟邪侈,无不为己"。

33 有关中国近世经世思想之演变,见拙文《理学与经世:清初〈切问斋文钞〉学术立场之分析》,《"中研院"近史所集刊》第16期(1987),第37—65页;以及《〈皇朝经世编〉学术、治体部分思想之分析》,台北:台湾师范大学历史研究所硕士论文,1985。

34 见魏源编《皇朝经世文编》(台北:世界书局,1964,第4卷)"广论"的各篇文章。

35 有关清初学者与佛学的关系,请参见陆宝千《清代思想史》,台北:广文书局,1983,第197—220页。有关袁黄的研究,见萧世勇《袁黄的经世信念及其实践方式》,台北:台湾师范大学硕士论文,1994。

36 见拙文《民国初年孔教问题之争论,1912—1917》,《台湾师范大学历史学报》第12期(1984),第197—224页。

37 梁启超在《新民说》的"论国家思想"一节中就明白指出:"所谓对于一身而知有国家者何也?……每发一虑,出一言,治一事,必常注意于其所谓一身以上者(自注:此兼爱主义也。虽然,即谓之为我主义亦无不可,盖非利群则不能利己,天下之公例也),苟不尔,则团体终不可得成,而人道或几乎息矣。此为国家思想之第一义。"见《新民说》,第16页。

38 见梁启超《清华研究院茶话会演说辞》,载《饮冰室文集》,43:8;张朋园《梁启超与民国政治》,台北:食货出版社,1978,第200—224页。

39 梁启超的经济思想仍值得深入研究,李宇平曾比较梁启超与孙中山在清末民初对货币问题的看法,指出梁氏以为货币政策应重自由市场之机制运作,由此经济体系自发的运作来调节通货供给量;孙氏则以为国家的政治权威可超越经济发展的规律,主张由政府主动掌理货币的发行,由此亦可见梁启超经济思想的一贯性。见李宇平《试论梁启超的反通货膨胀言论》,《"中研院"近史所集刊》第20期(1991),第195—199页。

40 梁启超1902年在《乐利主义泰斗边沁之学说》(《新民丛报》第15号,第11—25页)中对边沁与弥勒的说法有详细的介绍。

41 梁启超所引的是《鲁问篇》:"公输子谓子墨子曰:'吾未得见之时,我欲得宋,自我得见之后,予我宋而不义,我不为。'子墨子曰:'翟之未得见之时也,子欲得宋;自翟得见子之后,予子宋而不义,子弗为,是我予子宋也。子务为义,翟又将予子天下。'"

42 梁启超:《新民说》,第29页。

43 梁启超将儒家描写为"命定主义",是对儒家的一种误解,下文会讨论这一点。

44 梁启超在《余之死生观》一文中对此一佛教的中作比较有更详细的说明,见《新民丛报》第59、60号(1904)。

45 类似的想法在魏源所编《皇朝经世文编》之中也有,如余廷灿(1735—1798)在《民贵》一文中说"民萌也,有因民之萌而达之者,则日君相……以民明民也,以民卫民也,非用民而为民用者也"(1:1b);汪缙(1725—1792)在《绳荀上》中说"玄黄剖判,万物混形,血气凝动,嗜欲蠢蠢。嗜欲欲遂,不遂则争夺生,人弱物强,物害乃滋……圣人出,为之驱物卫民,于是群然戴附之以为君师,故君之立,民立之也"(1:8b)。这样的看法指出统治者是出于同为人民的被统治者,与《墨子》的看法类似,或许不是直接源于墨子,而可能是受到明末黄宗羲、唐甄等人的影响。在此值得思考的是,上述的看法其实已经超出"民本"的观念,而带有一部分"民权"的想法,因此将传统观念说成是"民本",而将"民权"完全视为比附西方之价值的说法是值得商榷的。

46 有关墨子与霍布士的比较,亦可参见梁启超《霍布士学案》,《清议报》第96、97期(1900)。后来冯友兰《中国哲学史》(北京:中华书局,1961)一书的墨子部分也跟着梁启超的说法,认为"墨子之政治哲学,可谓与霍布士所说极相似"(第133—136页)。

47 胡适:《〈墨经校释〉后序》,载《饮冰室合集》(十),38:99。

48 有关清末思想界"国民"观念的讨论,见沈松侨《国权与民权:晚清的"国民"论述,1895—1911》,《历史语言研究所集刊》第73卷第4期(2002),第685—734页。

49 双方主要的争辩见拙著《一个被放弃的选择:梁启超调适思想之研究》(第2页),以及所征引的相关作品。

50 见梁启超《〈墨经校释〉自序》,载《饮冰室合集》(十),38:2。

51 见梁启超《〈墨子学案〉自叙》,载《饮冰室合集》(十一),39:1。

52 梁启超:《序》,载《先秦政治思想史》,第1页。

53 胡适的墨学研究可参考杜蒸民《胡适与墨学》,载耿云志、闻黎明编《现代学术史上的胡适》,北京:生活·读书·新知三联书店,1993,第10—27页。

54 在这方面请参考张朋园《胡适与梁启超:两代知识分子的亲和与排拒》,《"中研院"近史所集刊》第15期下(1986),第81—108页。有关此期两人交往的政治背景,见拙著《胡适的顿挫:自由与威权冲撞下的政治抉择》,台北:台湾商务印书馆,2021,第149—166页。

55 根据张朋园的分析,梁胡二人在学术上至少有五个回合的往来,分别是关于梁的《清代学术概论》、墨学、梁氏评论胡著《中国哲学史大纲》、梁氏评论胡著《一个最低限度的国学书目》，与胡适评论梁著《中国历史研究法》。见前引张朋园文（第94—100页）。

56　胡适：《〈墨经校释〉后序》，载《饮冰室合集》（十），38：99。

57　黄克武：《胡适的顿挫：自由与威权冲撞下的政治抉择》，第124—125页。

58　胡适：《胡适致梁启超函》，载潘光哲编《胡适全集·中文书信集1》，台北："中研院"近史所胡适纪念馆，2018，459页。

59　见张朋园《胡适与梁启超：两代知识分子的亲和与排拒》，《"中研院"近史所集刊》第15期下（1986），第97页。胡适在日记中说"梁启超的《墨经校释》出来了。他把我的序放在书末，却倒答我的序的书稿放在前面，未免太可笑了"，"我当时也有点介意，但后来我很原谅他"。

60　胡适所开的墨子（论理学）研究书目也有张惠言、孙诒让的作品，此外加上章炳麟《国故论衡》中的《原名》，却没有梁启超的著作。见胡适《中国哲学史大纲》，上海：商务印书馆，1926，第227页。

61　有关章炳麟的墨子学，见陆宝千《章太炎之论墨学》，《"中研院"近史集刊》第20期（1991），第201—210页。

62　根据胡适的解释："或"是指不能包举一切；"假"是假设；"效"是演绎法的论证，由通则推到个体；"辟"是以别的东西来说明这个东西；"侔"是用别的判断来说明这个判断；"援"是援例，即由这一个个体推知另一个个体；"推"是归纳法，由个体来推知通则。

63　梁启超所说的原则是"凡经说每条之首一字，必牒举所说经文此条之首字以为标题。此字在经文中可以与下文连读成句，在《经说》文中，决不许与下文连读成句"；但胡适觉得"他把这条公例定的太狭窄了，应用时确有许多困难，若太拘泥了，一定要发生很可指摘的穿凿傅会"，所以他觉得此一公例应改为"经说每条的起首，往往标出经文本条中的一字或一字以上"，胡适并依他新定的公例揭发梁启超书中的一些可疑之处。见胡适《〈墨经校释〉后序》，载《饮冰室合集》（十），38：99—104。

64　关于梁胡二人对《经说》首字的辩论与学界进一步的看法，请参看 A. C. Graham, *Later Moist Logic, Ethics and Science*, pp. 95-98。

65　〔清〕孙诒让：《墨子闲诂》，第10卷，第190页。

66　胡适：《中国哲学史大纲》，第186—187页。

67　在《墨子学案》中梁启超有类似的看法，他说："《经》上下当是墨子自著，《经说》上下，当是述墨子口说，但有后学增补，《大取》《小取》是后学所著。"（39：7）

153

68 梁启超：《读墨经余记》，载《饮冰室合集》（十），98：1—5。

69 孙诒让早在1897年给梁启超的信中就指出比较研究的角度，他说"墨经揭举精理，引而不发，为周名家言之宗；窃疑其必有微言大义，如欧士亚里大得勒之演绎法，培根之归纳法，及佛氏之因明论者"，但并没有深入探讨。见孙诒让《与梁卓如论墨子书》，转引自方授楚《墨学源流》，第219页。

70 朱维铮、姜义华编《章太炎选集（注释本）》，上海：上海人民出版社，1981，第391页。胡适在《中国哲学史大纲》中引用到此例："这三个'辞'，和三个'辞'的交互关系，全靠一个'类'字。印度因明学的例，更为明显：

声是无常的（无常谓不能永远存在）………（宗）
因为声是做成的……………………………（因）
凡是做成的都是无常的，例如瓶……………（喻）

'声'与'瓶'同属于'做成的'一类，'做成的'又属于'无常的'一类，这叫做'以类予'。"（第202—203页）梁启超在《读墨经余记》[《饮冰室合集》（十），38：7]与《墨子学案》[《饮冰室合集》（十一），39：49]中都提到了相同的例子。

71 章炳麟《原名》，最早发表于1909年的《国粹学报》，后收入《国故论衡》（收入《章氏丛书》，台北：世界书局，1982，卷下，第135页）。章氏并以例子来说明三者的不同："如印度量，声是无常，所作性故，凡所作者皆无常，喻如瓶。如大秦量，凡所作者皆无常，声是所作，故声无常。如墨子量，声是所作，凡所作者皆无常，故声无常。"

72 胡适：《中国哲学史大纲》，第211、213、224—225页。值得注意的是胡适并不以为缺乏欧洲与印度的法式是墨家名学的缺点，他反而认为墨家名学因此而有其长处："墨家的名学虽然不重法式，却能把推论的一切根本观念，如'故'的观念、'法'的观念、'类'的观念、'辩'的方法，都说得很明白透彻，有学理的基本，却没有法式的累赘。"（第225页）

73 梁启超：《〈墨经校释〉自序》，载《饮冰室合集》（十），38：1。

74 陈那（Dignāga）为公元6世纪印度佛教因明学者，著有《因明正理门论》，将印度五段式的推论法改三段式的"三支"。有关此人的传记，可见巫寿康、巫白慧《陈那评传》，《佛学研究》1993年第2期。

75 在此要说明的是，梁启超将墨子论理学说成是发明于"阿里士多德以前一百多年"，是自我矛盾的，诚如前述，他在《读墨经余记》之中曾说，他认为除了《经上》是墨子所著，其他的部分很可能是"或经百数十年递相增益"的。

76 胡适:《中国哲学史大纲》,第144—175页。
77 梁启超:《评胡适之〈中国哲学史大纲〉》,载《饮冰室文集》,38:66。他对胡适论墨的批评有以下几点,第一,胡适将墨经从墨子手中剥夺了,认为此一部分若不是惠施、公孙龙所作,则是他们同时代的人的作品,梁启超为墨子抱不平;第二,胡适在分析墨学消灭的原因时不周延,梁启超特别指出其"诡辩太诡",以及《庄子》《天下篇》所说"其行难为也……反天下之心,天下不堪,墨子虽能独任,奈天下何"。(第66—67页)
78 前两点梁启超在《先秦政治思想史》一书的结论部分有清楚的说明,见第182—184页。
79 梁启超:《先秦政治思想史》,第131页。
80 梁启超:《先秦政治思想史》,第184页。
81 梁启超:《先秦政治思想史》,第121页。
82 梁启超在《非〈唯〉》一文中说得很清楚,"真理是不能用'唯'字表现的,凡讲'唯什么'的都不是真理"。见《饮冰室文集》,41:82。
83 梁启超:《先秦政治思想史》,第182页。
84 梁启超当时"欧洲物质主义破产"的观念受到欧洲一些倾向反机械论之唯心主义的哲学家,如柏格森、倭伊铿(欧肯,Rudolf Christoph Eucken,1846—1926)、杜里舒等人的影响。见张朋园《梁启超与民国政治》,第186—187页。有关"五四"时期欧亚"反启蒙论述"对梁启超的影响,参见彭小妍《唯情与理性的辩证:五四的反启蒙》一书。
85 梁启超:《人生观与科学:对于张丁论战的批评》,载《饮冰室文集》,40:23。
86 梁启超:《先秦政治思想史》,第130页。
87 叶嘉炽:《宗教与中国民族主义:民初知识分子反教思想的学理基础》,载张玉法主编《中国现代史论集》,台北:联经出版公司,1981,第8辑,第99—121页。
88 丁文江编《梁任公先生年谱长编初稿》,第635页。
89 梁启超:《论佛教与群治之关系》,《新民丛报》第23号(1902),第46页。
90 梁启超从世界主义(儒家天下主义)的角度批评"褊狭的国家主义"。见《先秦政治思想史》,第194页。
91 梁启超从墨子兼爱、非攻的立场批评为了国家利益可以不择手段的说法,他说"此论(指非攻)真足为近代褊狭的爱国主义当头一棒,其用严密论理层层剖释,益足证明此种'畸形爱国论'为非理性的产物也"。见《先秦政治思想史》，第118页。

92 有关休的讨论，见拙著《一个被放弃的选择：梁启超调适思想之研究》，第73—74页。

93 这一过程就是李泽厚所强调的中国近现代思想史上"救亡压倒启蒙"的主旋律，然而梁启超显然不属于此一模式。见李泽厚《启蒙与救亡的双重变奏》，载《中国现代思想史论》，台北：风云时代出版公司，1990，第1—47页。

94 梁启超拒绝马克思主义施行于中国，有相当多的原因，除了思想因素，还涉及他对中国情势的估计，例如他认为当时中国的当务之急是发展实业，而不是像西方要解决劳资对立。见张朋园《梁启超与民国政治》，第200—224页。

第五章
西方哲学的现代诠释：梁启超与康德 *

一、前言：梁启超著作中的康德

本章以梁启超译介康德为例，探讨近代中国知识分子如何通过日本学术界来认识西方哲学，并加以诠释。梁任公在1903年依赖中江兆民所译法国学者菲叶（Alfred Jules Émile Fouillée, 1838—1912）的《理学沿革史》（*Histoire de philosophie*，1879），撰写了《近世第一大哲康德之学说》一文。笔者认为梁任公的译介具有高度的选择性。他不翻译中江书中讨论康德的哲学方法与文艺理念的部分，对康德的神学也仅点到为止；在康德思想之中他特别关心伦理思想与政治主张。任公除了介绍康德思想，也将康德的想法与本土观念相会通。从任公对康德思想的评论可见，他认为康德思想的优点在于它与佛教的真如说、王阳明的良知说与谭嗣同《仁学》中的思想相类：一方面将哲学与道学贯穿为一，一方面又揭橥了"真我"的超越性，有助于人们的道德实践；因此康德思想较朱熹理学来得完善，也较张载（1020—1077）思想来得实际。然而梁任公认为康德的缺点在于他只看到个人的真我，却不像佛教那样了解到"小我"与"大我"的联系，以及由此而生出的"普渡众生"之义。梁启超译介康德思想一事，反映西方、日本、中国等思想因素在梁任公思想中是"非均衡地相互嵌合着的"，因而呈现出各种理念交杂、互释的景象。

梁启超在旅日前期(1898—1903)于《清议报》与《新民丛报》之上发表了一系列有关西方思想家的论述，介绍阿里士多德（亚里士多德）、倍根（今译培根，Francis Bacon，1561—1626）、霍布士（霍布斯）、笛卡儿（今译笛卡尔，René Descartes，1596—1650）、斯片挪莎（斯宾诺莎，Benedict Spinoza，1632—1677）、孟德斯鸠（Montesquieu，1689—1755）、卢梭、斯密亚丹（亚当·斯密，Adam Smith，1723—1790）、康德、边沁、伯伦知理、达尔文（Charles Darwin，1809—1882）和颉德（Benjamin Kidd，1858—1916）等人的生平与思想。这样广泛地涉猎西方知识，无疑与任公在治学上的习性有关，如他所述，"平素主张，谓须将世界学说为无限制的尽量输入……务广而荒，每一学稍涉其樊，便加论列"，"启超'学问欲'极炽，其所嗜之种类亦繁杂。每治一业，则沉溺焉……以集中精力故，故常有所得；以移时而抛故，故入焉而不深"。[1]其中所谓"务广而荒"，以及"常有所得"却"入焉而不深"，颇能反映梁任公此一时期治西学的特色。

在以上所列名录中，较受当时读者与后代史家重视的是卢梭、伯伦知理、孟德斯鸠、边沁等人的政治理论，以及达尔文、颉德之进化论，而梁任公介绍的18世纪德国哲学家康德的作品并不那么引人注目。[2]这很可能是在任公著作之中康德的地位并不突出所致。任公介绍康德的作品，除了大家所熟知的《近世第一大哲康德之学说》(1903—1904)[3]，在《新民丛报》第1号的《论学术之势力左右世界》一文中，梁任公亦详细地谈到欧洲近世以"一二人之力左右世界"之"荦荦大者"，它们分别是：哥白尼之天文学，倍根与笛卡儿之哲学，孟德斯鸠的《万法精理》，卢梭之倡天赋人权，富兰克令（今译富兰克林，Benjamin Franklin，1706—1790）之电学，瓦特（James Watt，1736—1819）之汽机学，斯密亚丹之理财学，伯伦知理之国家学，达尔文之进化论；文中仅简单地谈到"康德（Kant，德国人，生于一七二四年，卒于一八〇四年）之开纯全哲学"，其地位显然不如以上十贤。[4]此外，仅《新民丛报》第5号（1902）载有注为"哲学大家德儒康德"的照片一张。

在深受读者欢迎的《自由书》与《新民说》等书中，梁任公亦曾提及康德。《自由书》之中康德出现了两次，一次是在《论强权》(1899)中，任公引康德的观点来说明"野蛮之国，惟统治者得有自由……今日之文明国，则一切人民皆得有自由"；另一次则是引康德为例谈"不婚之伟人"(1902)。[5]《新民说》之中则有两篇文章谈到康德，《论自由》(1902)一文引康德等人开创近世泰西文明，说明他们具有"勿为古人之奴隶"的自由精神；《论私德》(1903)一文则三度谈到康德，主要是将康德的道德学说与王阳明的致良知理论相提并论，认为两人皆提倡

"以良知为本体，以慎独为致之之功……所谓东海西海有圣人，此心同，此理同"。[6]

梁任公在1904年发表《近世第一大哲康德之学说》一文的最后一部分之后，显然没有机会再研究这一课题，所以在其后期的著作之中康德出现得甚少。其中的一个例子是在1927年的《儒家哲学》一书中，梁任公一方面说西方认识论的研究"发生最晚，至康德以后才算完全成立"，另一方面仍是将王阳明的致良知理论比拟为康德那样"服从良心的第一命令"。[7]这些叙述都颇为浮泛，似乎可以推断仍是依赖其早年对康德的认识。换言之，任公晚年对康德的了解可谓全无进展，而康德哲学所涉及的一些重要问题也没有变成任公思想的焦点之一。

以上是梁任公著作之中康德出现的大概情况。梁任公如何译介康德？又如何通过对康德的批判来建立自身的学术思想？人们对于他的译介有何评估？再者，在中国思想界，康德哲学后来受到唐君毅、牟宗三等新儒家的大力尊崇，因此了解梁任公对康德的讨论，可以让我们对他与新儒家之间的关系，尤其是两者在思想史上的连续性与非连续性等课题有所认识。[8]本文将针对这些问题提出一些个人的看法。当然，近代中国知识分子对康德哲学的反应并不限于梁启超与新儒家的看法，还有其他学者的意见。例如王国维（1877—1927）、张东荪、金岳霖（1895—1984）、冯契（1915—1995）、李泽厚等。然而这篇文章并不企图全面处理中国知识分子对康德思想的认识与评估，以及对于与康德思想密切相关的近代欧洲"认识论危机"

(epistemological crisis)的看法。

二、学者对梁启超译介康德之评估

梁启超可能是中国近代史上第一位以中文介绍康德思想的学者，读者对他的文章有何反应呢？在探讨这个问题之前，我们不能忽略梁任公的自我评估，在《近世第一大哲康德之学说》一文中，任公坦承他对康德的译介"虽用力颇劬，而终觉不能信达"。[9]不少读者似乎也有相同的感受，觉得这篇文章不够精确（信），也不易懂（达）。最早评论此文的学者是王国维。王国维对康德下过很深的功夫，他对康德的认识也是在日本，不过他不但通过日文著作来了解康德，也能够直接阅读其他的外文书籍。王国维曾经四度研读康德的《纯粹理性批判》，并表示他读懂康德是通过叔本华（Arthur Schopenhauer，1788—1860）对康德的批判，因此从王氏这一比较严格的学术标准来看，梁任公的作品可以说是完全不及格。[10]王说：

> 庚辛以还，各种杂志接踵而起，其执笔者，非喜事之学生，则亡命之逋臣也。此等杂志，本不知学问为何物，而但有政治上之目的，虽时有学术上之议论，不但剽窃灭裂而已，如《新民丛报》中之汗德（笔者注：即康德）哲学，其纰缪十且八九也。[11]

王氏指出该文"剽窃灭裂"，又带有以学术来为政治服务的缺点，因而"纰缪十且八九"。他虽然没有具体地谈到有哪些"纰缪"之处,但是这样的评价显然有其缘由。一方面王国维比较了解康德认识论方面的问题,而他似乎觉得任公在这方面十分外行;另一方面王国维认为学术有其独立而神圣的价值,不应将之视为实现其他目的之手段。他引用康德的话来支持此一观点:

> 故欲学术之发达,必视学术为目的,而不视为手段而后可。汗德《伦理学》之格言曰"当视人人为一目的,不可视为手段",岂特人之对人当如是而已乎,对学术亦何独不然?然则彼等言政治则言政治已耳,而必欲渎哲学、文学之神圣,此则大不可解者也。[12]

贺麟也比较了解德国的近代哲学传统,他对梁任公谈康德的文章同样感到不满。在20世纪40年代的作品中,他同意在中国介绍西方哲学要从介绍古典的哲学家着手,所以认为任公作《西儒学案》,"算走上正轨,惜甚简浅而未继续深造"。在贺麟看来,梁任公学术思想的缺点除了简略、肤浅,还"用他不十分懂得的佛学去解释他更不甚懂得的康德",因而免不了零散、笼统、附会与错误等毛病。[13]

至1980年的《康德黑格尔哲学东渐记》一文,贺麟更深入地讨论"梁启超与康德哲学"这一课题,他指出《近世第一大哲康德之学说》是我国第一篇系统介绍康德生活及其思想的文章,梁任公将康德哲学与佛学糅合在一起,并以王阳明主观唯心论的心学来渗透康德学说。贺麟也和王国维一样强调梁任公对康德的介绍为"政治活动所牵率",因而特别介绍自由与服从的关系,认为正如同个人要服从自我之良心,国民要服从国家的主权。整体而言,贺麟的看法是:

> 梁启超那篇文章……与其说是客观介绍康德,毋宁说是和他所了解的佛学唯识混在一起,康德在他那里完全被佛学、王阳明良知说所曲解,可以说不是德国的康德而是中国化的康德。[14]

贺麟之后,注意到梁启超对康德之介绍的还有余英时与黄进兴。1983年余氏为《胡适之先生年谱长编初稿》一书撰一长序(题为《中国近代思想史上的胡适》,后独立出版),分析清末民初思想界对西学的引介。他认为梁启超将康德的"真我"与王阳明的"良知"和佛家的"真如"相提并论,以为"若合符节",是有开风气之功的;然而他也同意贺麟的看法,以为梁启超无法深入了解康德,这是"由于中国当时的思想界尚未成熟到可以接受康德的学说"。余英时特别注意到中西双方哲学背景的差异,他指出因为康德哲学是以西方哲学主流的知识论为中心,而"逻辑—知识论则恰好是中国思想传统中最薄弱的一环",这成为国人在认识西方上的一大障碍。余英时说:"康德的知识论是以数学和牛顿的物理学为基础的,他讲'上帝''灵魂不灭''意志自由'三大问题则以基督教神学及传统形上学为背景。梁启超、王国维都不具备了解康德所需要的背景知识。"[15]

黄进兴很同意朱英凯的看法。他在《所谓"道德自主性":以西方观念解释中国思想之限制的例证》一文中首先追溯康德思想传入中国的经过,进而指出近代以来国人吸收西方思想,一则出于功利之企图,将之作为追求国家富强之工具;一则借以重新"理解、评估中国传统文化的现代意义"。黄氏并认为梁启超对康德的译介正反映出这两方面的特色。黄进兴说梁任公一方面欲"以康德哲学唤醒德意志民族之自觉力",因而将康德说成"百世之师"与"黑暗时代之救世祖";另一方面则以佛学名词"真如""无明"比附康德的哲学观念,又企图会通王阳明的良知说与康德的伦理思想。黄进兴的综评是:梁任公对康德的介绍"只是零星片段,难免失之浮光掠影";而他会通中西的尝试则反映"当时中国语文在语言及概念两个层次皆不足以介绍陌生的思想体系"。[16]

按照黄氏的看法,近代以来国人在认识康德"道德自主性"这一概念时,往往忽略康德后期所主张的"道德唯理观",亦即"每一个道德概念都是先验的,理性是它唯一的基础与来源";这一观点与西方学者如赫京生(哈奇森,Francis Hutcheson,1694—1746)所主张的"人类的道德实基于内心的道德情感"有所不同,与儒家将道德的基础建立在如"四端"之上的主张也截然互异。黄氏指出对康德来说,赫京生依赖道德情感与儒家依赖"四端"而建立的道德概念都是"道德他律"(moral heteronomy),而非道德自律(道德自主性,moral autonomy)。

黄进兴认为康德和休谟（David Hume，1711—1776）一样，强调实然的感官世界不能导出应然的命题；康德由此"二元论"的逻辑而导引出：道德来自"思维界"的"绝对要求"，亦即先验性的实践理性，而非感官经验中的道德情感。[17]

这样看来，梁任公将康德与王阳明会通为一的做法显然忽略了两人道德理论上的一个根本差异。换言之，用儒家来解释康德，或用康德的观念来谈儒家，都是"与康德原意相悖"的。黄进兴除了批评梁任公，更针对牟宗三及其弟子以康德伦理概念来阐释孟子思想与宋明理学而有所回应。[18]

以上王国维、贺麟、余英时与黄进兴的评价显示，梁译康德起码有以下的缺陷。首先，梁译有经世的动机，尤其是以"新民"来追求富强的企图，因而影响到材料的选择。其次，梁任公对康德认识的不足除了政治方面的因素，还有知识上的原因，他并不了解康德知识的基础是建立在西方的数学、牛顿的物理学、基督教神学与西方传统形上学等学问之上的，所以在内容方面梁译是零星片段的，没有掌握到康德思想的脉络与全貌，并以中国哲学的概念来附会康德的说法。黄进兴特别指出康德思想中认识论与伦理学方面的问题，认为康德（在后期所说）的"道德自主性"是奠基于"道德唯理观"之上的，并非像儒家那样依赖"四端"，而其基础是认识论上的二元论。梁启超显然没有注意到这些观念上或预设上的细微差异，因而误读了康德。而且假如我们注意到中国近代哲学与欧洲近代认识论危机之关系，梁任公对康德的误读还牵涉到认识论其他方面的问题,下文将对此有所讨论。[19]

他们四人的评价也有一个共同的基本假设,认为梁任公所理解的康德与康德思想之间有所差距,所以此一译介在"信"方面是有缺陷的。然而以上的中国学者没有特别注意到梁任公是通过日文书刊来认识康德的,因此也没有人指出任公所理解(或误解)的康德与当时日本学者译介西方思想之间的关联。

在这方面,日本学者宫村志雄的《梁启超の西洋思想家論》最值得注意,他明确指出梁启超的西方思想家论与日语文献之间的对应关系,而其中最重要的一个思想来源是中江兆民所译菲叶的《理学沿革史》。[20] 他的证据之一就是梁任公在《近世第一大哲康德之学说》一文中所说的:

> 康德学说条理繁赜,意义幽邃,各国硕学译之犹以为难,况浅学如余者。兹篇据日人中江笃介所译阿勿雷脱之《理学沿革史》为蓝本,复参考英人、东人所著书十余种汇译而成。

宫村认为任公有关康德一文所依据的主要文本是日译《理学沿革史》第四篇"近代ノ理学"之第八章"第十八纪日耳曼ノ理学カント",也就是目前《中江兆民全集》第6册《理学沿革史(三)》第161—204页的部分。[21]

宫村也指出任公在解读之中带有批判性,或是在"按文",或是在"本文"之中"加笔",浮现出真正的心声。因此梁任公通过由东学所认识到的近代西学来批判中国传统,并进一步在"勿为中国旧学之奴隶"与"勿为西人新学之奴隶"原则下，追寻自身思想的主体性。[22]

遗憾的是宫村志雄并没有仔细地讨论任公如何通过日译《理学沿革史》来译介康德，也没有深入分析任公在该文之中所做的评论，以及这些评论与任公学术思想的关联。笔者在这些方面将有所补充。

从以上的讨论我们可以了解到，梁任公译介康德一事反映出近代中国西学东渐的一条漫漫长路，以此例而言，其主脉至少包括了以下几次解读与诠释：第一是法人菲叶对德国哲学家康德的解读；第二是日人中江兆民对菲叶作品的解读；[23]第三是梁任公对中江兆民译作的解读；第四是《新民丛报》的读者们对梁任公作品的解读。由于个人学养的限制，笔者不拟全面审视这四次解读之间环环相扣的复杂关系，仅将焦点放在上述的第三个环节。

三、从"カント"到"康德"：梁启超对康德中国图像的建构

梁任公到底如何"遇到"康德，而决定通过日文著作来了解康德思想呢？根据《论学日本文之益》，任公"既旅日本数月，肄日本之文，读日本之书，畴昔所未见之籍，纷触于目，畴昔所未穷之理，腾跃于脑"，[24]而他与罗普共同编辑的《和文汉读法》是在1899年春天于箱根完成的，[25]因此我们可以推测他开始接触到书中的康德大约是1899年夏天以后的事。

梁任公读过哪些有关康德的书呢？诚如前述，他除了参考《四库洞章史》，还依顺"英人、东人所著书十余种"。在《东籍月旦》之中梁任公谈到初抵日本时他所阅读的书籍，其中直接与康德有关的是由石川荣司编、育成会所出版的一套共有十二册的丛书"伦理学书解说"，该丛书"取欧美古今斯学名家之书，译其意而解释之"，其中第七册即为《康德伦理学》。[26] 此外间接相关的书，伦理学方面有野口援太郎译、英国麦恳齐著《伦理学精义》(John S. Mackenzie, *A Manual of Ethics*)；山边知春与太田秀穗译、英国西季威克著《伦理学说批判》(Henry Sidgwick, *Methods of Ethics*)；晋一郎译、西英国格林著《格里安伦理学》(Thomas Hill Green, *Prolegomena to Ethics*) 等书。历史方面则有美国棣亚著《近世泰西通鉴》(Thomas Henry Dyer, *Modern Europe*) 与永峰秀树译、法国基佐著《欧罗巴文明史》(François Pierre Guillaume Guizot, *The History of Civilization in Europe*) 等。其他有关的书籍可能还有纲岛梁川著《西洋伦理学史》、田中治六译编的《西洋近世哲学者略传》、中岛力造的《列传体西洋哲学小史》、杉山藤次郎著《泰西政治学者列传》等。另外特别值得注意的是1887年以来由东京哲学会所刊行的《哲学杂誌》，在1901—1903年之间刊登了不少日本学者有关会通东西哲学的作品，其中也涉及讨论儒学、佛学与康德之关系的议题。上述这些书刊是梁任公认识康德时的参考读物，也为他后来撰写《近世第一大哲康德之学说》一文提供了灵感。[27]

梁任公不但阅读日文书籍来了解康德，在生活经验之中也曾经"遇到"康德，而刺激他深入探索康德的学说：

> 吾昔见日本哲学馆，有所谓四圣祀典者，吾骇焉！稽其名，则一释迦、二孔子、三苏格拉底、四康德也。其比拟之果伦与否，吾不敢言。即其不伦，而康德在数千年学界中之位置，亦可想见矣！作康德学说。[28]

此处所说的哲学馆是由佛教哲学的研究者、哲学会的会员井上圆了（1858—1919）于1887年在东京本乡所创立的，该馆倡导"护国爱理"，讲解东洋哲学以及各种相关学科。哲学馆于1903年改称哲学馆大学，1906年又改称东洋大学，至今仍然存在。[29] 井上为了将哲学（与佛教）传布到一般民众之中，在哲学馆举行梁任公所谓"四圣祀典"，此一做法也带有折中、融合佛教、儒家与西方哲学的意味。[30] 井上与梁任公的结识可能是在1899年，该年5月13日梁任公受东京大学教授姊崎正治（1873—1949）之推荐，在哲学会的大会上演讲《论支那宗教改革》[31]，井上参加了此次演讲，或许因此结识了梁任公，并邀请他参观哲学馆，从而使任公进一步认识到康德在学界的重要性。

在梁任公所参考的有关康德的日文资料之中，中江兆民所译的《理学沿革史》无疑扮演了最重要的角色。因此一个很重要的问题是中江书中"カント"（日译"Kant"）一章与任公的《近世第一大哲康德之学说》一文究竟有何异同？换言之，任公是如何将"カント"转变成国人能读得懂的"康德"的？在转换过程之中他是否经过了一些加工？而加工之后是否导致误todo或扭曲？这些问题都有待澄清。

根据我所做的文本对照，任公在不少地方大致上都跟着《理学沿革史》，兹举正文与按语中的几个例子来做说明。

如：

康德以为欲明智慧之诸作用。宜先将外物之相区为二种：其一曰现象，其二曰本相。现象者，与吾六根相接而呈现于吾前者，举凡吾所触所受之色声香味皆是也。本相者，吾所触所受之外，彼物别有其固有之性质存。故吾所知，仅为现象，若云本相吾具知之，无有是处。（25：17）①	カント以爲ラク、智慧ノ諸作用ヲ點檢セント欲セハ宜ク首ニ外物ノ相ヲ區別シテ二個トナス可シ、其一ハ現象ニシテ其一ハ本相ナリ、現象トハ吾人ノ五官ニ呈スル所ノ采色聲音形貌ノ謂ニシテ、本相トハ吾人ノ五官ヲ外ニシテ物ノ固有スル所ノ性質ノ謂ナリ、而シテカントノ意ニ在リテハ吾人ノ智慧ハ獨リ物ノ現象ヲ知ルコトヲ得、若夫レ其本相ハ之レヲ知ルコトヲ得ルノ道無シ、（第165頁）②

说明：①此处是指《新民丛报》第25号（1903），第17页，下同。②此一页码指《中江兆民全集》第6册《理学沿革史（三）》之中的页码，下同。

又如：

康德以为吾人智慧所以总彼众感觉而使就秩序者，其作用有三：一曰视听之作用（案：此实兼眼耳鼻舌身所受者而言，举一例余耳），二曰考察之作用，三曰推理之作用。（25：19）	カント以爲ラク、吾人ノ智慧ノ彼ノ眾感覺ヲ總合シテ次序ニ就カシムルニ於テ其作用蓋シ三有リ、曰ク視聽ニ係ル作用ナリ、曰ク考察ニ係ル作用ナリ、曰ク推理ニ係ル作用ナリ、（第168頁）

第五章 西方哲学的现代诠释：梁启超与康德

在按语中任公也引用《理学沿革史》之上的观点：

| 案：康德之说甚深微妙，学者或苦索解。法儒阿勿雷脱尝为一譬以释之云：譬有一光线于此，本单纯无杂者也，一旦以一凸凹无数之透光物置于其前，此光线透过此物而接于吾眼帘也，则发种种彩色，为圆锥形，而无量数之部位乃生。空间、时间之有许多部位，即同此理。故苟精算者，则能取其圆锥形之相，及其众多之部位，一一算之，不爽铢黍。何也？以其落于现象，既循不可避之理也。至其所以发此彩色者，由光线之本体使然。光线本体固极自由，谓其必循不可避之理则非也。（26：17—18） | 爰ニ一線ノ光輝有リ、所謂單純無雜ナル者ナリ、然ルニ中央一隔凸凹無數ナル物ヲ透過スルニ及ヒ、種種ノ彩色發シ來リ以テ圓錐形ヲ爲ス、是ニ於テ衆多ノ部位生出シテ猶ホ宇宙ト永劫トノ衆多ノ部位有ルカ如シ、然レドモ當初一線ノ光輝ト中央ノ一隔トータヒ知ルコトヲ得ルトキハ、彼ノ圓錐形ノ處ト衆多ノ部位トモ亦固ヨリ詳ニ之ヲ算スルコトヲ得可シ、此一譬ニ在リテ所謂一線ノ光輝ハカントノ所謂眞我ノ生ナリ、中間種種ノ彩色ハ其所謂現象ノ生ナリ、圓錐形及ヒ衆多ノ部位皆豫メ算スルコトヲ得可キハ其所謂避ク可ラサルノ理ナリ、是ニ於テ譬喻ヨリ本論ニ入リテ言フトキハ、所謂眞我ハ或ハ自由ニシテ撰擇スル所有ルコトヲ得可シ、故ニカント以爲ラク、現象ノ生ニ於テ吾人一ニ夫ノ避ク可ラサルノ理ニ循フモ、未タ遽ニ眞我ノ生ヲ并セテ自由ナラストヲ爲ス可ラスト、（第182—183頁） |

从以上的对照，我们可以看到梁任公并非逐字逐句地翻译，而是择要地摘译中江的大意。他解读日文的方法基本上都配合《和文汉读法》一书所揭示的原则，例如将"ナリ"译为"也"，"可ラザル"译为"不可"等。[32]上述的摘译大致上都能

171

掌握中江译文的要点。

然而梁任公的摘译也有不少"加工"之处，因而使他的文章与中江书中的"カント"一章有所不同。兹将较重要的差异列举如下：

一、名词的更动。梁任公将一些日文中以汉字所写的词改为中文之中较常用、任公较惯用或较新的一些词。如"宇宙ト永劫"译为"空间时间"，[33]"次序"译为"秩序"，"精神"译为"魂"，"意欲ノ自由"译为"良知之自由"。[34] 又如将"理学"译为"哲学"，将"庶物原理ノ学"译为"庶物原理之学（即哲学）"等，这可能是因为中江在1886年翻译该书之时，日本学界尚未流行以"哲学"来翻译法文的 philosophie 或英文的 philosophy 一词所致。[35]

再者，梁任公将中江的"点检派"改为中文之中较为适当的"检点派"，又在上引25：17的文中将"五官"改为具有佛教意味的"六根"等，这两个例子值得作较深入的讨论。

以"点检"和"检点"来说，此二词是为了翻译德文的"kritik"或法文的"critique"。[36] "点检"和"检点"两个名词在中文之中都存在，然而为什么任公要作此更动呢？这可能涉及以下的原因。首先在日文常用词汇之中只有"点检"，而无"检点"，因此中江的翻译很自然地就使用"点检"。在中文之中"点检"一词大约是唐代以后才出现的，《北史》有"点检百官"，杜甫、白居易的诗句中也用过这个词，五代至宋初又出现"殿前都点检"的官名，此后至宋、明时代此一名词一直存在。"检点"一词也是唐至五代时出现的，梁末帝曾将点检的官名改为检点，至清代检点一词仍普遍地为人们所用，它一方面是官名，另一方面也指检查、验证、反省等。极有趣的是在《朱子语类》中点检与检点两词都有，也带有"检点自家身命"，"若能一日时二辰点检自己"的伦理意涵，[37]然而至《红楼梦》之中则只有"检点"而没有"点检"了。[38]这样一来，我们似乎可以推断梁任公所较熟悉、常用的词语是"检点"，所以他才把中江的"点检派"改为"检点派"。

将"五官"改为"六根"也颇值得琢磨。"五官"是一个很早就出现的名词，在《庄子》与《荀子》之中即有，指耳、目、鼻、口、心等五种官能。"六根"一语在《庄子·外物》中也已有，如"夫六根无罄，故彻"，但佛教传入之后，六根则是指《般若经》所谓"眼、耳、鼻、舌、身、意根"，又作六情，指六种感觉器官或认识能力，即眼根（视觉器官及其能力）、耳根（听觉器官及其能力）、鼻根（嗅觉器官及其能力）、舌根（味觉器官及其能力）、身根（触觉器官及其能力）、意根（思维器官及其能力）。为何梁任公要作此更动呢？我认为这可能是因为他梳理康德的观念时发现"是故当知我之接物，由我五官及我智慧两相结构，而生知觉，非我随物，乃物随我也"，任公并在此句之后下一按语："五官者，《楞伽经》所谓前五识也；智慧者，所谓第六识也。"[39]这样一来，梁任公显然以为在上引25：17的文中，"六根"较中江所用的"五官"更适合用来说明康德的观念。这显示当梁任公尝试了解西方哲学之时，他的中国思想方面（尤其是佛教方面）的经验，从语言层次开始就影响到他的认知。[40]梁任公在评语之中多以佛教"真如""无明"等观念来阐释康德，也表现出同样的心态。

二、比喻的更动。梁任公将外国的比喻改为国人较熟悉的中国典故，如在解释康德所谓道德之责任时，任公说："挟泰山以超北海，此其事不可以责诸人者也，故不得以之为责任；为长者折枝，此其事可以责诸人人者也，故得以之为责任。"在其下梁任公加一按语表示："原文引喻不尔尔，今译其意，取易解耳。"这是采用《孟子》之中的典故来解释康德的想法。[41]

三、表达方式的更动。任公将康德的观念用论理学中的三段论式来表达。例如："夫责任之理与自由之理常相倚而不可离者也。以论理学明之，则其式当云：'不能自由者不足以为责任也／真我者有道德之责任也／故真我者常自由也。'此康德以道学证自由说之大概也。"[42]

在中江的译文之中，与上文直接对应的句子是："夫ノ真我ノ見ル所ニ由レバ吾人本ト自由ノ理有ルコトヲ得レバナリ、他無シ、苟モ責任トモフトキハ自由ノ理ハ其中ニ存スレバナリ。"（直译是：依真我之见，吾人本可得到自由之理，此无他，若言及责任，自由之理即存于其中。）[43]

比较上述两者可知，三段论的表达方式是梁任公自行增加的。梁任公在1903、1904年之际对"论理学"非常感兴趣，因而通过日文书籍与严复的译作来钻研此学。1904年他在《墨子之论理学》一文中就曾经仔细地介绍三段论法在推论上的八个基本原则，并将墨子的理论以类似的方式推演为层层相迭的三段论。[44]此处所作的更动无疑是梁任公当时沉浸于论理学的一个反映。

四、文章结构的更动。梁任公除了做一些文字与表达方式的变动，对文章的结构也有所调整，下表是两篇文章的章节标题对照：

任公《近世第一大哲康德之学说》大纲	中江《理学沿革史》"カント"部分大纲
发端及其略传	緒論
学界上康德之位置	カントノ理學ノ方法
康德之"检点"学派	本論
论纯智（即纯性智慧）	純然智慧ノ點檢。
学术之本原	學術ノ本原
智慧之第一作用（即视听作用）	視聽ノ作用
智慧之第二作用（即考察作用）	考察ノ作用
庶物原理学（即哲学）之基础	庶物原理ノ學ノ根基
智慧之第三作用（即推理作用）	推理ノ力
论道学为哲学之本	精神、世界、神等三大問題
申论道学可以证自由	實行ノ智慧ノ點檢 道學
论自由与道德法律之关系	第四文藝[①]

说明：①中江的标题与法文原版是一致的，原文也没有第三，然后就是第四文艺"IV.—L'ART"。

从以上的对比可以发现，任公的译介在结构上是有高度选择性的，甚至是非常随意的。最初的两节"发端及其略传""学界上康德之位置"并不是从《理学沿革史》而来，应是采自上述《西洋近世哲学者略传》之类的书。然而从"康德之'检点'学派"至"论自由与道德法律之关系"则明显是摘译自《理学沿革史》。不过梁任公没有翻译绪论中"康德哲学之方法"（méthode de Kant）一节与最后有关"文艺"（"l'art"）的一节，由此可推测这两部分并非梁任公兴趣之所在。

即使在正文中介绍康德哲学的部分，梁任公也不完全按照《理学沿革史》的大纲，将康德哲学分为"纯然智慧ノ点检"与"实行ノ智慧ノ点检"。任公仅接受前者，所以从"论纯智（即纯性智慧）"到"论道学为哲学之本"，基本上是遵循《理学沿革史》的脉络。但是写到一半他遭遇到困难，这主要是在"庶物原理学（即哲学）之基础"一节中讨论"神"的部分。在这方面任公仅简单地谈道：

| 所谓本原之旨义者何？曰是有三：一曰魂，吾心中诸种现象皆自之出者也；二曰世界，凡有形庶物之全体也；三曰神，魂与世界皆出于神，故神亦名本原之本原。魂也、神也、世界也，皆无限无倚，不可思议，非复视听考察之两作用所得实验，惟恃推理力以窥测之而已。（26：10） | 所謂本原ノ旨義トハ何ソヤ、曰ク是レ三有リ、其一ハ精神是レナリ、凡ソ吾人心中諸種ノ現象ハ皆之ヨリ出ッ、故ニ之ヲ一個ノ本原ノ旨義トイフ、其二ハ世界是レナリ、凡ソ有形庶物ノ全體ナリ、故ニ亦之ヲ一個ノ本原ノ旨義トイフ、其三ハ神是レナリ、精神ナリ世界ナリ皆神ヨリ出ッ、故ニ神ヲ號シテ最上本原ノ旨義トイフ、夫レ精神ヤ世界ヤ神ヤ此三者ハ無限無倚不可思議ノ旨義ニシテ、復タ視聽ノ作用及ヒ實驗ニ賴リテ考察スルノ作用ノ與カル所ニ非スシテ、唯推理ノ作用ヲ以テ之ヲ窺測スルコトヲ得ルノミ、（第175—176頁） |

在其下的按语中，任公则补充说明"所谓神者，景教之言造化主也，下文自详"。然而因为不久之后任公的美国之行，《近世第一大哲康德之学说》在《新民丛报》第28号发表"申论道学可以证自由"一节之后就暂时中断了。而后来有关神的讨论又被任公略过，上述他对读者所说"下文自详"的许诺也因此而落空。

梁任公从美国回来之后继续完成此文，他坦诚地表示：

> 前号本篇记康氏所提三大问题，一曰魂，二曰世界，三曰神。前二端既经译，惟神之一问题，涉于宗教家言，泰西所争论最剧者，而吾东方不甚注重，且康氏亦未下判断，不过为推度之辞耳，故今阙之，续以本论。译者识。

（46—48：55）

梁任公对康德思想之中神的观念之忽略，或许也因为他对基督教并不感兴趣。在《论中国学术思想变迁之大势》一书中任公曾比较佛、耶二教，而将基督教说成"哲理浅薄"的"迷信"：

> 佛耶两宗，并以外教入中国，而佛氏大盛，耶氏不能大盛者何也？耶教惟以迷信为主，其哲理浅薄，不足以餍中国士君子之心也。佛说本有宗教与哲学之两方面，其证道之究竟也，在觉悟（原注：觉悟者正迷信之反对）；其入道之法门

也,在智慧(原注:耶教以为人之智力极有限,不能与上帝全能之造化主比);其修道之得力也,在自力(原注:耶教日事祈祷,所谓借他力也)。[45]

从以上的看法可见,巴斯蒂教授下面的论断是正确的,亦即梁任公对于宗教问题"终其一生,有一点是一贯的,这就是他对于基督教有一种深深的内在轻视。对基督教,他从来只是略有一些极其粗浅的二手知识⋯⋯佛教毕竟是梁启超想真正深入了解的唯一宗教"。[46]的确,如果进一步深究梁任公轻视基督教之渊源,除了他个人在思想上的选择,亦即视佛教为最上乘的宗教,也与当时日本思想界反基督教的言论,以及他与日本佛学、宗教研究者如井上圆了、姊崎正治等人过从较密等因素不无关系。[47]

从美国返回日本之后,梁任公继续完成《近世第一大哲康德之学说》,然而他的整个思绪似乎都联系不上了,任公接下来的讨论不采取《理学沿革史》中"实行ノ智慧ノ点检"的标题,而仅摘译其中的一部分,再将标题改为"论自由与道德法律之关系",然后整篇文章就戛然而止。这样的做法可以显示梁任公对康德哲学只有相当零散的了解,他仅仅是选择性地翻译他所感兴趣而又看得懂的部分,因而该文所呈现的面貌并没有掌握到中江译文的整体脉络。

五、现实关怀之影响。从以上两文结构的对照,我们也可以发现梁任公在翻译上的选择和他对政治(或实用)方面的兴趣有关。即使像康德这样的哲学家，任公也非常希望能从其思想中汲取经世之资源，以"进国民之道德"。[48]在讨论康德的历史地位时，梁任公有以下的话：

> 浅见者或以为哲学之理论，于政治上毫无关系，而不知其能进国民之道德，牖国民之智慧，使国民憬然自觉我族之能力精神至伟且大，其以间接力影响于全国者，实不可思议。虽谓有康德然后有今之德意志焉，可也。（25：14）

由于经世的企图，梁任公特别突出康德思想的两个面向，一是伦理学说，一是政治理念。

在伦理学说方面，梁任公深入介绍康德有关自由与道德的论证，以鼓励人们道德实践的勇气，并"挽功利主义之狂澜"（28：12）：

> 十八世纪之末叶，所谓伪维新思想者，风靡一世。若直觉主义，若快乐主义，滔滔然遍被于天下。道念扫地，骄奢淫佚、放纵悖戾之恶德，横行泛滥。自真挚谨严之康德出，以良知说本性，以义务说伦理，然后砥柱狂澜，使万众知所趋向。（25：14）

这一部分也涉及梁任公对佛学、宋明理学与康德思想的会通与评价，下一节会有较多的讨论。

经世的企图也使梁任公以较多的篇幅翻译康德的政治理论，尤其注意到康德与卢梭之关系：

> 其政论则与卢梭出入，而为世界保障自由。（25：15）
>
> 康氏之政治论，殆与卢梭民约之旨全同，而更以法学原理证之……此等理想，殆皆祖述卢梭而加以引申发明而已。（46—48：61）[49]

稍早在讨论卢梭思想时，梁任公也不忘记呼应康德的主张：

> 卢梭民约之真意，德国大儒康德解之最明。康氏曰："民约之义，非立国之实事，而立国之理论也。"此可谓一言居要者矣。[50]

梁任公更是非常详细地将《理学沿革史》之中介绍民主国、国际公法与"永世太平论"的部分翻译出来，请看以下的对照：

第五章　西方哲学的现代诠释：梁启超与康德

故康德推论道学之极则，谓宜合全世界以建设一"自由的善意之民主国"，夫然，故各国皆互以他人之行为为目的，而莫或以为手段。若是者亦名之曰"众目的之民主国"，众目的之民主国，各人有互相崇重，无互相利用者也。即卢梭所谓人人皆立法者、皆守法者，人人皆君主、皆臣从也。（46—48：63）	是故ニカントノ道學ノ極則ト爲ス所ハ自由ニシテ義理ニ合スル衆意欲ノ民主國ヲ建ツルニ在リ、此ノ如クナルトキハ各人皆衆人ヲ以テ其行爲ノ目的ト爲シテ、決シテ其手段ト爲スコト無ケレハナリ、カント之ヲ名ケテ衆目的ノ民主國ト曰フ、 所謂衆目的ノ民主國トハ各人皆自由ニ皆自主ニシテ、他人ヲ以テ其行爲ノ目的ト爲シテ之ヲ敬重シ、其行爲ノ手段ト爲シテ之ヲ利用スルコト無シ、然ルニ若キ者ハ正サニ曩ニルーソーノ所謂衆人皆立法者ニ皆施法者ニ皆君主ニ皆臣從ナル者ナリ、（第199頁）
康德又谓今之所谓国际公法者，其起原全与民法同。盖国与国之交涉，人与人之交涉，其道一耳。国国皆自由自主，而莫或服属于他国，甲国毋得以乙国为自利之一手段，是国家独立自尊之大义。（46—48：62）	カント以爲ラク、世ノ所謂萬國公法ハ其本原トスル所ノ旨義全ク民法ト同ジ、蓋シ衆邦相交ハルノ道ハ即チ個人相交ハルノ道ニシテ、乃チ各邦皆自ラ主ト爲リテ他ニ役屬スル所有ルノ理無シ、所謂各邦獨立自尊ノ大義ナリ、（第203頁）

181

永世太平论之例要，凡五大端：

（一）凡邦国无论大小，不得以侵略手段或交易、割让、买卖等名义，以合并于他国。

（二）诸邦不得置常备军，如现时之积习。

（三）一国之中有内讧，而他国以兵力干预之者，在所必禁。

（四）各国皆采民主立宪制度，以此制最合于最初民约之旨，且可以巩固全国人自由平等之权理。

（五）各独立国相倚以组成一大联邦，各国国民相辑和于国际法之范围内。若有龃龉，则联邦议会审判之，如瑞士联邦现行之例。（46—48：62—63）

永世太平論ノ書綱要トスル所ノ條項蓋シ五有リ、即チ

一ニ曰ク、凡ソ邦國其大小ニ論無ク、侵略ニ由リ若クハ交易ノ名義ニ由リ讓與ノ名義ニ由リ賣買ノ約若クハ嗣續ノ約等ニ由リテ他邦ニ合併スルコト有ルコト得ス、

二ニ曰ク、諸邦常備軍ヲ置クノ習當サニ時ヲ以テ之ヲ廢ス可シ、

三ニ曰ク、凡ソ一邦ノ中内訌有ルニ及ヒ、他ノ一邦ヨリ干戈ヲ操リ入レテ之ヲ治ムルコトハ嚴ニ之ヲ禁スルコト要ス、

四ニ曰ク、各邦ノ制度皆正サニ民主ノ制ニ循フ可シ、是レ最モ當初民約ノ旨趣ニ合スト爲シテ、且ツ國人ノ自由權及ヒ平等ノ義ヲ鞏固ニスルニ於テ獨リ適當ト爲スヲ以テナリ、

五ニ曰ク、衆獨立ノ邦相倚リテ以テ一大聯邦ヲ擁立シ、諸國ノ民相共ニ好ヲ修メテ以テ萬國公法ノ下ニ相輯和スルコトヲ要ス、若シ諸國ノ中相和セサルコト有ルトキハ、聯邦ノ議院之レ曲直ヲ斷スルコト猶ホ瑞西聯邦ノ現ニ之ヲ行フカ如クス可シ、（第203—204頁）

以上三段与中江原文并无太大的歧异，但是接着的下一段文字则与原文有所出入：

| 或难康氏曰：兹事美则美矣，然实行之日终可得望乎？康氏曰：此则非以强力所能致者，惟民德与民智两者日进于光明，可以得之。（46—48：63） | 人或ハ曰ク、此ノ如クニシテ全ク干戈ノ患ヲ弭ムルコトハ美ハ則チ美ナリ、顧フニ憑空ノ論ニシテ竟ニ行フ可ラサルコト無キ乎、<u>カント</u>答ヘテ曰ク、然ラス、其事ノ大義ニ合シテ人人ノ當サニ務ム可キ所ナルヲ以テナリ、人又曰ク、此事果シテ漸ヲ以テ實行スルコトヲ得ル乎、<u>カント</u>答ヘテ曰ク、然リ、此事獨リ理義ノ論ノ益進闡スルカ爲メニシテ行ハル可キノミナラス亦衆邦ノ利益爲メニシテ行ハル可シ、更ニ之ヲ言ヘハ、各邦財利ノ政早晩必ズ戰爭ヲシテ跡ヲ絕タシムルニ至ラン、（第204頁） |

以上中江的文字直译为中文的话，意思是：有人说如此完全消弭干戈之患的事，美则美也，回顾地看，凭空之论不至于有不能付诸实行的道理吧！康德回答说，不然，如果此事合于大义，则人人应当去实行。有人又说，此事到底能否以渐进的方式来实行呢？康德回答说，是的，此事不仅光是为了阐明理义之论的好处，也应该为了众邦之利益而实行；进而言之，各邦的财利政治迟早会发展到终结战争的地步。

可见梁任公的摘译没有将中江译文所谓各邦财利政治会消除战争而臻至"永世太平"的观点翻译出来，转而强调"惟民德与民智两者日进于光明，可以得之"，而这一点显然不是中江这一段译文所企图传达的信息。在此梁任公似乎是将严复翻译斯宾塞以"社会有机体论"（social organism）为基础而提出的民德、民智（以及民力）的说法，投射到中江所译介的康德思想之上。[51]

在经世情怀的影响之下，另一个值得注意的倾向是梁任公从美国回来以后，企图将康德思想与德国国家学说的主权论，以及英国自由主义者将自由当成一终极目的，并以法律保障个人自由的观点联系在一起。前者表现出梁任公强调个人对国家之责任，后者则显示梁任公在肯定国家主权的前提之下，也认识到个人在"界"之内的自由是具有终极价值的。这可以反映梁任公是带着群己平衡、群己并重的思想架构来认识康德的，并尝试着将康德思想与他从其他来源所得的西方知识联系成一比较圆融的经世的构想。（下文将更详细地讨论此点。）

梁任公在介绍康德的"良心说"，亦即"道德之责任，生于良心之自由"，而良心之自由是"超空间越时间……无一物可与比其价值者"之后，下一按语：

> 大抵康氏良心说与国家论者之主权说绝相类。主权者，绝对者也，无上者也，命令的而非受命的者也。凡人民之自由，皆以是为原泉，人民皆自由于国家主权所赋与之自由范围内，而不可不服从主权。（46—48：56）

这种对主权的看法无疑与梁任公在《新民丛报》第38、39号（1904）所介绍伯伦知理的主权说（并批评卢梭的主权论）是相契合的。[52]

梁任公进一步将国家主权的绝对性与个人良心的绝对性结合在一起，来讨论个人自由的意义，在他看来，"良心"与"主权"是个人自由的基础,而主权的具体表现则是法律。换言之,对于伯伦知理国家学的接纳并没有使梁任公忽略个人自由所具有的终极意义,而康德的思想帮助他厘清了主权(法律)、个人自由与良心之间的关系:

> 吾人自由之权理所以能成立者,恃良心故、恃真我故,故不可不服从良心、服从真我。服从主权,则个人对于国家之责任所从出也;服从良心,则躯壳之我对于真我之责任所从出也。故字之曰道德之责任。由是言之,则自由必与服从为缘。国民不服从主权,必将丧失夫主权所赋与我之自由;(原注:若人人如是,则并有主权的国家而消灭之,而自由更无着矣。)人而不服从良心,则是我所固有之绝对无上的命令不能行于我,此正我丧我之自由也。(46—48;56—57)

梁任公反复强调,在康德看来个人自由是一目的,而非手段,而且此一观点不但是道德的基础,也是法律之本原。在下面的翻译之中,任公加了一句中江译文之中所没有的"所谓人人自由,而以不侵人之自由为界",来彰显个人自由之意义:

| 康德又言：尊重人身而无或以之供我之手段，是不特为道德之基础而已，亦制度法律之本原也。盖法律有二种：一曰制之于中者，则道德是也；二曰制之于外者，则寻常所谓法律是也。寻常法律之所目的，凡一切责任非在身外者（案：谓人与人之交涉也），则不干预。何也？身内之责任，非以他力所能强制者也。而推原权理之所由立，罔不起于尊重自由之一要义，两者相互之间而各皆欲保全其自由勿使放弃，此法律上之权理所由生也。故康德关于权理之学说，复有一格言曰："汝当循法律上所定者，以使汝之自由与他人之自由相调谐。"即所谓人人自由，而以不侵人之自由为界也。（46—48：60） | カント以爲ラク、人身ヲ鄭重ニシテ之ヲ手段視スルコト無キコトハ、獨リ道德ノ務ノ根基ナルノミナラス亦制度法律ノ本原ナリ、蓋シ法律ハ二種有リ、一ハ之ヲ中ニ制シ、一ハ之ヲ外ニ制ス、其之ヲ中ニ制スル者ハ所謂道德ニシテ、其之ヲ外ニ制スル者ハ尋常所謂法律ナリ、是レ即チ道德ト尋常法律トノ別ヲ爲ス所以ナリ、
是故ニ世ノ所謂權理ハ民法及ヒ政法ノ目的トスル所ニシテ、一切身外ニ係ル責任ノ類ノ外預知スル所無シ、他ニ非ス、身外ニ係ル責任ニ非サルヨリハ力ニ藉リテ之ヲ強フルノ道無ケレハシナリ、
夫レ權理此ノ如ク見來ルトキハ、兩意欲相對スルノ間發作スル所ノ交際ノ樣式タルニ外ナラスシテ、兩意欲ヲシテ皆身外ノ自由ヲ保ツコトヲ得セシムルコトヲ主トスル者ナリ、更ニ之ヲ言ヘハ、權理トハ相互ニ其自由ヲ鄭重ニシテ敢ヲ或ハ犯スコト無キヲ謂フ是レナリ、カント是ニ於テ乎凡ソ權理ノ類ニ相通スル所ノ格言有リ、曰ク、凡ソ身外ノ事ニ係リ汝當ニ務テ法律ノ定ムル所ニ循ヒ、汝ノ自由ヲシテ他人ノ自由ト調諧セシムルコトヲ求ム可シ、（第201页） |

"人人自由，而以不侵人之自由为界"的想法虽然与康德的思想是相契合的，但是不容忽略的是这一想法在梁任公思想之中是与英国自由主义和社会达尔文主义等思潮密切相关的。早在1899年任公接触康德思想之前，他在《自由书》的《放弃

自由之罪》一文中就以"界"来谈个人自由,而其推理的基础正是"物竞天择"的"天演学之公例":

> 夫物竞天择,优胜劣败(原注:此二语群学之通语,严侯官译为物竞天择,适者生存……),此天演学之公例也。人人各务求自存则务求胜,务求胜则务为优者,务为优者则扩充己之自由权而不知厌足,不知厌则侵人自由必矣。言自由者必曰人人自由,而以他人之自由为界。夫自由何以有界?譬之有两人于此,各务求胜,各务为优者,各扩充己之自由权而不知厌足,其力线各向外而伸张,伸张不已,而两线相遇,而两力各不相下,于是界出焉。故自由之有界也,自人人自由始也。[53]

梁任公于1901年所写的《十种德性相反相成义》一文则是从文明与法治的角度来讨论"界":

> 吾尝观万国之成例,凡最尊自由权之民族,恒即为最富于制裁力之民族,其故何哉?自由之公例曰,人人自由而以不侵人之自由为界。制裁力者,制此界也;服从者,服此界也。故真自由之国民,其常要服从之点有三:一曰服从公理;二曰服从本群所制定之法律;三曰服从多数之决议。是故文明人最自由,野蛮人亦最自由,自由等也,而文野之别,全在其有制裁力与否。[54]

在《新民说》的《论自由》一文中他也曾谈道："自由之界说曰，人人自由而以不侵人之自由为界……文明自由者，自由于法律之下。"[55]

笔者认为梁任公此种对权界的看法很可能深受严复的影响。严复在1898年出版的《天演论》按语之中曾说"太平公例曰：人得自由，而以他人之自由为界"，"道在无扰而持公道，其为公之界说曰，各得自由，而以他人之自由为域"。[56]在1903年《群己权界论》的《译凡例》中严复也表示"我自繇者人亦自繇，使无限制约束，便入强权世界，而相冲突，故曰人得自繇，而必以他人之自繇为界"。[57]无论如何，梁启超在接触康德思想之前，已经经由阅读英国自由主义与社会达尔文主义的论述而形成"界"的观念，此一观念影响到他对康德自由观念的译介与诠释。

以上分别从用字、文句、文章结构、思想内涵等方面来观察任公如何以中江的《理学沿革史》为蓝本，将康德的思想介绍到中文的世界。从任公的"加工"我们可以了解他的译介无论在文字，还是思想内涵的层面，都具有高度的选择性。他不翻译康德的哲学方法与文艺观念，对康德讨论神的部分也是轻描淡写、点到为止。在康德思想之中他特别关心伦理思想与政治理念两方面，并将康德哲学与他从其他来源所得的西方知识作一对话。梁任公指出，康德的政治理论与卢梭相同；康德的伦理学说是对功利主义的批判；而康德对良心、自由、责任、法律的看法则可以对照德国国家学说的主权论与英国自由主义者将自由视为终极价值,并受法律保障的观点来看。总之,梁任公对康德在中国读者心中形象的建构展现出一个具有高度选择性的视角,他仅仅将他看得懂又感兴趣的部分译介出来罢了,在内容上可以说不及中江的译文来得完整与深入。

上面的分析大致上可以回答中江《理学沿革史》中的"カント"与梁任公笔下之"康德"的差异。然而这样的回答还忽略了一个重点,亦即梁任公文章与中江译文的一个非常重要的不同,是梁任公译介康德不仅是为了介绍西方的理念,而且因他受到当时日本哲学界(特别是上述《哲学雑誌》之中的文章)的影响,企图作一东西的对话,并借此而建立自身的学术思想。下面我们将围绕梁任公《近世第一大哲康德之学说》一文的按语部分,来探讨这个问题。

四、梁启超对康德思想的阐释与评价

梁启超有关康德的文章,一方面选择性地摘译中江的译文,另一方面也提出他对康德思想的阐释与评价。[58]这些评价有些是较泛化的,例如梁任公认为康德思想微妙精深,"条理繁赜,意义幽邃","康德之说甚深微妙,学者或苦索解";或是指出康德在历史上的崇高地位,"康德者,非德国人而世界之人也,非十八世纪之人,而百世之人也",他是"空前绝后一大哲",所以国人"有志新学者终不可不悉心研究之,反复熟玩焉"等。(25:15)

然而在绝大部分的按语之中，梁任公尝试将康德与他较为熟悉的中国思想，如佛学、王阳明的心学以及朱熹、张载的思想作一比较，并评估其得失。整体观之，梁任公以为理论最完善的是佛学，其次是阳明学，再其次是朱熹的理学，而将康德的学说放在与阳明学相当的地位；换言之，康德哲学不及佛学，类似阳明学，而较朱熹、张载的学说来得高明。以下分别从认识论、本体论与道德论等方面来进行说明。

梁任公对于抽象的、超越现实世界的根本"原理"非常感兴趣。[59]他将康德的认识论与佛学相比较，指出"康氏哲学，大近佛学"，"其言空理也似释迦"。所谓"空理"主要是指康德从内在"直搜讨诸智慧之本原，穷其性质及其作用也"，任公以为这样的取向和"佛教唯识之义……穷一切理，必先以本识为根柢"的观点可以相互印证。（25：16）

梁任公介绍了康德有关现象和本相的区别，以及人类所能知道的部分是现象，而非本相的观点：

> 康德以为欲明智慧之诸作用，宜先将外物之相区为二种：其一曰现象，其二曰本相。现象者，与吾六根相接而呈现于吾前者，举凡吾所触所受之色声香味皆是也；本相者，吾所触所受之外，彼物别有其固有之性质存。故吾所知，仅为现象，若云本相吾具知之，无有是处。（25：17）

康德谈到人们在观察现象之时说："吾人所见之色，特就其呈于吾目者，自吾名之而已，使吾有目疾，覆视此物，则不复能如平时。"(25：17）梁任公马上想到佛经中一个类似的比喻："《楞严经》云：譬彼病目，见空中华，空实无华，由目病故，是故云有，即其义也。"[60]而康德说"是故当知我之接物，由我五官及我智慧两相结构，而生知觉，非我随物，乃物随我也"，任公在此句之后的按语中则表示"五官者，《楞伽经》所谓前五识也；智慧者，所谓第六识也"。(25：18）[61]

康德指出人们对于现象界的了解除了通过视听，还要依赖考察，亦即"观察庶物之现象，而求得其常循不易之公例"，而"公例"之求得要根据三大原理：

> 一曰条理满足之理，谓甲之现象，其原因必存于乙现象之中，彼此因果，互相连属也。二曰庶物调和之理，谓凡百现象，恒相谐相接，未有突如其来，与他现象无交涉者也。三曰势力不灭之理，谓凡现象中所有之力，常不增不减也。(25：22）

梁任公也将之与佛典之说相提并论：

> 案：此三大原理者……其义与华严宗之佛理绝相类，所谓条理满足者，即主伴重重十方齐唱之义也；所谓庶物调和者，即事理无碍相即相入之义也；所谓势力不灭者，即性海圆满不增不减之义也。(25：22）[62]

同时梁任公注意到康德有关视听、考察、推理的说法与朱子格致说的类似处，但他却觉得朱子之说不如康德之说那么博深切明，"未示以穷理之界说，与穷理之法门"。康德的说法是：

> 视听、考察两作用，能整理事物之纷扰，定其次序，使之由复杂以渐入于单纯。……推理力者，能检点所序列之事物，自一理进入他理，自一例进入他例，如是层累而升，以求达于极致之处。（26：9）

梁任公的评论则是：

> 案：朱子补格致传谓即凡天下之物，莫不因其已知之理而益穷之，以求至乎其极，至于用力之久，而一旦豁然贯通焉，则众物之表里精粗无不到，而吾心之全体大用无不明。与康德此论颇相类。惟朱子教人穷理，而未示以穷理之界说，与穷理之法门，不如康氏之博深切明耳。（26：9—10）

以上梁任公所下的按语都是尝试以佛经、朱熹思想中的概念或比喻来帮助说明康德的想法，这些印证多半是相当零散与肤浅的，仅仅看到一些点的类似性，而没有注意到概念或比喻背后基本预设上的差别。其中最值得注意的是，康德和休谟一样在认识论上具有怀疑主义的色彩，用墨子刻与笔者的话来说，倾向"悲观主义认识论"，所以康德才会反复强调"本相"是不可知的，可知的只是现象。然而梁任公所提及的各种中国思想史之中的想法，无论是佛学、朱子的理学，还是梁任公自己的观点，在认识论方面的预设则倾向"乐观主义认识论"，认为真理正道是很容易掌握的，人心不但可以了解现象，也可以了解事物的本体以及历史的规律（本相）。例如朱子所谓"一旦豁然贯通焉，则众物之表里精粗无不到，而吾心之全体大用无不明"，这一想法当然显示"一旦豁然贯通"之后，人心是无所不知的。换言之，梁任公运用中国传统中以乐观主义认识论为前提的一些想法来阐释康德奠基于悲观主义认识论的观念，其在讨论这些课题时似乎并没有非常清楚地意识到双方在认识论上的格格不入。[63]

然而梁任公与康德在认识论方面的差异却直接地影响到两人对本体论与道德论的看法，并使任公从佛学的立场来批判康德。

在本体论方面，梁任公也将康德的想法与固有的观念相印证。康德认为：

> 由是以观察一切，则见夫樊然殽乱之庶物，实皆相联相倚，成为一体。譬犹一大网罟，其孔千万，实皆相属，一无或离。世界大势，如是如是。（25：22）

梁任公将康德"一体"的想法与佛教、张载与谭嗣同的观念相比较，他认为康德的观点与佛教和谭嗣同在《仁学》中的看法类似，与张载《西铭》之中的想法也很接近，但以为张载的观念过"虚"，不如康德哲学能"征诸实验"：

> 华严以帝网喻法界，[64]康德所谓世界庶物如大网罟然，正同此意。考求物理者，必至此乃为具足焉。康氏谓樊然殽乱之庶物，实相倚而成一体，此所以欲自度者必先度众生，众生垢而我不能独净，众生苦而我不能独乐也。何也？一体故也。横渠同胞同与之旨，犹近虚言，此则征诸实验，哲学之所以有益于人事也。浏阳《仁学》，亦专发此义而已。（25：22—23）

康德此处所说的"一体"其实是指现象界皆遵循"不可避之理"，而相互之间有所联系，这个"一体"是指现象界，而不包括本相，与佛教及张载、谭嗣同的想法其实有根本的不同；而且康德的"一体"也不包括群己之间的合一，或任公所谓"欲自度者先度众生"的道德意涵。任公没有注意到这些问题，因而有不恰当的比附，这也显示了上面所谈到的格格不入。但是在讨论道德论、群己观等问题时，任公则发现康德与佛教（及张载、谭嗣同）"一体"思想的重大差异，并因此而批评康德。

康德的本体论与他对伦理道德的看法密切相关。梁任公说康德将上述现象与本相的划分应用到对于个人道德本原的

第五章 西方哲学的现代诠释：梁启超与康德

理解：

> 康德曰：物之现象，其变者也；物之本质，其不变者也。……凡物皆然，而吾侪侪类亦其一也。人之生命，盖有二种。其一则五官肉体之生命，被画于一方域、一时代，而与空间、时间相倚者也。其有所动作，亦不过一现象，与凡百庶物之现象同，皆有不可避之理而不能自肆。（案：疲而不得不息，饥而不得不食者，皆所谓不可避之理也。此举其最粗者，凡百皆如是。）虽然，吾人于此下等生命之外，复有其高等生命者存。高等生命者即本质也，即真我也。此真我者常超然立于时间、空间之外，为自由活泼之一物，而非他物之所能牵缚。故曰自由之理与不可避之理，常并存而不悖者，此也。（26：13—14）

梁任公对上述的话作了非常详细的讨论。

首先梁任公肯定康德以现象、本质的说法来贯穿自然界与人伦界，并且非常佩服康德由此而对个人自由与不自由乃并行不悖者，提出哲理上之说明，而誉之为"华严圆教之上乘"：

> 其划然分出本质现象之二者，按诸百事百物，而皆一以贯之，可谓抉经心而握圣权者矣。康氏以自由为一切学术人道之本，以此言自由，而知其与所谓不自由者并行不悖，实华严圆教之上乘也。呜呼，圣矣！（26：14）

梁任公并以佛教的真如、无明和宋明理学中的"义理之性"与"气质之性"等中国思想界之中类似的想法，来阐释康德所说的"真我"与"现象之我"：

> 佛说有所谓"真如"，真如者即康德所谓真我，有自由性者也；有所谓"无明"，无明者即康德所谓现象之我，为不可避之理所束缚，无自由性者也。佛说以为吾人自无始以来，即有真如、无明之两种子，含于性海识藏之中而互相熏。凡夫以无明熏真如，故迷智为识，学道者复以真如熏无明，故转识成智。宋儒欲用此义例以组织中国哲学，故朱子分出义理之性与气质之性。其注《大学》云："明德者，人之所得乎天，而虚灵不昧以受众理而应万事者也（案：即佛所谓真如也，康德所谓真我也）。"但为气禀所拘，人欲所蔽，则有时而昏（案即佛所谓无明也，康德所谓现象之我也）。
>
> （26：16—17）

梁任公又说王阳明所说的"良知"，即康德所说的"真我"："阳明之良知，即康德之真我，其学说之基础全同。"（46—48：57）[65] 梁任公用佛教的真如、朱子的义理之性与阳明的良知说来阐释康德的真我之说，这似乎显示他认为对于本体界的讨论，中国儒、释二家的说法与康德是一致的，而佛学中的一些想法则较康德哲学更为细致、圆熟。

梁任公上述会通式的说法值得作进一步的分析。第一，许多人或许会同意，任公将康德的真我与王阳明的良知等中国思想中的观念等同为一的想法，忽略了两者的基础并不"全同"。例如在康德看来，道德的基础是先验的范畴，这一范畴是不可知的；但是在王阳明看来，道德的基础是从宇宙而来的天理，亦即良知，是属于可知的。这样一来，梁任公显然对康德有所误读。第二，梁任公接受佛学有关本体论的解释，似乎显示他同意有关本体界的知识，包括康德所谓"真我"在内，并非不可知，这一观点蕴含了对康德思想的批判。这一批判实际上可以说是从乐观主义认识论的立场反驳悲观主义认识论的看法。在此暂且不论梁任公的反驳可否立足，但这一角度在后来中国的思想界一直存在，而在唐君毅的思想之中尤其突出（下详）。

梁任公对康德认识论、本体论的批判是比较隐晦的，但对于与之密切相关的道德论方面的批判则是直截了当的。康德的道德学说即以真我与现象之我的对照而指出：个人肉体的生命虽然会因为疲劳而休息、饥饿而进食，不得不依循"不可避之理"，但是真我则是超越时间与空间的，因而有道德自主的能力，所谓"欲为善人欲为恶人皆由我所自择"（26：16），"道德之责任，生于良心之自由"（46—48：56）。梁任公对于这样的看法颇为激赏，以为它会通了佛教的真如说与王阳明的良知说，也契合孔子所谓"我欲仁，斯仁至矣"的道理：

王阳明曰："一点良知，是汝自家的准则。汝意念着处，他是便知是，非便知非，更瞒他些子不得。汝只要实实落落依着他做，甚快活，足快乐。"是亦以良知为本体，以服从良知为道德的责任也。(46—48：57)[66]

　　康氏此论实兼佛教之真如说与王阳明之良知说而会通之者也。阳明曰："未能知说甚行，盖以为非知则不能行也。"康德之言，则以为既知则必能行。人人皆能知，故人人皆能行也。其下手工夫，则阳明似更有把握；其鞭辟近里，则康德似更为直捷……其言各自之灵魂，各有责任以统治各自之躯壳，与孔子所谓"我欲仁，斯仁至矣"之理相一贯，其言尤为亲切有味也。康氏所以能挽功利主义之狂澜，卓然为万世师者，以此而已。(28：12)

　　但是梁任公也指出康德的理论不如佛理那么完美。梁任公虽然并没有清楚地表达他的看法，但综上所述可知他的言论始终围绕着两点。其一是佛理对于本体界与道德原则提供了非常可靠的知识。其二是本体的内容除了康德所承认的上帝与灵魂，还有其他的部分，特别是有关"大我"，以及"大我"与"小我"的关系。这牵涉到上述"一体"的想法，也反映出梁任公对于群己关系的一个根本体认。他不认为群己之间可以截然划分，和严复一样，梁任公以为在实然与应然的两个层次上，群己是交织互动的，所以他既没有将己置于群之上，也没有将群置于己之上，他主张建立一个群己平衡、群己并重的理想社会，并对个人价值有本质性的尊重。[67]不但梁启超群己并重的想法有儒家思想的渊源,[68]包括上述他将德国的国家学说与英国的自由主义结合起来的观点,也深受佛学的影响。他从这个立场来批评康德的观念,指出康德的道德学说几乎达到了佛教的理想,但还是有所不足,这主要是因为康德的"真我"是个人所有("各自之灵魂"),与他人不相关,所以看不到"大我"与"小我"之间的关系。梁任公反复地谈到这一点:

> 佛说此真如者,一切众生所公有之体,非一人各有一真如也。而康德谓人皆自有一真我,此其所以为异也。
> （26:17）
> 佛氏言真如以为众生本同一体,由妄生分别故有迷惑,有迷惑故有恶业。故佛氏所谓真我者,指众生之灵魂之集合体言也。康氏所谓真我,则指众生各自之灵魂而已。其理论自不能如佛氏之圆满。（28:12）
> [康氏]此论精矣尽矣,几于佛矣。其未达一间者,则佛说此真我者实为大我,一切众生皆同此体,无分别相,而康氏所论未及是。通观全书,似仍以为人人各自有一真我,而与他人之真我不相属也。（26:14）

再者,康德的理论也不像佛学那样,由"众生业识""业种相熏,果报互异"来说明现象之所从出。[69]

总之,从本体论联系到道德观,任公批评康德的真我限于个人,所以没有认识到佛教所说的普渡众生之义:"佛说有一众

生不成佛，则我不能成佛，为其体之为一也，此其于普度之义较博深切明。"（26：17）

然而梁任公以为，康德的说法虽不如佛理完满，却比朱子的理论要来得高明，这主要在于康德看到真我具有绝对的自主性，朱熹却以为"义理之性"会为"气禀所拘，人欲所蔽"：

> 康德谓我苟欲为善人，斯为善人，为其体之自由也。此其于修养之义亦较切实而易入。若朱子之说明德，既未能指其为一体之相，是所以不逮佛也；又说此明德者为气禀所拘，人欲所蔽，其于自由之真我与不自由之现象我，界限未能分明，是所以不逮康德也。康德之意，谓真我者决非他物所能拘、能蔽也，能拘蔽则是不自由也。（26：17）

从以上梁任公对康德思想的评价与阐释，我们可以看到任公一方面通过日文作品学习西方知识，另一方面又将他所获得的西方知识放在他原有的知识架构之中，并以其个人的判断来评价西方的观点。梁任公所肯定的思想是佛学、阳明学与谭嗣同《仁学》中的观念，而批评朱熹与张载。因此在他看来，康德思想的优点在于它与佛教的真如说、王阳明的良知说与谭嗣同《仁学》的一体观相同，一方面将哲学与道学贯穿为一，另一方面又揭橥真我的超越性、自主性，有助于人们了解"我欲仁，斯仁至矣"的理想，因此康德哲学较朱熹理学来得完善，也较张载思想来得实际。然而任公也指出康德思想的缺点则是他只见到个人所有的真我,却看不到真我("小我")与"大我"的联系,或说己与群之间的交织互动,以及由此而生出的"普渡众生"之义,因而有欠"圆满"。这一评价表现出康德与任公对群己观、道德观之差异,然而不容忽略的是这一差异背后双方认识论、本体论上的格格不入。康德的悲观主义认识论使他怀疑有关"本相"与上帝之知识的可能性,而梁任公所依赖的乐观主义认识论则使他主张人们不但可以了解现象界,而且佛教有关本体界的知识也十分可靠,因而能够洞悉"小我"与"大我"在本质上的一体性,并能揭橥普渡众生之义。何况"大我"与"上帝"的涵义不同,而"大我"甚至在康德所说的不可知的境界也不占有一席之地。

总之,梁任公对康德的阐释与评价可以概括为两个要点:第一他将真我与良知等观念等同为一的想法忽略了两者之间的差异,也反映出他在某种程度上误读了康德思想;第二,梁任公有意识地批评康德,认为康德思想有所不足,不像佛、儒思想那样对于本体界有深入的认识,而且本体的内涵包括由"小我"结合成的"大我",以及由此实然的一体之相引申出"普渡众生"的道德原则。

五、小结

近年来梁启超研究的一个重大的突破是注意到"日本因素"在梁任公思想形成的过程中所发生的影响。[70]狭间直树所撰的《梁启超研究与"日本"》以及巴斯蒂所撰的《中国近代国家观念溯源：关于伯伦知理〈国家论〉的翻译》《梁启超与宗教问题》等文亦有展示，在比较深入地掌握日本因素之后，有关梁任公思想中的一些来源问题变得豁然开朗。[71]然而除了对其思想来源的澄清，日本因素的提出对我们了解梁启超思想的内涵与变迁还有何其他意义呢？狭间直树很强调日本学术界对梁氏的影响：

> 日本的翻译和著作对梁氏的影响要远超过一般的想象。这种影响并非只是作为一个中间环节，而是深入到了梁启超思想基础的"知层"。所谓"知层"，是与"地层"相类似的造语，它所要表达的意思是：西洋、日本、中国这几个层次（或者说板块、要素）并不是整齐划一地迭加着，而是非均衡地相互嵌合着的。[72]

本文深入地探究梁启超译介康德思想一事，也正是企图了解西洋、日本、中国这几个"知层"在任公思想之中是如何"非均衡地相互嵌合着的"，因而展现出特殊的面貌。梁任公笔下的康德不但有康德、菲叶、中江兆民等人的身影，也混杂了英国自由主义、德国国家学说、社会达尔文主义、社会有机体论以及佛家、儒家等思想因素，因而呈现出各种理念交杂、互释的"嵌合"景象。

然而本文所展现的这种"嵌合"方式显然与巴斯蒂与狭间直树所谈到的有所不同。二者认为任公通过吾妻兵治（1853—1917）的汉文译本——伯伦知理的《国家论》（*The Theory of the*

State）了解到一个"被'日本化'"的"国权优先于民权"的国家学，[73]通过日本佛教界"广为流行的一种话语的陈辞滥调加以归纳概括"，而对佛教做"理智主义和科学主义的解说"。[74]当然，与笔者前述其通过高濑武次郎的《杨墨哲学》一书研究墨子思想等例之中的"嵌合"方式亦有不同。[75]这牵涉到梁任公赴日之前的学术背景。彼时任公已经对墨学、佛学有所了解，但对伯伦知理与康德则并无认识，所以日本知识土壤其实在不同领域对任公造成了不同的影响。换言之，梁启超以日本为中介来接受新知识的过程，呈现出的形态并不是单一的，而是多样化的。其中一种形态是译介与吸收新知的比例较重，批判与发挥的比例较轻，如《清议报》之中的《国家论》一文是比较典型的例子。另一种形态则如本文所分析的《近世第一大哲康德之学说》，梁任公一方面通过译介日籍来传播新知，另一方面则尝试将这些新知整合到他原有的思想脉络之中，并以他所设定的标准来评价西方理论。这样一来，狭间直树所谓作为"中间环节"的"'日本化'了的西洋的存在"有时是深刻地影响着任公思想的取向；有时却只是支离破碎的片段，提供任公思想发挥的素材；有时则是居于两者之间。因此，如何进一步厘清不同的"嵌合"方式而认识到任公思想的复杂面貌，将是未来梁启超研究所面临的重要课题。

至于梁氏关于康德的想法与中国后来思想界对康德的反应之间究竟有何关系，仍然有待研究。这些关系不限于新儒家，可是新儒家在这方面的思考很重要。关于梁任公与新儒家在思想上的关联,以往已经有学者谈到阳明学的面向以及中国传统与自由民主接轨的议题,[76]而康德也是一个重要的联系点。这一点与梁任公和新儒家均具有倾向陆王、批判程朱,又肯定佛学的哲学立场有密切的关系,难怪唐君毅、牟宗三等都对康德有浓厚的兴趣。而新儒家观察康德的视角与梁任公在某些方面颇为类似,譬如说牟宗三也是一方面欣赏康德,一方面批判康德:

> 若论超悟神解,以中国学问的标准说,康德是不甚特显的,亦不甚圆熟。但他有严格而精明的思辨,有宏大而深远的识度,有严肃而崇高的道德感与神圣感。这三者形成康德哲学的规模,以及其规模之正大。[77]
>
> 康德顺西方的传统,名此真我为灵魂不灭的灵魂,因此,只说它的实体性、单纯性、自同性,以及离开外物(包括身体)的永恒自存性,但很难说它的普遍性。吾人以为这只是为传统所限,不是这真我底理念本自如此。这真我亦可以是灵魂独体;亦可以是本心、仁体、性体、良知,乃至自由意志;亦可以是心斋、灵府;亦可以是如来藏自性清净心。它并非耶教传统所能独占与限制,而且只以不灭的灵魂说真我,未达真我之极境。这真我在儒家如何说,在道家如何说,在佛家如何说,这只要看他们的系统即可了解。大要以儒家为最正大而充其极。[78]

牟宗三对康德的认识无疑要超过梁任公，但在此我暂且不讨论牟宗三是否和梁任公一样对康德有所误读，而仅注意到评价的角度。牟氏的说法以儒家为"最正大而充其极"，与梁任公最为肯定佛家的说法略有差异。但牟宗三紧扣所谓"自存性"与"普遍性"，以及"灵魂独体"与"本心仁体"的对照来批判康德，这一点与梁任公所谓康德只看到真我的超越性，却没有看到"小我"与"大我"的联系之观点是很类似的。总之，两人皆以为中国传统对本体界的说法要较康德来得圆满，尤其对于"普遍性"与群己合一等方面的认识，是康德所不及的。

唐君毅则是很自觉地从乐观主义认识论立场来评价西方悲观主义认识论想法。[79]

回顾此一曲折之路，梁任公所开创出的这一种评估性的视角为牟宗三、唐君毅所继承、开展，前者因此而可以定位为"现代新儒家的第一开拓者"。[80]而且诚如前述，梁任公在肯定人文主义与中国传统儒、释、道三教的精神价值，以及会通中西等方面和新儒家十分类似。

然而任公与新儒家也有十分重要的歧异。这主要在于梁任公避开了新儒家的乌托邦思想与追求"体系"的想法，亦即并不主张人类在实然与应然方面所需要的知识能够从一个系统的哲学体系中引导出来，进而倡导以此一抽象的哲学体系来彻底改造社会。用英国学者伯林（Isaiah Berlin，1909—1997）的说法，梁任公较像"狐狸"，新儒家则是"刺猬"。[81]在避免建立体系与反对追求乌托邦理想的同时，梁任公十分关注中国的实际条件与政策上的具体需求，并倡导以渐进的方式来实现其理想。这样一来，我认为梁任公比新儒家更能够将义理之学与经世之学、哲学思索与现实需求结合在一起，而表现出"始则转俗成真，终则回真向俗"的特色，而其"向俗"的一面是新儒家所不及的。[82]如果以上的分析可以立足，那么我们在思索21世纪中国所需要的"新启蒙"之时，梁启超的思想应有其启示性的意义。

* 本章原题为《梁启超与康德》，刊于《"中研院"近史所集刊》第30期（1998年12月），第101—148页。英文版："Liang Qichao and Immanuel Kant," translated by Minghui Hu and Joshua A. Fogel, in Joshua A. Fogel ed., *The Role of Japan in Liang Qichao's Introduction of Modern Western Civilization to China.* pp. 125–155.

1 梁启超：《清代学术概论》，第65—66页。
2 有关清末黄尊三、胡汉民、章炳麟、胡适、毛泽东等人对任公思想的反应，请参见拙著《一个被放弃的选择：梁启超调适思想之研究》，第52—60页。其中《新民说》、进化论等受到许多人的注意，但涉及康德的部分却少有人提及。当代有关梁启超的书，如张朋园、张灏、黄宗智的著作，都没有讨论到梁任公译介康德之事。唐小兵的书也只是在三个地方简单地提到梁与康德之关联，参见 Xiaobing Tang, *Global Space and the Nationalist Discourse of Modernity: The Historical Thinking of Liang Qichao* (Stanford: Stanford University Press, 1996), pp. 31, 135, 147. 倒是较早的列文森提到《近世第一大哲康德之学说》一文，他将该文视为任公思想新旧交杂、前后不一致的表现。他说任公一方面接受了社会达尔文主义式的国家主义，另一方面又肯定康德将战争当作"野蛮时代之恶习"，不容于文明之世，因而带有20世纪90年代大同思想之遗绪。参见 Joseph Levenson, *Liang Ch'i-ch'ao and the Mind of Modern China*, p. 129. 在清末除了梁任公，严复也阅读、介绍过康德。南京大学图书馆仍存有严复于1906年亲手批注的康德《纯粹理性批判》的英译本，Immanuel Kant, *Critique of Pure Reason*, trans. J. M. D. Meiklejohn (New York: The Colonial Press, 1900). 见 Li Qiang, *The Social and Political Thought of Yen Fu* (Ph.D. diss., University of London, 1993), p. 131. 有关严复对康德的介绍，见《述黑格儿惟心论》，载王栻编《严复集》，第1册，第217页。
3 该文分节刊于《新民丛报》第25、26、28号（1903），以及第46—48号（合刊，1904），其间因梁任公访美而中断。关于《新民丛报》的出版时间，作者参考了京都大学人文科学研究所森时彦教授根据1894至1914年于东京出版的《东邦协会会报》"受赠书目栏"之记载所考证出的实际刊行时间。上述连载的各文后来被收入《饮冰室文集》，13：47—66，然而编者却漏掉了刊于第28号之中的"申论道学可以证自由"一节，读者在使用时请注意。
4 梁启超：《论学术之势力左右世界》，《新民丛报》第1号（1902），第69—77页。
5 见梁启超《自由书》，第31、88页。
6 见梁启超《新民说》，第47、131、139、142页。

7 见梁启超《儒家哲学》,第2、52页。
8 以下学者都注意到梁任公与新儒家之具关联。日本学者竹内弘行在《梁启超与阳明学》一文中曾谈到梁任公与新儒家之间的关系,他说"此后出现的被称之为'新儒家'的儒教研究者们,其很大一部分是以阳明学为依据来发展他们的学说的;由此,我们可以把梁启超定位为现代新儒家的第一开拓者"(见《戊戌后康梁维新派研究论集》,第259页)。再者,拙著《一个被放弃的选择:梁启超调适思想之研究》从肯定传统、继往开来的角度指出任公的调适思想"和辛亥革命与五四运动是针锋相对的,而与反对五四运动的新儒思想有较深的关系"(第195页)。此外,上海社科院的罗义俊则指出从梁启超到张君劢、唐君毅、牟宗三再到徐复观的《中国文化宣言》之间追求民主政体的思想史脉络。见罗义俊《当代新儒家的自我定位与其政治学的现代展开》,载刘述先编《儒家思想与现代世界》,台北:"中研院"中国文哲研究所,1997,第180—187页。
9 梁启超:《近世第一大哲康德之学说》,《新民丛报》第25号(1903),第15页。
10 有关王国维与康德哲学,请参考 Joey Bonner, *Wang Kuo-wei, An Intellectual Biography* (Cambridge: Harvard University Press, 1986), pp. 57-69, 90-91. 当然我并不认为王国维对康德的理解完全"正确",有些学者强调他从叔本华的角度来认识与批判康德,表现出另一种偏见。如贺麟认为王国维"提高叔本华贬低康德的说法表明王国维对康德哲学的认识是不够的,正因为这,最后他走上了叔本华的悲观主义道路"。见贺麟《康德黑格尔哲学东渐记:兼谈我对介绍康德黑格尔哲学的回顾》,载中国哲学编辑部编《中国哲学》第2辑,北京:生活·读书·新知三联书店,1980,第356页。
11 王国维:《论近年之学术界》,载《静庵文集》,第3册,收入《王国维遗书》,上海:上海古籍书店,1983,第95页上。
12 王国维:《论近年之学术界》,载《静庵文集》,第3册,第95页下。
13 贺麟:《康德名词的解释和学说的大旨》,载《近代唯心论简释》,重庆:独立出版社,1944,第182页;贺麟:《当代中国哲学》,第28页。
14 贺麟:《康德黑格尔哲学东渐记:兼谈我对介绍康德黑格尔哲学的回顾》,载《中国哲学》第2辑,第352—355、359页。
15 余英时:《中国近代思想史上的胡适》,第56—57页。
16 黄进兴:《所谓"道德自主性":以西方观念解释中国思想之限制的例证》,该文原刊于《食货月刊》第14卷第7、8期(1984),后收入氏著《优入圣域:权力、信仰与正当性》,台北:允晨文化,1994,第3—30页。
17 休谟与康德一样坚持实然的感官世界不能导出应然的命题,但休谟从这一逻辑却指出人们认识实然的世界要依靠理性,要肯定应然的道德原则则只能依靠道德情感。由此可见,康德与休谟对应然的道德原则有不同的想法。同时,把赫京生的"道德情感"说与儒家的"四端"说相比较也牵涉到很多问题,因为两者有所差异。比方说赫京生与休谟道德情感(moral sentiment)的观念是源于经验主义的观点,而儒家的四端说却无此特色。

18　黄进兴的观点受到李明辉的反驳,见李明辉《儒家与自律道德》,《鹅湖学志》第1期(1988),第1—32页;《孟子与康德的自律伦理学》,《鹅湖月刊》第155期(1988),第5—16页。黄氏的回应则见上引书第40—43页。此一论辩在哲学界仍在持续进行之中,如杨泽波承认很受黄进兴观点的启发,但"既不完全同意黄进兴的看法,也不赞成李明辉的反驳",杨祖汉则批评杨泽波而肯定李明辉。见杨泽波《孟子性善论研究》,北京:中国社会科学出版社,1995,第294页;杨祖汉《牟宗三先生对儒家的诠释:回应杨泽波的评议》,载李明辉主编《儒家思想的现代诠释》,台北:"中研院"中国文哲研究所,1997,第176—184页。牟氏援用康德来谈中国哲学的书有《心体与性体》《智的直觉与中国哲学》《从陆象山到刘蕺山》等。

19　中国学者对康德思想有无误读?如果有的话是何种误读?这些问题都值得做进一步的探究。我同意梁启超对康德有所误读,但牟宗三与唐君毅等人有无误读,则需要做更进一步的研究。例如墨子刻教授认为唐君毅、金岳霖、李泽厚等哲学家不一定对康德有什么本质上的误读。

20　此书完整的出版资料如下:Alfred Fouillée, *Histoire de la Philosophie* (Paris: Librairie Ch. Delagrave, 1875). 中江兆民所采用的是1879年所刊行的第二版,于1886年译出,在东京出版。该书不但有中江兆民的日译本,还有1893年P. Nikolaev的俄文译本与以下的西班牙文译本:F. Gallach Pales, *Historia General de la Filosofía* (Buenos Aires, Argentina: Ediciones Anaconda, 1943).

21　[日]中江笃介:《中江兆民全集》,东京:岩波书店,1985。

22　[日]宫村志雄:《梁啓超の西洋思想家論——その"東学"との関連において一》,《中国—社会と文化》第5号(1990),第205—225页。

23　有关中江兆民对西方文明的译介,可参考井田进也的研究成果:《中江兆民のフランス革命》,《思想》第782号(1989),第97—119页。

24　梁启超:《论学日本文之益》,载《饮冰室文集》,4:80。

25　丁文江编《梁任公先生年谱长编初稿》,第86页。有关《和文汉读法》的增补、流传、影响与历史意义,参见陈力卫《"同文同种"的幻影:梁启超〈和文汉读法〉与日本辞书〈言海〉》,载《东往东来:近代中日之间的语词概念》，北京：社会科学文献出版社，2019，第155—191页。作者指出："我们也不难想象他们基本上是依赖着中日间'同文'特征学习日语，凭借自身的汉文能力，试图最大限度地理解日语，并希望尽快从日文中汲取大量的新知识、新概念转介到汉语中来，结果却难免产生一些消化不良的、一知半解的接受与认识。"（第190页）

26　梁启超：《东籍月旦》，载《饮冰室文集》，4：89。

27　见[日]森时彦编《〈饮冰室文集〉引用和书目录》初稿（未刊），及[法]巴斯蒂《梁启超与宗教问题》，《东方学报》第70册（1998），第341页。

28　《新民丛报》第25号（1903），第11页。

29　有关井上圆了的传记资料，收藏最完备之处是位于东京文京区白山的"井上圆了纪念馆"。

30　见[日]田中琢、宇野俊一、朝尾直弘等编《角川新版日本史辞典》，东京：角川书店，1996，第80、750页。亦见 Carol Gluck, *Japan's Modern Myths: Ideology in the Late Meiji Period* (Princeton: Princeton University Press, 1985), pp. 138, 348. 有关四圣祀典的考察请见 Mori Noriko, "Liang Qichao, Late Qing Buddhism, and Modern Japan," in Joshua A. Fogel, ed., *The Role of Japan in Liang Qichao's Introduction of Modern Western Civilization to China* (Berkeley: Institute of East Asian Studies, Center for Chinese Studies, University of California, 2004), pp. 222-246. 有关"四圣像"亦可参考[日]佐藤将之《成为"哲学家"的孔子、成为孔子的井上圆了：近代日本"孔子教"之渊源探析》，收入佐藤将之编《东洋哲学的创造：井上圆了与近代日本和中国的思想启蒙》，台北：台湾大学出版中心，2023，第95—120页。该书卷首附有彩色的"四圣像"，见第 x 页。

31　梁启超：《论支那宗教改革》，《清议报》第19期（1899），第1231页。[法]巴斯蒂：《梁启超与宗教问题》，载[日]狭间直树编《梁启超·明治日本·西方》，第338、341页。有关姊崎正治的思想请参考巴斯蒂《梁启超与宗教问题》，《东方学报》第70册（1998），第348页。

32　见京都大学图书馆藏《和文汉读法》，该书无出版资料，书尾有"梦花卢氏增刊""每本三角""翻刻必究"字样。"ザル、ナリ"之解释见第7、12页。

33　梁任公在按语中曾说明文章之中不适合用"单字"，所以才作此一变动："时间、空间，佛典通用译语也，空间以横言，时间以竖言。佛经又常言横尽虚空，竖尽永劫，即其义也。依中国古名，则当曰宇曰宙，以单字不适于用，故循今名。"见《新民丛报》第25号（1903），第20页。

34　"良知"一词的翻译显然与任公阳明学的学术背景有关。

35　中江译文之中"理学"用来翻译 philosophie，"庶物原理学"则是翻译 metaphysique。但是梁任公在中文之中却不作区别，两者皆译为"哲学"。最早将 philosophy 翻译为"哲学"的是日本学者西周（1829—1897），他说："我以'哲学'所译解的 philosophy，不仅论辨天道人道，兼立教法，且是西洋自古以来所论之事。"不过中江不同意此一译法。参见陈玮芬《"哲学"之创译与演绎——兼论"哲学"与"理学"之辨》，《台湾东亚文明研究学刊》第9卷第2期，总第18期（2012），第1—43页。亦见［日］川尻文彦《近代中国における「哲学」——蔡元培の「哲学」を中心に》，载《清末思想研究——東西文明が交錯する思想空間》，东京：汲古书院，2022，第239—263页。

36　当时"kritik"一词的另一译法是"批判"。

37　见"中研院"全文检索系统，《朱子语类》中"点检"有69例，"检点"则有21例。

38　见"中研院"历史语言研究所《红楼梦》资料库，该书无"点检"一词，"检点"则出现11次，如"诸事检点些""昨儿失于检点"等。

39　梁启超：《近世第一大哲康德之学说》，《新民丛报》第25号（1903），第17—18页。

40　另外一个类似的例子是"根尘"，任公在正文中有所谓"大小轻重坚脆，憧憧纷投，入吾根尘，而皆可为学问资料"（《新民丛报》第25号，第18页），但"根尘"一词在中江原文中并没有（见第167页）。此词出于佛典，指眼、耳、鼻、舌、身、意等六根，以及与之相对的色、声、香、味、触、法等六尘。

41　"挟泰山以超北海"与"为长者折枝"是出自《孟子·梁惠王上》之中的典故。该段与日文之间的对应关系不很明显，不过可以断定是出自《理学沿革史（三）》（第184—185页）。

42　梁启超：《近世第一大哲康德之学说（续第廿六号）》，《新民丛报》第28号（1903），第10—11页。

43　［日］中江兆民：《理学沿革史（三）》，第185页。

44　梁启超：《墨子之论理学》，《新民丛报》第49号（1904），第85—96页；第50号（1904），第59—62页。

45　梁启超：《论中国学术思想变迁之大势》，第76页。该部分原刊于《新民丛报》第22号（1902），第30—31页。

46　［法］巴斯蒂：《梁启超与宗教问题》，《东方学报》第70册（1998），第364页。

47　Carol Gluck 曾在 Japan's Modern Myths: Ideology in the Late Meiji Period 书中谈到在19世纪90年代前期日本学界有关基督教是否忠于国家的问题有许多的辩论，而不少的哲学家（如井上哲次郎）与佛教徒对基督教采取一种批判的态度。见该书第133—134页。

48　带着爱国主义的情操与现实关怀来谈学术思想，是清末之时梁任公治学的一个重要特征，有时他甚且因此而将现实价值投射到历史人物的思想之上，而做过度的引申、发挥。其《古议院考》及有关墨子的研究即反映此一特点。但是民初以后他意识到这个缺点，在1915年的《国风报》与1921年《先秦政治思想史》的《序论》上曾有所反省。请参考本书第四章。

49　后一句是从《理学沿革史》来的，"カントノ此等ノ論ハ全クルーソーヲ祖述スト謂フ可ヲ"（第202页）。

50　梁启超：《民约论巨子卢梭之学说》，《新民丛报》第11号（1902），第18—19页。

51　严复在1895年所作的《原强》一文中提出"民智之何以开，民力之何以厚，民德之何以明"。见王栻编《严复集》，第1册，第15页。梁任公的《新民说》深受其启发，他反复地表示："若以今日之民德、民智、民力，吾知虽有贤君相，而亦无以善其后也"（第2页），"民力、民智、民德三者既进，则其民自能自认其天职，自主张其权利"（第148页）。

52　梁启超：《政治学大家伯伦知理之学说》，《新民丛报》第38、39号（1903），第49—51页。梁任公根据伯伦知理而说明"主权者，独立不羁，而无或服从于他种权力者也"，"主权既不独属君主，亦不独属社会，不在国家之上，亦不出国家之外。国家现存及其所制定之宪法，即主权所从出也"。

53　梁启超：《放弃自由之罪》，《清议报》第30期（1899），第1929页。

54　梁启超：《十种德性相反相成义》，《清议报》第82期（1901），第5156页。

55　梁启超：《论自由》，《新民说》，《新民丛报》第7号（1902），第7—8页。

56　[英]赫胥黎：《天演论》，严复译，上海：商务印书馆，1930，上第34页、下第44页。"人得自由，而以他人之自由为界"出自斯宾塞 The Principles of Ethics，原文是 "Every man is free to do which he wills, provided he infringes not the equal freedom of any other man."参见萧高彦《"严复时刻"：早期严复政治思想中的圣王之道与社会契约》，《思想史》第8期（2018），第98页。

57　严复：《译凡例》，载《群己权界论》，上海：商务印书馆，1930，第1页。

58　梁任公不但在按语之中，有时甚至在正文之中也加入自己的意见。如"道德ノ學ヲ以テ根基ト爲シテ然後始テ與二庶物原理ノ學ヲ言フ可キノミ

（第176页）"被任公摘译为"故必以道学为之本，然后哲学有所附丽。此实康氏卓绝千古之识，而其有功于人道者，亦莫此为巨也"（26：11）。最后的一句话即为中江原文所无。

59 如梁任公说倍根（培根）"其重别理而轻原理，此其所以有逊色于康德、斯宾塞诸贤也"（《新民丛报》，1：16）；而边沁的思想也有缺陷，因为他"不言魂学者也，故其所谓乐，只在世间而不及出世间"（《新民丛报》，15：20），由此可见梁任公颇为注重"原理"与"出世间"方面的探索。这一观点也可以帮助我们了解第一次世界大战后梁任公对欧洲文化危机的分析，他似乎认为欧洲的"科学"文明忽略了出世间的探索，而这是一条错误的路径。梁任公不像后来的金岳霖、唐君毅等人那样，注意到休谟、康德等人所导引出的欧洲认识论的革命造成客观知识与主观意见之间的割裂，阻碍了欧洲人对出世间的追寻。

60 这里所引的应该是《楞严经》卷二的一个典故："云何名为别业妄见？阿难，如世间人，目有赤眚，夜见灯光，别有圆影，五色重叠，于意云何？此夜灯明所现圆光，为是灯色？为当见色？阿难，此若灯色，则非眚人何不同见？"见北京社科院宗教研究所编《白话佛教经典（二）：大佛顶首楞严经》，台北：博远出版有限公司，1993，第56页。

61 有关《楞严经》中谈到眼识、耳识、鼻识、舌识、身识、意识等的论述，见上揭书，第80—88页。

62 这里所谈的涉及华严宗教义："华严宗以十玄门与六相圆融之说为根本教理，历来并称'十玄六相'，二者会通而构成法界缘起之中心内容。此即从十方面说明四法界中事事无碍法界之相，表示现象与现象相互一体化（相即），互相涉入而不碍（相入），如网目般结合，以契合事物之自性，即以十门表示法界缘起之深义。"而十玄门的第十门即"主伴圆明具德门"，意指主体（主）与从属（伴）之间的密切关系，比喻"如来所说圆教之法，理无孤起，必眷属随生。故十方诸佛菩萨互为主伴，重重交参，同时顿唱圆教法门"。见《佛光大辞典》编修委员会编《佛光大辞典》，高雄：佛光出版社，1988，第416页，"十玄门"；第1533页，"主伴圆明具德门"。

63 有关悲观主义认识论与乐观主义认识论之对照，请参见拙著《自由的所以然：严复对约翰弥尔自由思想的认识与批判》，第24—31页。

64 《华严经·探玄记》卷二有"此重重帝网之处，表示所说亦重重无尽"。见《佛光大辞典》，第3983页。

65 有关梁任公对阳明良知说的讨论请见本书第三章。

66 任公在《新民说》之《论私德》一文中也引用了王阳明的这一段话,并说"以良知为本体,以慎独为致之之功,此在泰东之姚江,泰西之康德,前后百余年间,桴鼓相应,若合符节"(第139页)。

67 有关严复对群己的看法,请参见拙著《自由的所以然:严复对约翰弥尔自由思想的认识与批判》。

68 "群己并重"也就是任公在《先秦政治思想史》中所说的"个性与社会性之调和问题",任公受到儒家"欲立立人,欲达达人""能尽其性,则能尽人之性"之影响,提出"个性中心之'仁的社会'"。见梁启超《先秦政治思想史》,第184页。

69 任公在这方面的看法,请参考他的《余之死生观》一文,他说:"……一切众生自无始来,有'真如''无明'之二种性,在于识藏。而此无明,相熏相习,其业力总体演为器世间,是即世界也;其个体演为有情世间,即人类及其他六道众生也。"见《新民丛报》第59号(1904),第2—3页。

70 此处所说的"日本"是采取狭间直树在《梁启超研究与"日本"》一文中的用法,主要指梁任公在日本"所涉及的精神生活领域"。

71 [日]狭间直树《梁启超研究与"日本"》,刊于"中研院"近史所编《近代中国史研究通讯》第24期(1997),第44—53页。巴斯蒂的第一篇文章《中国近代国家观念溯源:关于伯伦知理〈国家论〉的翻译》刊于中国社会科学院近代史研究所编《近代史研究》1997年第4期,第221—232页;第二篇见上引《梁启超与宗教问题》。

72 [日]狭间直树:《梁启超研究与"日本"》,《近代中国史研究通讯》第24期(1997),第53页。

73 [日]狭间直树:《梁启超研究与"日本"》,《近代中国史研究通讯》第24期(1997),第45—49、53页。

74 [法]巴斯蒂:《梁启超与宗教问题》,载[日]狭间直树编《梁启超·明治日本·西方》,第351页。

75 黄克武:《梁启超的学术思想:以墨子学为中心之分析》,《"中研院"近史所集刊》第26期(1996),第82—83页。

76 见上引竹内弘行的《梁启超与阳明学》。

77 牟宗三:《序》,载劳思光《康德知识论要义》,香港:友联出版社,1976,第1页。

78 牟宗三:《智的直觉与中国哲学》,台北:台湾商务印书馆,1971,第183页。

79 墨子刻指出唐君毅拒绝西方围绕着悲观主义认识论的现代文化。见

Thomas A. Metzger, "T'ang Chün-i and the Transformative Thinking in Contemporary China," *The American Asian Review*, 3.1 (1985), pp. 1–47. 以及 "T'ang Chün-i's Rejection of Western Modernity" (unpublished paper). 有关唐君毅对康德的看法散见氏著各书，例如可参见《生命存在与心灵境界》，台北：学生书局，1977。

80 ［日］竹内弘行：《梁启超与阳明学》，载《戊戌后康梁维新派研究论集》，第259页。

81 此一说法见 Isaiah Berlin, *The Hedgehog and the Fox, An Essay on Tolstoy's View of History* (Chicago: Ivan R. Dee, Publisher, 1993)，余英时将之用于中国思想史的分析，认为刺猬型的人"喜欢把所有的东西都贯穿在一个单一的中心见解之内，他们的所知、所思、所感最后全都归结到一个一贯而明确的系统"；狐狸型的人则是"从事于多方面的追逐，而不必有一个一贯的中心系统"。见余英时《论戴震与章学诚》，台北：华世出版社，1977，第69—70页。

82 有关梁任公与新儒家的差异，笔者参考了墨子刻《二十一世纪中国的路向：必然的趋向与自由的范围》，《当代》第119期（1997）。"始则转俗成真，终则回真向俗"是章太炎《菿汉微言》中的话，在此我是借墨子刻教授的用法，意指在文化修改的过程中一方面不能忽略韦伯所谓工具理性的现实需要（俗的一面），另一方面则要将现实需求与作为文化社会基础的道德语言或人文主义的精神（真的一面）结合起来。新儒家似乎过于看重"真"的一面，梁任公则能"回真向俗"。另请参阅墨子刻《二十世纪中国知识分子的自觉问题》，载余英时等著《中国历史转型时期的知识分子》，第88页。

第六章
熔铸一炉：梁启超与中国史学的现代转型 *

一、前言：清季的"新史学运动"

梁启超的史学思想是中国现代史学的开端，透露出20世纪以来中国史学发展的重要方向。许多学者都指出梁任公的史学思想发展主要可以分为两个阶段，一为1902年《新史学》时期，注重科学史学、启蒙史学与演化史观；一为20世纪20年代《中国历史研究法》出版之后，转而强调历史、文化的独特性与多元性。这样的转变是如何产生的呢？就外在的因素来说，欧战的刺激，以及德国历史主义、新康德主义的影响，无疑发挥了关键作用，但是梁任公思想与传统学术的关系亦不容忽略。本章从梁任公与中国佛学及儒家传统的关联性来说明他所建立的中国现代史学及其延展，不仅是引进西方观念，也是将西方思想与传统学术融合在一起。此一史学路径与任公毕生对"现代"学术的追寻密不可分。

清末民初中国学术界有两个具有导向作用并相互影响的潮流，一为中西的接触与交融，一为经史易位，或说经学的边缘化与史学的中心化。[1]这两个趋势体现在清季的"史界革命"或"新史学运动"之上,因而开创出20世纪中国现代史学。当时中国的学者或是通过外文书刊译介西方史学理论与方法,或是以新观点编撰"中国通史""中国历史""中国历史教科书"等著作,来参与新史学的建设。其中自命为"新史氏"的梁启超大力呼吁"呜呼!史界革命不起,则吾国遂不可救,悠悠万事,唯此为大"[2],成为新史学运动的代表人物之一。

梁启超在1901年发表的《中国史叙论》、1902年发表的《新史学》,及其后所撰写的《中国历史研究法》(1921—1922)、《什么是文化》(1922)、《研究文化史的几个重要问题》(1922)、《中国历史研究法(补编)》(1926—1927)等文,标志着中国传统史学向现代史学的转型。有关梁启超的"新史学"与中国史学的现代转向等课题,已有不少学者做过研究。[3]许多学者都指出梁任公新史学的重要意义,一方面是批评传统史学的缺失(知有朝廷而不知有国家、知有个人而不知有群体、知有陈迹而不知有今务、知有事实而不知有理想);另一方面也积极提出两点主张:一是澄清了"史料"的性质并扩大了史料的范围,二是重新梳理了史学与其他学科之关系。[4]

再者,亦有学者指出梁任公史学思想经历了一个重要的变迁。在《新史学》的阶段,任公运用西方启蒙运动以来单线进化的框架与"文明"的视点,建立起具有政治意涵的"国民史学",就此而言,新史学与他的"新民思想""国家观念"是相互配合的。[5]至晚年成熟期,受到欧战后西方对物质进步、科学万能等价值之质疑，梁任公放弃单线进化的观点，注意到文化的多样性，也更为肯定本土文化的意义。换言之，在这个强调多元发展的新世界史观之下，中国不再是一个不如西方的落后者，而是一个有价值的、平等的参与者。[6]这也意味着梁任公思想之中国家主义与世界主义的调和，他指出"人人皆以国民一分子之资格立于国中，又以人类一分子之资格立于世界，共感于过去的智识之万不可缺，然后史之需求生焉"。这样一来，历史可为"国民的《资治通鉴》"与"人类的《资治通鉴》"。[7]

梁任公无疑在"带领着中国史学步上近代史学的正轨"的过程中，扮演着重要的角色，他主张以科学、实证的方法作为获得客观的、正确的历史知识之保证，成为近代中国的"科学史学""实证史学""客观史学"的先驱之一。[8]他的这些见解是如何产生的呢？多数学者都强调他在早期受今文学的刺激而接受进化史观，并受到日本学者福泽谕吉（1835—1901）、浮田和民（1859—1946）等人的影响，乃奠基于进步思想、民族主义与科学方法之上；[9]至20世纪20年代成熟期的想法则主要源自西方兰克史学。关于后者，杜维运说得最清楚，他认为《中国历史研究法》对于史料的分类、阐释与史迹之论次，都有独特的看法，能言数千年来中国史家所未及言。[10]然梁任公的突破性言论并非"全出新创"，而是大半受到法国史家朗格诺瓦（Charles-Victor Langlois，1863—1929）与瑟诺博司（Charles Seignobos，1854—1942）在1897年所著《史学原论》(*Introduction aux Etudes Historiques*)，以及德国学者伯伦汉（Ernst Bernheim，

1850—1942）在1905年刊行的《史学入门》（Einleitung in die Geschichtswissenschaft）等书的影响。[11]

伯伦汉与朗格诺瓦等人均为兰克史学的代表学者，强调对事实的考证与批判，以恢复历史的本来面目，[12]这些观点都表现在梁任公晚期的史学思想之中。然梁任公所引介的兰克学派的史学，受到19世纪下半叶"史学科学化"风潮以及民国初年科学主义的影响，突出其实证主义的面向，亦即兰克（Leopold von Ranke，1795—1886）作为"科学历史之父"的角色，而忽略其受到历史主义（historicism）、国家主义与基督教之影响的面向。例如兰克所谓"国家是历史的目的，国家对个人有绝对的权力，个人唯有在国家的组织之中才有真正的自由可言""人类历史是上帝意志的实践"等观点均不受重视。[13]诚如美国学者伊格尔斯（Georg G. Iggers，1926—2017）所指出的，这样的误读在19世纪末20世纪初期的美国学界很有代表性，"在美国他［兰克］被片面地理解为实证研究倾向的先祖"。[14]此外，实证面向的兰克史学与清代考证学有一定程度的契合，这也促成兰克"科学史学"的东渐。[15]

近代中国其他的历史学者在引介兰克史学时，也多半与梁任公类似，把兰克学派视为实证史学的代表。例如，留学德国的姚从吾（1894—1970）就说兰克"批评史料的方法对于近代史学的贡献，异常伟大，不愧是当年应用科学方法研究历史的开创人"。[16]傅斯年（1896—1950）的史学思想中亦有兰克的影子，但是他所强调的也是实证的部分，而不是受到德国哲学传统影响的历史主义的部分。[17]

梁任公史学思想的渊源除了实证主义面向的兰克史学与进步观念，亦有其他的西方知识。孙隆基指出，梁任公在《新史学》阶段受到法国心理学者吕邦的国民心理学与维尔康特（今译菲尔坎特，Alfred Vierkandt，1867—1953）的"自然种族和历史种族说"之影响；其20世纪20年代史学思想的渊源则有西方哲学、心理学的背景：

> 梁启超历史哲学中很重要的"心力"概念，很可能是来自柏格孙（Henri Bergson）（按：梁任公译为柏格森）——在此哲学体系里，以时间为形式的意识流是创造的泉源，创造出来的成果僵化成制度才是流于"空间化"。梁氏从史迹中看出"人格"的作用，亦有詹姆士（William James）心理学的影响。[18]

在《研究文化史的几个重要问题》一文中，梁任公又提及他受到以立卡儿特（今译李凯尔特，Heinrich Rickert，1863—1936）为代表的新康德主义哲学与德国历史主义之影响，质疑历史之中是否有因果律。他因而相信历史判断，亦即"把许多'不共相'堆叠起来……成为一种有组织的学问……什有九要从直觉得来，不是什么归纳演绎的问题"。[19]他又受到杜里舒的刺激，"重新修正进化的范围"。[20]总之，许多学者似乎都同意黄进兴的一个论断：梁任公史学思想中"西方史学概念林林总总，丰富异常"，而且"终其一生，梁氏的史学虽时有变化，惟总缘西学而发"。[21]

不过有少数学者也注意到梁任公的史学思想不但受西方影响，也具有中国传统学术的根基。最早提到这一点的是日本学者桑原骘藏，他认为梁著虽援引不少西方史学，但也征引许多中国史例，值得专攻中国史的学者多加注意。[22] 杜维运与黄进兴进一步阐发此观点，杜维运认为梁任公不是以西方理论配合中国事例来谈史学方法，而是将中西史学方法作"极和谐的综合"；[23] 黄进兴则说，梁任公的成功之处是"能令中外学问水乳交融……将西方史学与国史知识溶［熔］铸一炉"。[24] 王晴佳也注意到，梁任公肯定中国史学传统中刘知几（661—721）与章学诚（1738—1801）有关史德、史学、史识、史才的观点。[25] 陈平原则指出梁任公对"史才"的强调，显示"史界革命"与"文界革命"是相互沟通的，在这方面，梁任公与司马迁（前145—前87）、全祖望（1705—1755）等人述学文字的传统颇有渊源。[26]

上述观点可以帮助我们了解梁任公的新史学在中西交融与经史易位的过程中所扮演的关键角色。然而整体观之，多数学者似乎都比较强调西方史学影响的一面，而没有详细考察梁任公史学思想的传统渊源，以及他如何将中西知识融合在一起。显然，在梁任公的史学思想中，中西学术如何接轨、融合，还是一个有待澄清的课题。

本章尝试从梁任公与中国佛学及儒家传统的关联性来说明梁任公所建立的中国现代史学，不仅是引进西方观念，也是将西方思想与传统学术融合在一起。此一史学取向和梁任公毕生对"现代"学术的追寻是密不可分的。笔者同意上述"熔铸一炉"的看法,认为我们不应把梁任公史学思想的建立单纯地视为单方面"学习、吸收西学的过程",也不应该说"他的历史理论中斑驳杂糅、相互矛盾……漏洞百出"[27]。笔者以为,梁氏在绍述西方科学史学的同时,也批判科学主义的、实证主义的史学,并企图将科学方法与一种儒家人文主义的情怀,以及一种受佛教影响的宇宙观、人生观结合在一起。他批判的基础虽部分受到西学(如柏格森、立卡儿特等人)的影响,但主要还是源于中国儒家与佛教的思想背景。换言之,梁任公的史学思想与他的学术思想是相互呼应的,笔者认为唯有宏观地了解梁任公一生在学术思想上的探索及其"人生观",才能比较清楚地了解其史学思想的特点,并给予较为公允的评价。

二、实证史学、道德知识与形上世界

在中国近代史学发展过程之中,梁启超首开其例,"以科学方法复兴古学,重振中国",并"从进化论的观点出发,重新解释中国历史的演变",[28]开创出后来胡适、傅斯年、顾颉刚(1893—1980)等人科学史学、批判史学的传统。但是诚如上述,梁任公的史学思想也带有对科学史学的批判,这种批判的态度在20世纪20年代以后表现得最为明显。要深入了解梁任公史学思想的特色,必须注意到他既肯定又批判科学史学的复杂态度。此一现象与民国初年科学主义的过度发展,以及科玄论战中梁任公倾向玄学派的思想背景有直接的关系。这样一来，梁任公既是近代中国科学史学的首倡者，又是实证史学的批判者。

近代西方实证主义史学、科学史学主要是奠基于西方与怀疑主义传统密切相关的悲观主义认识论之上，实证主义的历史学者"避免回答世界的本原等本体论问题，而只研究实在、有用东西的知识"。[29]梁启超的新史学与此不同。他虽然肯定以科学方法来审查史料，却进一步将此一方法与一种源于传统的道德理念及形上学说结合在一起，因而在知识追求的范围上展现出比较乐观的信念，亦即倾向乐观主义认识论。

在此要对"悲观主义认识论"与"乐观主义认识论"作一较详细的说明。[30]悲观主义认识论（agnosticism，又译"不可知论"），意指西方认识论大革命之后所建立起的对知识的一种看法。A. 麦金泰尔（Alasdair MacIntyre）在《德性之后》(*After Virtue*)一书中曾深入描写这一革命，此一革命的代表人物包括笛卡儿、休谟、康德、尼采、韦伯、维特根斯坦（Ludwig Wittgenstein，1889—1951）、波普尔（Karl Popper，1902—1994）和伯林等。以波普尔的"三个世界"论为例，根据此一看法，知识的范围只限于"第三个世界"，即能以实验来证明或反驳的命题所构成的世界；而对于宇宙本体或"天道"（第一个世界），以及实践规范或"人道"（第二个世界），人类无法获得相关知识，只有个人主观的看法。[31]梁启超采取不同的立场。他受到中国哲学主流要求"达到与天地合其德的人生境界"之影响，倾向于拒绝西方这种结合实证论与怀疑主义的思潮，并强调波普尔所谓"三个世界"都是知识的对象。[32] 在他看来，历史知识不仅仅奠立于科学实证基础之上，也是以对道德知识与形上世界的确切理解为基础的。

无疑，梁启超的史学思想肯定了科学方法的意义。在他的思想中，科学是指"根据经验的事实分析综合，求出一个近真的公例，以推论同类事物"，[33]科学方法包括以归纳法、统计学探索事实真相与事件之间的关联性。在《新史学》与《中国历史研究法》之中，他一贯地认为此一关联性意指"因果关系"与"人群进化"，其后则转而较保留地强调史家难以掌握自然科学那样的因果关系，只能求得"共相"，"观其大较"。[34]总之，梁任公详尽地阐述了科学史学在史料考订与掌握"的确如此如此"方面的应用，终其一生，他一直肯定科学方法对历史研究的重要性。

另一方面，他则认为科学方法"是有限制的"，[35]科学方法有助于求真、实事求是，但无法完全解释历史现象"为什么如此"，或者知道"历史其物"。

首先，梁任公指出历史、文化现象与自然科学现象之间的区别：

> 其一，自然科学的事项，常为反复的、完成的；历史事项反是，常为一度的、不完成的……其二，自然科学的事项，常为普遍的；历史事项反是，常为个性的……其三，自然科

学的事项，为超时间、空间的；历史事项反是，恒以时间、空间关系为主要基件。[36]

他又说：

> 自然系是因果法则所支配的领土，文化系是自由意志所支配的领土……这种创造的意识和力量……是绝对不受任何因果律之束缚限制……人类能对于自然界宣告独立，开拓出所谓文化领域者，全靠这一点。[37]

> 凡自然的东西，都可以用呆板的因果律去支配。历史由人类活动组织而成，因果律支配不来。有时逆料这个时代这个环境应该发生某种现象，但是因为特殊人物的发生，另自开辟一个新局面。凡自然界的现象，总是回头的、循环的。九月穿夹衣，十月穿棉袍，我们可以断定。然而历史没有重复的时代，没有绝对相同的事实。因为人类自由意志的活动，可以发生非常现象。[38]

总之，历史文化现象的独特性是由于个人"自由意志"在历史中所起的作用。由于有自由意志的因素，历史不完全受因果律的支配，[39]也无法完全依靠归纳法来加以研究。再者，整体观之，历史发展并非一致性的单线前进，而是部分进化、部分循环的（这一观点在20世纪20年代梁任公的史学思想中表现得最为明显）。[40]

第二，科学史学有见树不见林的缺点。梁任公同意在科学史学的影响之下，近年来中国史家对于史料的搜辑、校勘、辑佚、别择等花了不少的工夫，"自然是很好的工作"，但是却忘记了"成一家之言"与"资鉴"等"更大的工作"。他说：

> 事实之叙录与考证，不过以树史之躯干，而非能尽史之神理。[41]

> 推求以上诸风气，或者因受科学的影响，科学家对于某种科学特别喜欢，弄得窄，有似显微镜看原始动物……一般学者为成小小的名誉的方便起见，大家都往这方面发展。这固然比没有人研究好，但老是往这条捷径走，史学永无发展。我们不能够从千真万确方面发展，去整理史事，自成一家之言，给我们自己和社会为人处事作资治的通鉴；反从小方面发展，去做第二步的事，真是可惜。[42]

第三，科学知识只是人类智识的一部分，在肯定科学方法的同时，不应将其他的知识排斥到人类智识范围以外：

> 科学规定事物和事物间的关系，是先以一切事物已经存在为前提。事物是否存在，怎样的会存在，我们为什么能知道他存在……这些问题，科学家只能安放在常识的假定之上，还他个"存而不论"。夫专门研究一科学，其态度只能如此，且应该如此。这是我们所绝对承认的。然而人类的智识欲，

决不能以此自甘。而真理最高的泉源,亦不能不更求诸向上一步。[43]

梁任公所谓"向上一步"以求得"真理最高的泉源",至少包含了两个层面的意义,一是获得道德方面的知识(梁任公所谓"人之所以为道"),一是掌握本体论方面的知识(梁任公所谓"天之道")。[44]这两方面的知识虽属哲学范畴,却与历史知识有非常密切的关系,构成梁任公史学思想的哲学基础。上述所谓历史工作中"成一家之言"与"资鉴"的思想预设,即是人类透过历史真相的认识,可以得到有关道德与本体的知识,作为人生的指南。

那么要如何获得这些知识呢?

首先,梁任公认为文献的学问需要用科学方法来研究,道德与形上的学问则应采用内省、直觉、"自证"与躬行等办法来获得。[45]在这方面,梁任公深受传统思维(尤其是宋明理学中陆王学派)的影响,他认为人类的精神生活是以"内省自觉"为基础的,所以"变化流转之权,操之在我",或者说宇宙的生灭变化"都是人类自由意识发动的结果",也就是孔子所谓"人能弘道,非道弘人"。[46]有时他也用"自由意志"或源于谭嗣同、佛教与柏格森哲学的"心力""心能"等概念来说明个人精神力量的自主性。[47]

其次,道德知识的获得亦涉及人我关系之界定。梁任公受到儒家"仁""毋我""己立立人、己达达人"以及佛教"无我"

观念之影响，认为在实然与应然的层面，个人不是单独存在的，而是"人与人相通"。首先，在实然的层面，他说人与人不但是现世相通，古今亦相通：

> 知乎人与人相通，所以我的好恶，即是人的好恶；我的精神中，同时也含有人的精神。不徒是现世的人为然，即如孔孟远在二千年前，他的精神，亦浸润在国民脑中不少。可见彼我相通，虽历百世不变。[48]

梁任公所谓"彼我相通"之基础不限于儒家思想，也包括佛教。在1923年的《东南大学课毕告别辞》中，他表示信仰"人类无我"之说，并言此说"佛家讲得最精……并非论理学的认识，实在如此"。[49] 在1925年所撰写的《说无我》一文中，他从"五蕴皆空说"来论证"无我"的哲学意涵：

> 佛说法五十年……一言以蔽之，曰"无我"……其所施设以教吾人者，则实脱离纯主观的独断论，专用科学的分析法，说明"我"之决不存在。质言之，则谓吾人所认为我者，不过心理过程上一种幻影，求其实体，了不可得。更质言之，则此"无我"之断案，实建设于极隐实、极致密的认识论之上。其义云何？即有名之"五蕴皆空说"是已。[50]

梁任公此一论点，若对照1904—1905年所发表的《余之死生观》一文来看，则更为清晰。在该文中，他以佛教"羯磨"(梵文 karma 之音译，或译为"业")的观点，说明人我之关系：

> 而我现在所有行为，此行为者，语其现象，虽复乍起即灭，若无所留，而其性格常住不灭，因果相续，为我一身及我同类将来生活一切基础。世界之中，有人有畜，乃至更有其他一切众生。人类之中，有彼此国，有彼此家，有彼此族，彼此社会。所以者何？皆缘羯磨相习相熏，组织而成。是故今日，我辈一举一动，一言一话，一感一想，而其影象，直刻入此羯磨总体之中，永不消灭。将来我身及我同类受其影响，而食其报。[51]

总之，对梁任公而言，无论个人还是家、国、社会等群体，都是"羯磨相习相熏，组织而成"，因此在本体论方面，人类并非单独的存在，个人的一举一动，均通过因缘果报而与他人交互影响。

再次，在应然的层面，梁任公受到"毋我"与"无我"观念的影响，主张建立一个群己平衡、群己并重的理想社会。用他的话来说就是"立人达人"的"个性中心之'仁的社会'"，这也呼应大乘佛教"一众生不成佛，我誓不成佛"的入世理想。[52]难怪他说道德的目的不外二者："一发展个性；二发展群性……能够如此，才算是有了高尚的道德。"[53]凡此陈述可见，在梁任公的思想中，个人与群体、人生与宇宙是不可分的。

此外，梁任公的本体论思想还受到《易经》的影响，而有"宇宙未济"的主张：

> 宇宙的进化，全基于人类努力的创造。所以《易经》曰："天行健，君子以自强不息。"又看得宇宙永无圆满之时，故易卦六十四，始"乾"而以"未济"终。盖宇宙"既济"，则乾坤已息，还复有何人类？吾人在此未圆满的宇宙中，只有努力的向前创造。[54]

简单地说，梁任公所揭橥的道德观与本体论就是"人类无我"，"宇宙未济"，而宇宙、人生演变之基础是"羯磨相习相熏"，这些与西方演化理论不同、而且无法实证的哲学和宗教信念，与梁任公的史学思想相互呼应。——总而言之，他的主要观点如下：

第一、历史由人类共业之"展转递增，展转递蜕"所构成。[55]梁任公认为文化是"人类心能所开积出来之有价值的共业"，其内容包含"人类物质精神两面的业种、业果而言"，[56]而且"文化共业"具有累积性，会"一天比一天扩大"；[57]历史则是"合各部分文化国之人类所积共业而成"。[58]他进一步解释，"业"乃佛家术语，意指人类一切身心活动。每一次的活动，其"魂影"永远留在宇宙间，不能磨灭，此一魂影对本人之今生、他生或他的子孙的影响，称之"别业"；还有一部分"像细雾一般霏洒在他所属的社会乃至全宇宙"，谓之"共业"。[59]

文化即是有价值的共业。梁任公又说"种"与"果"也是佛家的比喻，业与业之关系有如种子与果实，果实之中含有种子，种子遇着机会，又发生出新的创造力，而源源不绝、相生相长。[60]

第二，因为业力乃由人类的"心能"所开出，所以"历史为人类心力所造成"。[61]对梁任公而言，由心能所创造的业，有很复杂的运作方式，心力的发动也是极自由的，"凡众生所造业……辄留一不可拂拭之痕迹以诒诸后。但有时为他种势力所遮抑，其迹全隐，浅见者谓为已灭，不知其乃在磅礴郁积中，一遇机缘则勃发而不能复制"，所以历史并非"物理的或数理的因果律所能完全支配"。[62]不过人类自由意志的运作并非绝对，还受到环境的影响，"无论心力如何伟大，总要受物的限制，而且限制的方面很多，力量很不弱"，[63]"无论若何固定之社会，其内界之物质的基件，终不能不有所蜕变；变焉而影响遂必波及于心理"。[64]因此历史研究必须探究一史迹"心之基件""物之基件"，并"量度心物两方面可能性之极限"。[65]就哲学上唯心、唯物的议题来说，深受佛教影响的梁任公无疑倾向唯心，但也不忽略心灵运作的物质基础，他说"吾侪又确信人类精神生活不能离却物质生活而独自存在"。[66]他更积极地强调"非唯"，"人生是最复杂的，最矛盾的，真理即在复杂矛盾的中间。换句话说，真理是不能用一'唯'字表现的，凡讲'唯什么'的都不是真理"。[67]这样的观点与马克思主义的历史唯物论大异其趣，反而和韦伯所谓历史演变复杂多元，其中并无单一主宰因素的

231

主张较为接近。

第三，历史乃创造与模仿两种"心能"交织而成的过程。梁任公指出，在创造之后，"熏感到别人，被熏感的人，把那新创造的吸收到他的'识阈'中，形成他的心能之一部分，加工协造"，历史乃延绵不绝。[68]

第四，历史现象乃"互缘"而非科学性的因果关系。[69]梁任公因此主张研究历史要掌握史迹之"因缘果报"，亦即"因缘生果，果复为因"。[70]史家通过对因缘果报的剖析，能挖掘出历史中所具有的"鉴往知来"的作用。

第五，历史知识无可避免地带有主观性，史家虽然力求客观，但是只能追求"一近于客观性质的历史"。这样一来，历史工作是一个自觉与反省的过程，"对于从前过失，或者自觉，或由旁人指出，一点不爱惜，立刻改正，虽把十年的工作完全毁掉，亦所不惜"。[71]同时，历史工作是一个自觉与觉人交织为一的过程。史家一方面以历史著作"促国民之自觉"，另一方面要不断地对自己的主观偏见有所警惕："良史固所以促国民之自觉，然真自觉者决不自欺，欲以自觉觉人者，尤不宜相蒙。"[72]这一点显示梁任公史学思想虽倾向乐观主义认识论，但也不缺乏悲观主义认识论的因子。

从以上的几点看来，梁任公史学思想虽然具有引进西方科学方法，以改进传统史学之缺失的特点，但是他同时也将科学方法主要限制在事实的考证方面；至于第二步的工作，亦即分析、解释、综合以成一家之言的层次，或者说在"对于此事运吾思想，骋吾批评"[73]的层次，梁任公则不完全依赖科学方法。他认为对于分析的工作或有关智识议题的部分，科学方法仍有其意义，但是有关人生之中的情感面、价值面，其中"不可思议的神秘性"[74]或综合性的工作，他或是主张依靠"直觉"，或是主张以佛家"业"的理论为基础，探究历史现象的精神与物质基础，而厘清"因缘果报"。这也涉及梁任公在《中国历史研究法（补编）》中所说的"史德"与"史识"。前者意指忠实的精神，避免夸大、附会、武断；后者则是培养一种细密敏锐的观察力，"旁人所不能观察的，我可以观察得出来"。[75]整体来看，他的史学思想呈现出较强烈的乐观主义认识论色彩，认为人类可知的范围并不限于以科学为基础的历史事实，也包括通过直觉、自证而体验到的对人生与宇宙的认识。相对于傅斯年所强调的"证而不疏"，反对道德判断、主张"史料即史学"的立场，梁任公重视解释、综合的功夫，并讲究历史资鉴的功能，这充分反映出他与民国初年声势浩大的科学史学派已分道扬镳。[76]这样的观点，与钱穆所主张的"考史""著史"，以及力图从历史演变过程之中发现"精神""意义"的观点，反而比较接近。[77]

三、熔铸一炉：新康德主义与佛儒思想会通下的新史学

从1902年到1920年代，梁任公逐渐地建立起上述的新史学框架，从肯定进化论、因果观念、科学史学的立场，逐渐转向既接受、又批判科学史学，不但质疑因果律，也修正了他以

往单线进化的观念。此一史学观念的变化是如何产生的呢？首先，1918—1920年的欧洲之行，使梁任公受到唯心主义的哲学家，如柏格森、倭伊铿、蒲陀罗等人的影响，感受到欧洲物质文明的破产，指出"科学万能的梦破碎了"。[78]后来在科玄论战中，他批评丁文江等人，而同情张君劢，宣称"人生关涉理智方面的事项，绝对要用科学方法来解决，关涉情感方面的事项，绝对的超科学"。[79]这一立场无疑影响到他对史学的看法。

其次，正如前文所述，德国新康德主义哲学家立卡儿特著作的影响也不容忽略。梁任公表示：

> 我去年著的《中国历史研究法》内中所下历史定义，便有"求得因果关系"一语。我近来细读立卡儿特著作，加以自己深入反复研究，已经发觉这句话完全错了。我前回说过："宇宙事物，可中分为自然、文化两系，自然系是因果律的领土，文化系是自由意志的领土。"（原注：看《什么是文化》）两系现象，各有所依，正如鳞潜羽藏，不能相易，亦不必相羡。历史为文化现象复写品，何必把自然科学所用的工具，扯来装自己门面？非惟不必，抑且不可。因为如此便是自乱法相，必至进退失据。[80]

由此可见，立卡儿特著作启发了梁任公对因果关系的思考，并使他"深入反复研究"此一课题。

有关梁任公史学思想与立卡儿特等人之新康德主义的关

第六章　熔铸一炉：梁启超与中国史学的现代转型

系，德国历史学者施耐德（Axel Schneider）教授有深入的研究。他指出梁启超在放弃了国家主义的、演化的历史观之后，和19、20世纪的新康德思想家共同面临一个类似的两难困境：一方面要尊重历史文化的独特性，另一方面要避免陷入历史相对主义。施氏认为新康德哲学的核心理念是物质世界，包括历史在内，都是混乱的和无意义的，他们同时批判实证主义的自然科学对普遍律则的看法，以及历史主义哲学家对历史中具有内在意义的信仰。新康德主义哲学家回归到康德的先验哲学，并将之转变为一个"先验价值的哲学"。对他们而言，这些先验价值没有现实的基础，并不真实存在，但是正当的（valid）。这样一来，历史文化实体除非能够与先验价值发生关联，否则只是个别的、无意义的现象。依靠先验价值的哲学理念，新康德主义学者建立起自然科学（Naturwissenschaften）与文化科学（Kulturwissenschaften）的区别。

施耐德指出，如果将梁任公晚期的史学思想与新康德主义哲学进行比较的话，梁任公虽然提到一些新康德哲学家的名字及他们所用的词语，但两者的哲学基础却有明显的不同。梁任公仍然找寻历史内在的价值，并尝试以永久的价值提供观念上的整合。在他看来，价值是永恒而超越时空的，换言之，是超越的，而非先验的。[81] 与此相关的是，梁任公有关自然与文化的区别乃基于不同的分科，或不同的知识类型，并非先验的与价值哲学上的区别。这样的想法与狄尔泰（Wilhelm Dilthey，1833—1911）类似，而与新康德哲学家不同。

235

施氏认为这样的差异不宜简单地归诸梁任公对德国哲学的误解，而应注意到他所面对的思想环境。梁任公对于他早期所秉持的国民史学中决定论的、演化式的目的论有所不满，也不同意五四反传统思想家所宣传的实证主义、科学主义。这两方面的论敌都倾向于将中国纳入源于西方的普遍概念之下，并忽略历史之特殊性是建立历史文化认同的一个可能的基础。[82]

施耐德有关梁任公与新康德哲学的差异是一个很敏锐的观察视角，然而笔者认为他对于梁任公思想为何与立卡儿特等人的看法有所歧异的解释，却是不足的。的确，梁任公一方面批判西方实证主义，有走向相对主义的倾向（亦即客观价值茫无归着的失落感，人成为"消耗面包的机器"），也不认为西方围绕着上帝观念的形上学与宗教可以帮助我们了解宇宙与人生。[83] 这一批判的基础是他"从佛经及儒书中领略得来"，所谓"我自己的人生观"。[84] 在这方面我们不能忽略梁任公本身的思想脉络，尤其是他从佛学与儒家思想的角度对康德哲学所作的批判。

在《梁启超与康德》一文中，笔者曾指出梁任公认为康德的先验哲学"不像佛、儒思想那样对于本体界有深入的认识，而且本体的内涵包括由'小我'结合成的'大我'，以及由此实然的一体之相引申出普度众生的道德原则"。[85] 换言之，梁任公的思想与康德哲学之间早已存在重要的歧异，这种歧异是在他接触新康德主义哲学之前就已经存在的。这些思想的源头至少可以追溯到1904年梁任公撰写《余之死生观》与《近世第一

第六章 熔铸一炉：梁启超与中国史学的现代转型

大哲康德之学说》等文之后所建立起的哲学视野。难怪梁任公在提到翁特（Wilhelm Wundt，1832—1920）与立卡儿特所倡立的"文化"概念时，认为这些西方学者"只怕还没有讨论到彻底哩"，他不急着与他们辩论，只径自提出"文化者，人类心能所开积出来之有价值的共业也"的看法。这样看来，梁任公并非误解了翁特与立卡儿特对文化的看法，而是在他们观念的启发之下，自觉地提出了不同的观点。[86]

梁任公在20世纪20年代以"文化"观念为核心所建立的史学思想，其根基实为佛教的本体论。其对佛学的兴趣源于清末以及流亡日本时期所建立的"应用佛学"。[87]1911年返国之后忙于政治活动，至1918年秋天，梁任公重新燃起了对佛学的兴趣。这一年的8月、9月，他因著述过勤，患了呕血病，病愈之后，"转而好读佛书"；9月、10月，梁任公多次致书林宰平（林志钧，1878—1961），讨论应该阅读哪些佛学经典。[88]1920年从欧洲返国之后，他有出版中国佛教史的计划，因而撰写了十二篇佛教方面的文章。[89]1921年又撰有《佛教之初输入》《说〈四阿含〉》《读〈异部宗轮论述记〉》等文。1922年10月，梁任公完成《〈大乘起信论〉考证》。在自序中，他谈到从9月26日到10月7日之间，专心此事，"此十二日之中尽废百事矣"。[90]书成之后，他还写信给张菊生（张元济，1867—1959）与高梦旦（1870—1936），表示"此文颇极得意"，他还计划再作"《楞严经》考证"一篇与"常识丛书之《释迦》一部"。[91]10月底梁任公赴南京东南大学讲学，其间每周有三日赴支那内学院听欧阳竟无（欧阳渐，1871—1943）讲佛学："每来复一、三、五从早上七点半起至九点半（原注：最苦是这一件，因为六点钟就要起来），我自己到支那内学院上课，听欧阳竟无先生讲佛学"，"吾日日往听"，"在此日听欧阳竟无讲唯识，方知有真佛学"。[92]1923年初，他从南京北返，仍醉心于佛典，在写给女儿思顺的信里即表示："我现在托病杜门谢客，号称静养，却是静而不养。每日读极深奥的《成唯识论》，用尽心思，一日读三四页，还是勉强懂得一点罢了。"[93]

由上面的描述可知，1918—1923年之间，在梁任公的学术生活中，佛学扮演着非常重要的角色。这时他的兴趣主要集中在"因缘论和轮回说、无我说"。[94]在这种学术气氛之下，他撰写了《中国历史研究法》《什么是文化》《研究文化史的几个重要问题》，以及《为学与做人》（1922.12.27）、《治国学的两条大路》（1923.1.9）、《东南大学课毕告别辞》（1923.1.13）。在这些讨论历史、人生哲学的文章中，不但反复出现"因缘""无我"的字眼，还宣称"佛教是全世界文化的最高产品"，"佛家讲得最精"，[95]自然是不足为怪的。

总之，梁任公晚期史学思想的变化，固然受到"从翁特和立卡儿特以后"所提出的"文化"概念，以及欧洲唯心哲学之影响；但是他却以源于佛学的"心能""共业""业种""业果""熏感""识阈""互缘"等概念，"业力周遍不灭"的原则，以及儒家"既济未济""立人达人"的想法，说明科学现象与人文现象，亦即自然系与文化系的区别，以及历史文化现象的独特性，和人类的自由意志、主体抉择在历史演变过程中的关键作用。表面上看，这个区别与新康德主义哲学家的自然科学与文化科学的区别很类似，但背后的论证基础却截然不同。对于两者的差异，我们不能简单地说是梁任公误解了西方思想，或为了针对当时的论敌，或看到西方观念的缺陷，而作辩护；更重要的是要看到梁任公自觉地建立起一套融合中西的历史文化理论。这套理论是从梁任公学术思想的脉络里面所自然衍生的，与他一生的学术关怀若合符节。[96]

四、对梁任公史学思想的评价——代结论

在近代中国史学发展的过程之中，梁任公的史学思想无疑是非常重要的一个思想遗产。我们要如何评价他的想法呢？首先，单纯地将之归于"唯心主义思想体系"，因而"无法正确说明人类历史的真相"，显然是一个过于简单的论断。[97]其次，梁任公的史学思想深受佛教本体论（与儒家道德哲学）的影响，如果我们因为不接受佛教的理论，就认为梁任公的史学观念不足为取，这也有辩论的余地。更何况即使在科学昌明的21世纪，宗教价值仍然受到不少人的肯定。佛教在中国（甚至世界各地）的兴盛发展，尤其显示此一文化传承有一定的智慧。

除了以上两个角度，我们还可以怎样看待梁任公的史学思想呢？拙见以为，要公正评价梁启超的史学，或许需要注意到以下几个方面：

第一，梁任公的史学思想受限于时代，有其缺点。诚如他

在《清代学术概论》中的自我批评,"启超务广而荒……其所论著,多模糊影响笼统之谈,甚者纯然错误"。[98]譬如在考证、辨伪方面,他的不少论断已为后人所超越。[99]梁任公之后,中西史学界有许多新的发展变化,其范围远远超出梁任公当时的构想。再者,有些学者注意到梁任公思想"流质多变",因此指出他的史学理论在整合程度方面也有所不足。如果我们将梁任公所揭橥的史学研究观念与他所撰写的诸多历史著作合而观之,可以发现两者之间仍有差距(例如梁任公不少的著作都有他所批评的"附会"之缺点)。这样一来,我们可以说,梁任公的史学理论与实践未能合拍。[100]

第二,梁任公的史学思想奠定了20世纪中国史学的基本规模。一方面,梁任公提倡科学方法,主张"炯眼拔识","务求得正确之史料以作自己思想批评之基础",[101]可与胡适、傅斯年以来中国近代史学中"史料学派"的开创者同列并驱。另一方面,梁任公主张探求进化之原则,或历史演变的通则与规律,这种认知观点则为马克思主义史家所继承。与此相关的是,梁任公主张史学与其他学科的结合,以探索历史演变之规律,开创出以"科际整合"来治史的路向。因是,20世纪以来中国史学发展的整体趋向,和梁任公的思路颇为同调。

第三,梁任公对近代中国科学史学、实证史学的反省是开创性的。梁任公之后,钱穆主张"民族主义史学",弘扬经世精神、抵抗西化浪潮,他批评科学史学(他称之为"考订派")"往往割裂史实,为局部窄狭之追究。以活的人事,换为死的材料"。[102]陈寅恪强调在考证之后要能"综合贯通，成一有系统之论述"。[103]余英时也延续此一路向，呼吁在审慎鉴别史实的基础之上，"也应有一个综合的观念"，应注意到历史与人生的关系，并自觉到自己的主观性。[104]在近代中国史学发展上，学者们持续地对主张"史料即史学"之科学史学加以批判，形成一个不容忽略的发展趋向，而梁任公的史学思想正是这一思路的重要源头。今日历史工作之中，除了考辨事实，也应分析综合、寻求意义，并反省自我的主观性与局限性等观点，这已经是不少史家的共识。

第四，批判西方历史理论，并建立起中国历史文化的主体性。梁任公不但在引介西方理论方面跨出重要的一步，更重要的是，他的思想活动也形构了近代中国批判西方主流文化的一个传统。在思考这个问题时，我们不能仅注意到梁任公的史学思想，更应整体考量他的学术思想。梁任公不但对西方科学实证主义不满，也不赞成西方围绕着上帝的形上学传统。他甚至批评（也带有一部分的误解）康德乃至新康德学派的先验哲学。梁任公企图结合古今中外的理论，特别是植根于儒家与佛教的精神遗产，为国人打造一个统合性的观点，来面对历史、宇宙与人生。在他晚年的思想之中，他突破启蒙运动以来以西方为中心的线性进化观点，一方面肯定文化的多样性与本土文化的价值；另一方面又不陷入相对主义，能将多元文化与以乐观主义认识论为基础的价值信念结合在一起。更重要的是，梁任公在倾向乐观主义认识论的同时，还具有悲观主义认识论的成分，他不认为自己所提出的观点是一个定论。从宇宙未济、人类无我的想法出发，他了解到这种追求需要累积相续，而可能是永无止境的。这样一来，无论是"流质多变"还是不够整合的缺失，与梁任公思想之中强调"自觉"、自我批判的精神乃是一体两面的。

在梁任公提倡新史学运动之后，中国史学走出一条迂回曲折的道路。20世纪80年代中期以来，海峡两岸的中国史学界先后出现了"史学危机"的呼声。部分大陆史学工作者发现在应用马克思主义解释中国历史时，往往发生教条化的倾向，故发出危机的呼吁，希望能解决历史研究的相关问题，包括如何引进与借鉴外国史学方法、如何结合史料与理论、如何调整历史与现实的关系等。[105]台湾史学界的危机感则与史学及其他学科之结合导致历史学科丧失主体地位有关，尤其是"后现代史学""后殖民论述""语言的转向"等带来的挑战，质疑史学的客观性，使一些学者认为"虚构与史实最终竟无甚差别"，并陷入"知识的相对论与虚无主义"。[106]这一股后现代的浪潮也在20世纪90年代后开始冲击大陆史学界。

梁任公的史学思想有没有办法帮助我们面对海峡两岸所面临的"史学危机"呢？在思考这一问题时，不禁令人想起在中国历史的领域之内，人们不但感觉到史学在危机之中，也普遍地觉得中国历史在危机之中。[107]当然，这种危机并不完全限于中国，也有不少西方史家认为西方史学在危机之中。荷兰历史学家赫伊津哈（Johan Huizinga，1872—1945）就曾说："对于历史而言，问题永远是：往何处去？"[108]这样一来，陷入危机感似乎是所有历史学者必然的命运。

由于时空的差距，梁任公的史学思想显然无法完全解决21世纪海峡两岸的史学危机，但深入地了解并评估他的思想遗产，应该可以帮助我们认识史学危机的性质，并有助于找寻未来的路向。在这方面有两点值得思考。第一，梁任公史学思想可以帮助我们思索唯心、唯物的议题，他的史学思想展现了唯物史观之外的另一种选择，也有助于厘清精神与物质因素在历史演变中的意义。第二，梁任公的史学发展并非如唐小兵所谓是从现代主义朝后现代主义、后殖民主义演变的思想历程[109]。深受佛教思想影响的梁启超之"新史学"绝非后现代史学的先驱，但是他所提出的一方面避免西方中心、单线演进的观点，另一方面避免相对主义，并肯定多元文化的立场，无疑是我们今日面对"后现代挑战"时值得思索、借鉴的一条道路。

* 本章原题为《梁启超与中国现代史学之追寻》,刊于《"中研院"近史所集刊》第41期(2003),第181—213页。另请叁阅拙撰:《百年以后当思我:梁启超史学思想的再反省》,收入杨念群等编《新史学:多学科对话的图景》,北京:中国人民大学出版社,2003,第51—71页。

1 罗志田:《清季民初经学的边缘化与史学的走向中心》,载《权势转移:近代中国的思想、社会与学术》,武汉:湖北人民出版社,1999,第302—341页。
2 梁启超:《新史学》,载《饮冰室文集》,9:7。
3 如汪荣祖《梁启超新史学试论》,《"中研院"近史所集刊》第2期(1971),第227—236页;杜维运《梁著〈中国历史研究法〉探原》,《历史语言研究所集刊》第51卷第2期(1980),第315—323页;黄进兴《中国近代史学的双重危机:试论"新史学"的诞生及其所面临的困境》,《中国文化研究所学报》新第6期(1997),第263—285页;许冠三《新史学九十年》,台北:唐山出版社,1996; Xiaobing Tang, *Global Space and the Nationalist Discourse of Modernity*; Q. Edward Wang, *Inventing China through History: The May Fourth Approach to Historiography* (Albany NY: State University of New York Press, 2000).
4 黄进兴:《中国近代史学的双重危机:试论"新史学"的诞生及其所面临的困境》,《中国文化研究所学报》新第6期(1997),第269页。值得注意的是"史料"一词的普及,在中文世界"史料"一语曾出现但不普遍,如明万历年间有王世贞撰、董复表编《弇州史料》一书,但此处的史料是指汇编而成的各种文字资料;近代以后,或许是日本学者将此词语用来翻译"历史研究之材料"的概念,因而造成一个新新词语的出现。此后"史料"不但指文字记录,也包括实迹、古物与口碑。见〔日〕浮田和民《史學通論》,东京:东京专门学校文学科第二回第一年级讲义录,1898,第137—139页。(此书中译本见邬国义编校、〔日〕浮田和民著《史学通论四种合刊》,上海:华东师大出版社,2007,该书的序言《梁启超新史学思想探源》对浮田史学对梁任公的影响有深入的讨论。)任公在《新史学》阶段还没有意识到"史料"概念的重要性,至《中国历史研究法》才辟专章讨论。
5 黄敏兰:《梁启超〈新史学〉的真实意义及历史学的误解》,《近代史研究》1994年第2期,第219—235页。黄克武:《一个被放弃的选择:梁启超调适思想之研究》。王汎森:《晚清的政治概念与"新史学"》,载《中国近代思想与学术的系谱》,石家庄:河北教育出版社,2001,第165—196页。〔日〕石川祯浩:《梁启超与文明的视点》,载〔日〕狭间直树编《梁启超·明治日本·西方》,第95—119页。

6　Q. Edward Wang, *Inventing China through History*, pp. 110-111.［日］石川祯浩:《梁启超与文明的视点》, 载［日］狭间直树编《梁启超·明治日本·西方》, 第100—109页。用唐小兵的话来说, 任公的转变是从"认同的全球想象"(global imaginary of identity)到"差异的全球想象"(global imaginary of difference), 也是从注重"普遍的时间"(universal time)到强调"不一致的空间"(incongruous space)。见 Xiaobing Tang, *Global Space and the Nationalist Discourse of Modernity*, pp. 7-9.
7　梁启超:《中国历史研究法》, 第3页。
8　如王晴佳即指出任公的新史学在本质上是科学史学。见氏著《台湾史学50年》, 台北: 麦田出版社, 2002, 第8页。
9　同前注, 第1—2页。另见蒋俊《梁启超早期史学思想与浮田和民的〈史学通论〉》,《文史哲》1993年第5期, 第28—32页。周予同指出, 梁任公的好友夏曾佑可能受到那珂通世(1851—1908)的汉文著作《支那通史》及其书中罗振玉序之影响, 因而撰写了《中国古代史》:"夏氏这部书, 于开端几节, 述种族, 论分期, 以及以下分章分节的编制, 大体与《支那通史》一书相近, 而内容精审过之。"见周予同《五十年来中国之新史学》, 载杜维运、陈锦忠编《中国史学史论文选集(三)》, 台北: 华世出版社, 1980, 第390—391页。那珂之书原刊于1891年, 1899年在上海出版(上海《申报》1899年9月18日第三版刊有《书〈支那通史〉后》一文), 那珂氏的著作及罗振玉的观点很可能也影响到梁任公的《新史学》撰写。其中一个证据是罗振玉在《重刻〈支那通史〉原序》(1899)中说: 中国传统史籍的缺点之一是多为帝王家谱,"信如斯宾塞氏, 东家产猫之喻, 事非不实, 其不关体要, 亦已甚矣", 梁任公在《新史学》中也引用了邻猫生子的例子, 并批评二十四史乃二十四姓之家谱。见梁启超《新学》, 第5页。罗振玉的序收入那珂通世《增补〈支那通史〉》, 出版地不详: 文学图书公司, 1904。
10　杜维运:《梁著〈中国历史研究法〉探原》,《历史语言研究所集刊》第51卷第2期(1980), 第322—323页。
11　前书有中译本,［法］郎格诺瓦、［法］瑟诺博司:《史学原论》, 李思纯译, 上海: 商务印书馆, 1926。
12　有关伯伦汉与兰克的关系以及伯伦汉著作传入日本与中国的经过, 可参考苏世杰《历史叙述中的兰克印象: 兰克与台湾史学发展》,《当代》第163期(2001), 第51—55页。作者认为"随着伯伦汉的史学方法著作的传播, 属于伯伦汉的'科学的'兰克印象也随着是书传到各地"。
13　黄进兴:《历史主义与历史理论》, 台北: 允晨文化, 1992, 第62—63页。

14 Georg G. Iggers, "The Image of Ranke in American and German Historical Thought," *History and Theory*, 2, 1 (1962), p. 18. 王晴佳引用伊格尔斯的看法，对兰克史学与实证史学的关系也说得很清楚："由于兰克推崇历史事实，他的史学常常被视为实证主义史学的代表。但实际上兰克有着深厚的历史主义观念"，然而在19世纪下半叶，西方实证主义史学风行一时，西方史家"把兰克的名言'如实直书'挑出来作为他们治史的圭臬，从而误解了兰克的历史主义史学"。见王晴佳《西方的历史观念：从古希腊到现在》，台北：允晨文化，1998，第208、217—218页。

15 余英时：《史学、史家与时代》，载《历史与思想》，台北：联经出版公司，1976，第250页。值得注意的是，19世纪末年，日本在引进西方实证主义史学之时，也是将清代的考据学与兰克史学结合在一起。见沈仁安《译序》，载坂本太郎著《日本的修史与史学》，沈仁安、林铁森译，北京：北京大学出版社，1991，第3页。

16 姚从吾：《近代欧洲历史方法论的起源》，载杜维运、黄俊杰编《史学方法论文选集》，台北：华世出版社，1979，第182页。有关姚从吾的生平与史学思想，见Q. Edward Wang, *Inventing China through History*, pp. 89—99。

17 Fan-shen Wang, *Fu Ssu-nien: A Life in Chinese History and Politics* (Cambridge: Cambridge University Press, 2000), p. 90.

18 ［美］孙隆基，"*Global Space and the Nationalist Discourse of Modernity: The Historical Thinking of Liang Qichao*, by Xiaobing Tang"，《"中研院"近史所集刊》第27期（1997），第283—286页。然而不容忽略的是，梁启超"心力"的概念也受到谭嗣同的《仁学》与佛学中"一心""真如"等看法的影响；"空间化"是唐小兵的用语，用来形容任公后期史学之特点。

19 梁启超：《研究文化史的几个重要问题》，载《饮冰室文集》，40：1。晋荣东：《李凯尔特与梁启超史学理论的转型》，《天津社会科学》2003年第3期，第133—137页。晋荣东指出李凯尔特（任公所谓立卡儿特）的《文化科学和自然科学》一书，在20世纪20年代不但影响任公，也对李大钊史学理论的形成有所启发。见氏著《李大钊哲学研究》，上海：华东师范大学出版社，2000，第173—176页。任公对立卡儿特的认识或许是通过张君劢。20世纪20年代初期，张君劢在研究倭伊铿、柏格森思想的同时，也探究立卡儿特的学说，阅读他所写的《认识之所对》《自然科学概念构成之限界》与《现代哲学时貌学说之陈述与批判》等。见张君劢《新儒家哲学之基本范畴》，载《中西印哲学文集》，台北：台湾学生书局，1981，第518页。

20 梁启超：《研究文化史的几个重要问题》，载《饮冰室文集》，40：6。

21 黄进兴:《中国近代史学的双重危机:试论"新史学"的诞生及其所面临的困境》,《中国文化研究所学报》新第6期(1997),第268—269页。
22 [日]桑原骘藏:《梁啓超氏の『中国歷史研究法』を讀む》,载《桑原骘藏全集》,第2卷,第469页。
23 杜维运:《梁著〈中国历史研究法〉探原》,《历史语言研究所集刊》第51卷第2期(1980),第323页。
24 黄进兴:《中国近代史学的双重危机:试论"新史学"的诞生及其所面临的困境》,《中国文化研究所学报》新第6期(1997),第268页。
25 Q. Edward Wang, *Inventing China through History*, pp. 110–111.
26 陈平原:《"元气淋漓"与"绝大文字"——梁启超及"史界革命"的另一面》,《古今论衡》第9期(2003),第3—22页。
27 朱发建:《梁启超晚年对历史理论的探索及困惑》,《湘潭大学社会科学学报》第25卷第5期(2001),第97页。
28 王晴佳:《钱穆与科学史学之离合关系,1926—1950》,《台大历史学报》第26期(2000),第127页。
29 王晴佳:《西方的历史观念:从古希腊到现在》,第211页。
30 有关此二认识论的详细讨论,请见拙著《自由的所以然:严复对约翰弥尔自由思想的认识与批判》,第27—30页。
31 Alasdair MacIntyre, *After Virtue: A Study in Moral Theory* (Notre Dame: University of Notre Dame Press, 1981). 墨子刻:《道统的世界化:论牟宗三、郑家栋与追求批判意识的历程》,《社会理论学报》第5卷第1期(香港,2002),第79—152页; Thomas A. Metzger, "Western Philosophy on the Defensive," *Philosophy Now*, vol. 26 (April/May 2000), pp. 30–32。
32 有关近代中国如何面对实证论与形上学的关系,请见郁振华《形上的智慧如何可能?:中国现代哲学的沉思》,上海:华东师范大学出版社,2000。郁氏强调1923年科玄论战之后,"大多数哲学家肯定了形上学的合法性",亦即以为形上的智慧是可能的,这样一来,问题便在于"如何可能?"该书之焦点即在分析"中国现代哲学关于形上智慧之可能性话语"。墨子刻对此书之议题有深入的剖析,见墨子刻《形上思维与历史性的思想规矩——论郁振华教授的〈形上的智慧如何可能?:中国现代哲学的沉思〉》,《清华大学学报(哲学社会科学版)》第16卷第6期(2001),第57—66页。
33 梁启超:《人生观与科学》,载《饮冰室文集》,40:23。
34 梁启超:《历史统计学》,载《饮冰室文集》,39:80。
35 梁启超:《研究文化史的几个重要问题》,载《饮冰室文集》,40:1。

36 梁启超:《中国历史研究法》,第111—113页。
37 梁启超:《什么是文化》,载《饮冰室文集》,39:99—100。
38 梁启超:《中国历史研究法(补编)》,载《饮冰室专集》(一),第21—22页。
39 梁启超:《研究文化史的几个重要问题》,载《饮冰室文集》,40:3。任公对"自由意志"的强调显示他对个人价值的肯定,此一概念与"国家主义"或"集体主义"有所矛盾。
40 梁启超:《研究文化史的几个重要问题》,载《饮冰室文集》,40:6—7。
41 梁启超:《中国历史研究法》,第34页。
42 梁启超:《中国历史研究法(补编)》,第168页。
43 梁启超:《自鉴序》,载《饮冰室文集》,41:1。
44 梁启超:《治国学的两条大路》,载《饮冰室文集》,39:114。
45 梁启超:《治国学的两条大路》,载《饮冰室文集》,39:110。
46 梁启超:《治国学的两条大路》,载《饮冰室文集》,39:116—117。
47 有关梁启超思想中"心力"的观念,及其与国家治理的关系,参见刘纪蕙《心之拓朴:1895事件后的伦理重构》,台北:行人文化实验室,2011,第71—118页。
48 梁启超:《治国学的两条大路》,载《饮冰室文集》,39:118。
49 梁启超:《东南大学课毕告别辞》,载《饮冰室文集》,40:14—15。
50 梁启超:《佛学研究十八篇》之《说无我》,载《饮冰室专集》(七),第27—28页。
51 梁启超:《余之死生观》,《新民丛报》第59号(1904),第4页。
52 梁启超:《东南大学课毕告别辞》,载《饮冰室文集》,40:14。梁启超:《治国学的两条大路》,载《饮冰室文集》,39:119。梁启超:《先秦政治思想史》,第184页。
53 梁启超:《教育应用的道德公准》,载《饮冰室文集》,39:32—33。
54 梁启超:《治国学的两条大路》,载《饮冰室文集》,39:116。
55 梁启超:《中国历史研究法》,第2、7页。
56 梁启超:《什么是文化》,载《饮冰室文集》,39:98、102。
57 梁启超:《研究文化史的几个重要问题》,载《饮冰室文集》,40:7。
58 梁启超:《中国历史研究法》,第104页。
59 任公在《佛陀时代及原始佛教理纲要》一文中也阐述了"自分别业"与"同分共业"的意涵。他说:"一个人的活动,势必影响到别人,而且跑得像电子一般快,立刻波荡到他所属的社会乃至人类全体。活动留下来的魂影,本人溃得最深,大部分遗传到他的今生、他生或他的子孙,是之谓

'自分别业'。还有一部分，像细雾一般霏洒在他所属的社会乃至全宇宙，也是永不磨灭，是之谓'同分共业'。"见《佛学研究十八篇》，《饮冰室专集》(七)，第16页。

60 梁启超：《什么是文化》，载《饮冰室文集》，39：98—104。
61 梁启超：《中国历史研究法》，第111页。
62 梁启超：《中国历史研究法》，第116、111页。
63 梁启超：《非"唯"》，载《饮冰室文集》，41：82。
64 梁启超：《中国历史研究法》，第116页。
65 梁启超：《中国历史研究法》，第120—123页。
66 梁启超：《先秦政治思想史》，第182页。
67 梁启超：《非"唯"》，载《饮冰室文集》，41：82。
68 梁启超：《什么是文化》，载《饮冰室文集》，39：102。
69 梁启超：《研究文化史的几个重要问题》，载《饮冰室文集》，40：4。
70 梁启超：《中国历史研究法》，第126页。
71 梁启超：《中国历史研究法(补编)》，第23页。
72 梁启超：《中国历史研究法》，第32页。
73 梁启超：《中国历史研究法》，第99页。
74 梁启超：《非"唯"》，载《饮冰室文集》，41：82。
75 梁启超：《中国历史研究法(补编)》，第14—16、20页。
76 有关梁启超与傅斯年史学观念的差异，许松源有很详细的分析，他认为梁任公在《中国历史研究法》一书中，除了谈史料的搜集方法，也谈如何将从史料所得的孤立现象联系起来，求出对一时代状况的活泼理解。因此梁任公不坚持"史实自明"的信念，他认为史料是探讨过去时首要厘正的基础，而认知中的理解、解释的思维活动才是史学建构的主体。见许松源《梁启超对历史的理解及其思考方式》，新竹：台湾"清华大学"历史研究所硕士论文，1998，第67—69页。
77 钱穆非常肯定任公晚期的思想与论学、考据文字，他在1960年写给余英时的信中表示："五四运动后，梁氏论学各书各文均有一读之价值也。"见余英时《钱穆与中国文化》，第230页。
78 张朋园：《梁启超与民国政治》，第186—187页。倭伊铿是张君劢的老师，梁任公对倭伊铿、柏格森思想的认识多通过张君劢。梁任公访欧之时，亦曾与张君劢同访倭伊铿、柏格森。见《梁启超与民国政治》，第268页；江日新《"民族复兴之学术基础"的寻求——张君劢的科学概念与研究政策》，载刘述先主编《儒家思想与现代世界》，第221—254页。

79 梁启超:《人生观与科学》,载《饮冰室文集》,40:26。
80 梁启超:《研究文化史的几个重要问题》,载《饮冰室文集》,40:2—3。
81 "超越的"意指超越现实经验,如上帝或灵魂等概念;"先验的"则具有康德哲学独特的意义,指"先于经验而作用于经验"。
82 以上的观点来自 Axel Schneider 在 2002 年美国 AAS 年会上所发表的论文:"World History and the Problem of Historical Relativism: Liang Ch'i-ch'ao's Historiography after 1919."在此感谢沙培德教授惠示此文及史耐德教授同意笔者征引该文。
83 梁启超:《治国学的两条大路》,载《饮冰室文集》,39:115。梁启超:《东南大学课毕告别辞》,载《饮冰室文集》,40:12—13。
84 梁启超:《东南大学课毕告别辞》,载《饮冰室文集》,40:13。
85 黄克武:《梁启超与康德》,《"中研院"近史所集刊》第 30 期(1998),第 140 页。
86 梁启超:《什么是文化》,载《饮冰室文集》,39:98。
87 参阅[日]森纪子《梁启超的佛学与日本》,载[日]狭间直树编《梁启超·明治日本·西方》,第 184—217 页;李春远《略论梁启超的"应用佛学"》,《福建论坛(人文社会科学版)》2001 年第 4 期,第 96—100 页。
88 丁文江编《梁任公先生年谱长编初稿》,第 546—547 页。
89 丁文江编《梁任公先生年谱长编初稿》,第 593 页。
90 丁文江编《梁任公先生年谱长编初稿》,第 621 页。
91 丁文江编《梁任公先生年谱长编初稿》,第 622 页。
92 丁文江编《梁任公先生年谱长编初稿》,第 623—624 页。
93 梁启超:《致梁思顺》,载《梁启超家书》,北京:中国文联出版社,1999,第 311 页。
94 [日]森纪子:《梁启超的佛学与日本》,载[日]狭间直树编《梁启超·明治日本·西方》,第 217 页。
95 梁启超:《治国学的两条大路》,载《饮冰室文集》,39:119。梁启超:《东南大学课毕告别辞》,载《饮冰室文集》,40:14。
96 有关任公一生学术思想的特点,请见拙文《梁启超与康德》,《"中研院"近史所集刊》第 30 期(1998),第 142—143 页;以及《如何评估梁启超的思想?——回应赖建诚教授》,《近代中国史研究通讯》第 34 期(2002),第 87—94 页。
97 朱发建:《梁启超晚年对历史理论的探索及困惑》,《湘潭大学社会科学学报》第 25 卷第 5 期(2001),第 97 页。

98 梁启超:《清代学术概论》,第65页。

99 可参阅廖名春《梁启超古书辨伪方法的再认识》,《汉学研究》第16卷第1期(1998),第353—372页。

100 許松源:《梁启超对历史的理解及其思考方式》,第71页。赖建诚所指出的任公经济思想史研究的一些缺陷,也可视为此一落差的表现。见赖建诚《梁启超论墨子的经济见解》,《近代中国史研究通讯》第34期(2002),第75—86页。

101 梁启超:《中国历史研究法》,第50、99页。

102 钱穆:《引论》,载《国史大纲》,第3页。王晴佳:《钱穆与科学史学之离合关系,1926—1950》,《台大历史学报》第26期(2000),第138—147页。

103 陈寅恪:《重刻元西域人华化考序》,载《陈寅恪先生论文集》,第683页。

104 余英时:《史学、史家与时代》,载《历史与思想》,第257—260页。

105 例如逯耀东《史学危机的呼声》,台北:联经出版公司,1987。北京大学的牛大勇教授认为,所谓"史学危机",主要表现为史学人才大量流失、史学论著难以出版、史学理论趋于僵化、正统史观遭受质疑等。见牛大勇《"史学危机"与近年来北京大学史学教育的改革》,"历史教学的危机与转机研讨会"会议论文,台北:东吴大学,2001年11月9—10日。

106 黄进兴:《中国近代史学的双重危机:试论"新史学"的诞生及其所面临的困境》,《中国文化研究所学报》新第6期(1997),第263—285页。黄进兴:《"文本"(text)与"真实"(truth):试论德希达(Derrida)对传统史学的冲击》,《新史学》13卷第3期(2002),第43—77页。

107 Ping-ti Ho and Tang Tsou, eds., *China in Crisis: China's Policies in Asia and America's Alternatives* (Chicago: Chicago University Press, 1968). Yü-sheng Lin, *The Crisis of Chinese Consciousness: Radical Antitraditionalism in the May Fourth Era*. Hao Chang, *Chinese Intellectuals in Crisis: Search for Order and Meaning, 1890–1911* (Berkeley: University of California Press, 1987); 余英时:《历史人物与文化危机》,台北:东大图书公司,1995。

108 转引自《发刊词》,《西洋史研究通讯—历史:理论与文化》第1期(1998),第1页。

109 Xiaobing Tang, *Global Space and the Nationalist Discourse of Modernity: The Historical Thinking of Liang Qichao*. 亦可参考汪荣祖在 *The Journal of Asian Studies* 56:3 (August 1997), pp. 786–788 与 Joan Judge 在 *The American Historical Review* 103:1 (February 1998), pp. 254–255 上的书评。

第七章
民初知识分子对科学、宗教与迷信的再思考：
以严复、梁启超与《新青年》的辩论为中心 *

一、前言：20世纪初有关灵学的争论

清末民初，中国的知识界处在一个从传统到现代的过渡阶段，简单地说，可谓经学的没落与科学的兴起，或说是"世俗化"（secularization）的发展。然而近代中国世俗化的过程颇为曲折迂回，如果仅从线性、目的论式的进程，亦即重视物质的实证科学逐渐成为研究典范之角度来观察，往往会忽略一些复杂的面向。同时，在"启蒙"论述的笼罩下，一些与启蒙作用不直接相关的西学，往往甚少受到学者之关注。其实，清末民初打着"科学"的名号传入中国的西方"先进"学问，不但有大家所熟知的正规学科，如数学、物理、化学、生物、医学等，也有各式各样具有神奇色彩的新知，如灵学（spiritualism）、催眠术（magic pendulum）等。

本章以严复、梁启超与《新青年》作者对灵学的反应来探

讨近代中国的知识转型,并以此反思"世俗化"的曲折过程。"灵学"即"心灵学"或"灵魂之学",是指探讨灵魂、心灵沟通、特异功能、死后世界等议题的学问。[1]在上述的定义之下,因灵学同时具有信仰与科学的双重色彩,它是否能纳入"知识"(如心理学)的范畴,就成为许多人讨论的议题。

有关"灵学"与近代中国的知识转型这一课题,2007年时笔者曾以"上海灵学会"为例,探讨过1917—1920年间灵学在中国社会的起源,以及"五四"新知识分子在《新青年》等杂志上对灵学之批判。[2]本章将以20世纪初年中国思想界有关"灵学"议题的讨论为中心,围绕严复、梁启超、胡适、鲁迅、陈大齐(1887—1983)等人之观念,探究知识转型的过程。清末民初灵学之议题对1923—1924年"科学与人生观论战"(或称"科玄论战")产生了重要的影响。过去许多学者都曾研究过科玄论战,[3]但少有人注意到无论是科学派,还是这些人所批评的"玄学鬼",在语汇与观念上都受到灵学议题的冲击,因而形成了从灵学辩论到科玄论战的持续性发展。"五四"之后,此一争论并未止息,科学与灵学之间的张力一直延续到今日,成为我们认识近代中国历史文化变迁的一条重要线索。

二、中西文化交流与近代中国灵学研究的兴起

近代中国的灵学研究虽有本土的渊源,然其源起则直接受到西方的影响。19世纪五六十年代,英国学者开始从事所谓"灵学研究"(psychical research),1882年2月20日,"灵学研

究会"在英国伦敦正式成立。这一派的学者主要研究心理感通或灵魂之间的沟通,认为人死后灵魂继续存在,而且可以通过各种方式降临人世。这样一来,灵学被认为是研究灵魂之间的沟通,以及探索死后世界、鬼神等现象的一门学问。英国灵学研究会的组织十分完善,存在时间也很长(直至今日)。[4]尤其重要的是,它由许多知名的学者参与、领导,因而造成广泛的影响。20世纪30年代曾担任英国灵学会会长的美国学者莱因(J. B. Rhine,1895—1980)继承此一传统,使用实验的方法来进行超常现象的研究,并将之称为"超心理学"(parapsychology),该名词甚至有取代灵学之趋势。由于他的推广,"parapsychology"一词遂在英语世界中逐渐普及。一直到现在,仍有不少学者从事这方面的研究,企图突破现有科学之范畴。[5]

19世纪80年代以后,欧美的灵学研究传入日本,[6]日人将psychical research 译为"灵学""灵魂之学"或"心灵研究"。[7]灵学(包括催眠术、"千里眼"等)在日本也有很蓬勃的发展,并引起许多辩论。中国的留日学生与旅日华侨对此也深感兴趣,曾在横滨组织"中国心灵俱乐部"(1908),在神户成立"中国精神研究会"(1911),研究催眠术。日本的灵学研究及批判灵学的言论,也从不同渠道传入中国。不过,无论是在中国、日本或西方,灵学虽有一些共同认可的核心观念,然而并非一界定十分清楚的学问范畴,不同立场者对于灵学之内涵亦有不同的认定。同时,即使是在研究上述如心灵感通、妖怪学与催眠术的人之中,也有不少认为他们的研究乃正宗的"科学",

或较为狭义的"心理学",而非灵学、宗教或魔术。[8]

民初的灵学研究,除了上述灵学从西方到日本再到中国的文化传播之背景,还涉及第一次世界大战之后中国思想界、宗教界的重要发展。很多人都指出,欧战之后引起国人高度的文化自觉,如梁启超的《欧游心影录》(1920)、梁漱溟的《东西文化及其哲学》(1922),一方面看到西方物质文明的过度发展,导致毁灭性的战争;另一方面则引起对自身文化的信心,希望在东方的精神文明之中寻找出路。印度的泰戈尔即在此背景下受邀来华访问。然而抱持此一观点者,不只梁启超、梁漱溟等知识分子,也包括宗教界的人士。宗教界出于对西方物质文明的绝望,标榜"救世"和超越堕落的物质文明,以拯救人心大坏、道德衰微,纷纷组织新的宗教与慈善团体(有些团体可以追溯到明清时代甚至更早),如同善社、悟善社、道院(红十字会,主张五教合一)、救世新教、万国道德会、中国济生会等等。[9]这些在民初社会中流行的传统与新兴的民间教团,大部分以扶乩(planchette)与慈善事业作为其活动的主体,亦宣称从事"灵学"研究。[10]其中1917年,姚济苍等人在北京立案的"同善社"(四川人彭汝尊于1912年成立,为"先天道"的支派),以无生老母为宗主,会通三教原理,用气功、静坐方式,导引信徒冥想,还大力推行扶乩、通灵等活动。[11]同善社一度分布全国,20世纪20年代该社成员可能多达三百万人。该社甚至推展到中国香港、新加坡、澳洲等地,至1949年被禁之后还在中国大陆存在了一段时间。[12]1921年时,《新青年》编者看到同善社之势力迅速扩张，认为该会是"灵学会的化身"，要曾山光前批判上海灵学会的精神来加以"围剿"，因而在《新青年》转载《湘潭日报》黎明所撰的《辟同善社》一文，大力批驳。该文显然发挥了一定的影响力，几个月以后，《民国日报》也刊登了一篇周志瀛写的《辟同善社》，呼应上述观点，并呼吁江苏省各县教育会应设法禁止其传播。[13]

总之，这些宗教社团和灵学研究团体结合在一起，形成了民初灵学研究之盛况，也引发了知识界的论战，造成有关科学、哲学、宗教、迷信等概念如何重新分疆划界的讨论。

三、上海灵学会的"科学"宣称：科学、灵学相得益彰

近代中国灵学研究的肇始要数上海灵学会。该会成立于1917年的秋天，1918年发行《灵学丛志》，以宣扬灵学研究为其宗旨。有关该会早期的历史（1918—1920），笔者在2007年所发表的文章中曾做过初步的探讨。该文指出，清末在中国知识界所开始从事的灵学研究，同时具有中国与西方的渊源，是以传统扶乩为主要的活动形式，再融入西方心灵、精神研究的观念与做法，如灵魂摄影等。[14]

扶乩在中国传统社会十分普遍，是一种涉及宗教、占卜与医疗等因素的活动。[15]清末民初，随着西方灵学、精神研究与催眠术的传入，许多人发现扶乩与此密切相关。徐珂就说："新学家往往斥扶乩之术为迷信，其实精神作用，神与会合，自尔通灵，无足奇也。"[16]上海灵学会之参与者即秉持此一观点，企

第七章　民初知识分子对科学、宗教与迷信的再思考：
以严复、梁启超与《新青年》的辩论为中心

图将扶乩与西方的精神、灵魂之说结合在一起。该会源于江苏无锡杨姓家族的乩坛。灵学会发起人之一杨璿表示：在光绪末年，他的祖、父辈就在杨氏家族"义庄内花厅后轩"设立乩坛；杨璿开始参与扶乩之时，"（先祖）命璿执乩务，先祖立其旁，嘱视沙盘，笔录乩字"。[17]宣统三年（1911），其祖父过世，杨璿又教导其弟（杨真如）扶乩。[18]

几年后杨璿出任无锡市立学校的校长，无暇从事扶乩，"坛遂告终"。至1916年，他接触到西方精神现象的研究之后，才有转机。他说："丙辰秋，余因研究精神哲学、灵魂原理，而旁及催眠、通脑诸术，见有所谓奇妙之神秘作用，不可思议之现象者。"[19]同时，他和弟弟因协助擅长催眠术之鲍芳洲从事"中国精神研究会"无锡分部的组织工作，常往来于无锡与上海之间。[20]杨璿在学习西方的精神科学、灵魂研究之后，觉得西方这一套学问，其实并非"上乘之义"，不如中国固有的道术来得精妙，[21]于是重新燃起了对扶乩的兴趣，再度开坛，将扶乩与新传入的精神研究结合在一起。

杨璿的父亲杨光熙（字青）当时在上海中华书局工作，与俞复（仲还，1866—1930）、陆费逵（伯鸿，1886—1941）、陈寅（三人均为中华书局创始人）等人熟识。1917年的秋天，杨光熙曾陪同陈寅前往"济生坛"问事，刚巧该坛停乩，[22]陈寅就建议杨光熙自行设立乩坛。[23]杨光熙与两个儿子商量之后，请两人到上海协助，不久就决定在上海交通路通裕里创立"盛德坛"，再共同组织一个研究"精神灵魂之学"的团体，即上海

257

灵学会。该会于1918年开始编辑《灵学丛志》,由中华书局出版与销售,以宣传灵学。

杨光熙同时亦邀约中华书局创办人陆费逵来参与此事。[24]在《灵学丛志缘起》一文中,陆费逵说:"余素不信鬼神之说,十余年来,辟佛老、破迷信,主之甚力。丁巳之秋,杨君宇青创乩坛,余从旁誊录,始而疑,继而信。"[25]俞复也是如此,始而由疑转信,进而深信不疑。此处可见,在陆费逵等人看来,鬼神与佛老之说本来都属于没有学理基础的"迷信",但是他们在学习了扶乩之后,发现鬼神与灵魂之说等均从扶乩之中得到证验,可以亲眼目睹,故是"真",而非"虚"。

其中尤其使人信服并愿意接受的是,参与扶乩之人发现"乩录"之文字十分精妙,乩画亦十分精美,不像人们有意作伪而产生的,因而更坚信其背后驱使力量的真实性。[26]此外,国民党右派人物、后来曾参加科玄论战的吴稚晖(1865—1953)也参与此事,他一方面写信给俞复表示对灵学有所怀疑,但另一方面对扶乩也深感兴趣,多次到坛询问有关音韵学的问题。据《灵学丛志》记载:"吴君当晚到坛,谓乩上能出此种文字,实已对之心服","吴君神色,顿现信仰之状态"。[27]

《灵学丛志》的出版,即是将盛德坛扶乩之内容具体地呈现出来。在该志"简例"之中,编者强调:"本《丛志》乩录各文,悉照原文,并不增损一字,间有誊写缺漏之处,加以□号,付诸盖阙,不敢擅补,以存其真。"[28]由此可见,扶乩的内容以及对之忠实的记录,使灵学会成员深信灵魂与鬼神之真实存在。换言之，他们认为灵学不是"迷信"，而是较"属于躯壳之生理卫生等学"更为精深之"属于精神之灵魂学"。[29]

灵学会所提出的灵魂理论涉及对科学、宗教、迷信的重新解释，并影响到人们对教育的看法。中华书局创办人陆费逵的《灵魂与教育》一文，即尝试解释经由扶乩可"确认"灵魂之存在，故教育之主旨即在教育人之灵魂。其主要观点如下：一、宇宙之间有一主宰，即中国人所说之"天"与欧人所说之"God"；二、人以灵魂为本体、躯壳为所凭借。心理学所谓"意志"与生理学所谓"脑知觉"，均为灵魂之表现或作用；三、人死之后仍有"苦乐"，视其"业力"之高下，或为仙佛，或为善鬼与恶鬼；四、灵学乃"采宗教之精神，非用宗教之仪式"，它可以解释各种宗教之现象、解决宗教之纷争，并将各宗教统一在一个灵学的知识体系之内，再采用"种种科学"，作为教育之指导原则。[30]

俞复在《答吴稚晖书》中也清楚地谈到灵学有如以往之微生物学或电学尚未证实之前的状况，值得探究。他因此认为灵学可以重新界定科学的范畴，并对科学未来的发展做出重要的贡献。他强调两者相得益彰，"灵学之成科，而后科学乃大告其成功"。[31] 上述的观点显示俞复认为科学与灵学并不矛盾，灵学的进步会推动科学的发展。

上海灵学会所从事的学术性的灵学研究，只持续了两年左右，因史料缺乏，我们难以确定后期之转变如何产生。该会显然从一开始就与传统求神问卜、探问休咎与方药、祈求中奖等世俗的愿望纠缠在一起,加上会员所询问的鬼神之议题,从扶乩之中难以有太多突破,后来随着组织的扩大而丧失了原有的学术研究理想,最终回归传统乩坛。不过他们的理念,亦即坚持灵学与科学不相矛盾,而且两者相得益彰,因此宗教、科学与哲学三者可以结合为一,仍具有思想史上的意义。

四、中西灵学之融通:严复对科学、宗教、迷信关系之思考

近代中国灵学研究的一个重要特色是受到西方学术之启发,而展开中西文化之贯通。不过仔细探究上海灵学会所刊行《灵学丛志》之内容,其中提及西方灵学的部分并不多,更遑论较有深度的中西结合之尝试。其中比较重要又具理论意涵的是严复在阅读《灵学丛志》之后,写给俞复与侯毅的两封信。[32]这两封信被刊于《灵学丛志》第1卷第2期与第3期之上,后又收入《严复集》。从这两封信的内容,并结合严复其他的言论,我们可以了解严复如何借由自身的经验与中西学理来会通灵学,并肯定其意义。

严复为近代中国引介西学的重要人物,对于新观念在中国的传播有重大的影响。曾经留学英国、担任北大首届校长的严复是少数公开在《灵学丛志》上支持灵学研究的新知识分子。他对科学、灵学、宗教、迷信等议题有独特的观点。

严复对灵学的态度与陆费逵、俞复等人类似,然更为深刻。要了解严复对灵学的看法,首先要了解他的宗教背景。严

第七章　民初知识分子对科学、宗教与迷信的再思考：
以严复、梁启超与《新青年》的辩论为中心

复所生长的福建福州地区宗教气氛一直很浓厚。他的友人陈宝琛和沈曾植（1850—1922）均笃信扶乩，郑孝胥（1860—1938）相信灵魂之说，[33]陈衍（1856—1937）的《石遗室诗话》也谈到当时福建士人所作的许多"乩诗"等。[34]严复即生长于此一环境，而自幼受到佛教、道教与其他民间宗教的影响。在佛教方面，他的第一任妻子王氏是虔诚的佛教徒，王氏去世后，严复与长子严璩（1878—1942），每年逢其忌日，都以礼佛的方式来纪念她。严复也偶尔抄写、诵读佛经。[35]严复的宗教情操最明显反映在他晚年筹建"尚书祖庙"一事上。尚书祖庙建成之后，他曾到庙中扶乩，"服罗真人符三道"。严复为此写了四首诗谢神，其标题是"阳崎尚书庙扶乩，有罗真人者降，示余以丹药疗疾，赋呈四绝"，内文则有"多谢灵丹远相畀，与留衰鬓照恒河""而今庙貌重新了，帐里英风总肃然"等句。[36]由此可见严复宗教信仰之虔诚，就其信仰内容来看，乃传统佛道或所谓民间信仰的混合体。

　　严复的宗教观念不完全受到传统影响，也与他对科学与灵学的思考有关。严复在1918年1月所写的《与俞复书》中，很详细地介绍了西方灵学研究的进展与中西相互发明之处。他首先说明为何神秘之事会成为研究的对象："世间之大、现象之多，实有发生非科学公例所能作解者。何得以不合吾例，懒然遂指为虚？此数十年来神秘所以渐成专科。"然后指出二个有关力、光、声而难以解答的科学问题：第一，"大力常住，则一切动法，力为之先；今则见动不知力主"；第二，"光浪发

261

生，恒由化合；今则神光焕发，不识由来"；第三，"声浪由于震颤，今则但有声浪，而不知颤者为何"。之后严复又提出两个有关哲学、心理学的难题："事见于远，同时可知；变起后来，预言先决。"并表示对这些问题虽有一些研究，却尚未"明白解决"，因此有待探索。严复并对俞复发起灵学会来解决未知之难题深表敬佩。他说："先生以先觉之姿，发起斯事，叙述详慎，不妄增损，入手已自不差，令人景仰无已。《丛志》拾册，分俵知交，半日而尽。则可知此事研究，为人人之所赞成明矣。"最后，严复为了回应盛德坛所从事的扶乩是可信的，举出陈宝琛在1887年从事扶乩且预言十分准确的经验，来证明"孰谓冥冥中无鬼神哉！"[37]

1918年2月，严复收到第2期《灵学丛志》之后，又写了一封信给侯毅，详述1882年所创设的英国灵学研究会。他认为该会研究成果丰硕，"会员纪载、论说、见闻，至今已不下数十巨册……会中巨子，不过五、六公，皆科、哲名家，而于灵学皆有著述行世"，根据这些作品所述"离奇吊诡，有必不可以科学原则公例通者，缕指难罄"。他也提到皇家学会高级会员、曾任英国灵学会会长的巴雷特（William Barrett，1844—1925。曾任都柏林大学物理学教授）在英国一个刊物《当代评论》（*Contemporary Review*）上发表的一篇介绍灵学研究的文章。[38] 此文原名"The Deeper Issues of Psychical Research"，《东方杂志》在1918年发表了由罗罗翻译的这篇文章，文中强调"物质的平面，非宇宙之全体。外部意识的自我，亦非人格之全体"。[39]严复详细地介绍该文所阐释灵学之内容，并强调说灵学并非"左道"。

严复还将西方灵学中灵魂感通的观念与传统看法作一比较："其言乃与《大易》'精气为魂，感而遂通'，及《老子》'知常'、佛氏'性海'诸说悉合。而嵇叔夜形神相待为存立，与近世物质家脑海神囿之谈，皆堕地矣。"[40]

上述《易经》的观念是指《易经·系辞上传》所谓："原始反终，故知死生之说。精气为物，游魂为变，是故知鬼神之情状。……易无思也，无为也，寂然不动，感而遂通天下之故。""知常"出自《老子》"致虚极，守静笃，万物并作，吾以观复：夫物芸芸，各复归其根。归根曰静，静曰复命，复命曰常。知常曰明，不知常，妄作凶"（第16章）。"性海"为佛教语，指真如之理性深广如海。由此可见，严复将西方灵学与《易经》《老子》及佛法等相提并论。严复的想法并不例外，当时亦有一些类似的观点。如清末举人、工诗词书画的余觉（1868—1951）在写给陆费逵的信中说："灵学者，实为凡百科学之冠，可以浚智慧，增道德，养精神，通天人。《易》言知鬼神之情状，其惟圣人乎！则灵学者，即谓之圣学可也。"[41]

严复又介绍了人鬼交际现象，在中国数千年以来是靠"巫觋"，国外则用"中人"，如英国的霍蒙（霍姆，Daniel Dunglas Home，1833—1886）与摩瑟思（William Stainton Moses，1839—1892）。在西方，为了通灵采取的方法类似中国的扶乩，即杨璿所谈到的"转桌术"（Turning Table）。严复指出无论扶乩或转桌术，参与者必须"以冲虚请愿之诚相向，而后种种灵异从而发生"，就此而言，西方的转桌术似乎要比中国的扶乩更能避免"人意干涉"。⁴²

严复根据巴雷特的文章介绍了西方转桌术的一个故事，来说明灵魂在生前亦可脱离躯壳而独立作用。他从两方面来解释此一现象。首先，他接受巴雷特的解释，认为"此等事不关形质，全属心脑作用"，但也认为"吾身神灵无穷，而心脑之所发现有限"。⁴³

同时，严复也采用巴雷特文中所用的光学与电学的比喻，来说明目前人们无法了解的灵魂之感通。严复在此阐述一套理论，将人分为脑、心、灵魂等层次，脑所能控制的是躯壳，心灵则能脱离躯壳。扶乩或转桌术，即生人或死人的灵魂进入他人躯体而产生之现象。简单地说，严复接受英国灵学会会长巴雷特的想法，在《灵学丛志》上肯定有一个脱离物质的脑之外的心灵世界，且此一心灵在死后继续存在，故死亡不是生命的终点。⁴⁴

严复不但介绍西方灵学之理论，而且认为这一套理论与中国传统的许多观点是相契合的。在扶乩或转桌术的过程中，所起的作用包括："吾国向有元神会合之说"，"古所谓离魂，与修炼家所谓出神，皆可离躯壳而有独立之作用……此事皆吾先德所已言"，"如庄子谓官知止而神欲行，及薪尽火传诸说"。⁴⁵

最后严复谈到以往自己对"灵魂不死"的学说原本存有怀疑，他本来采取的是赫胥黎（Thomas Henry Huxley，1825—

1895)所秉持的"不可知论",亦即"于出世间事存而不论"的立场;但随着年龄的增长,他开始接受"灵魂不死"之说。[46] 严复接受灵学的观点显然不是无迹可寻。其实,早在1898年,他翻译赫胥黎《天演论》之时,即用佛教的"不可思议"的观点来说明"涅槃"。[47]在他看来,灵学所研究的课题正是属于"不可思议"之范畴。

严复从赫胥黎"不可思议"的角度来论证灵学之价值,更增加了灵学所具有的学术性。他并依此重新定义了科学、宗教与迷信三者。严复强调宇宙中的事物都有时间、空间等两个面向,对象基于此而存在,人心则有能力来掌握此类物件。他说"人心有域",[48]超越此一境界,则为"不可思议"。[49]

在严复看来,了解不可思议的境界非常重要。因为就像20世纪中国的许多哲学家所强调的,作为道德之基础(包括严复所强调的儒家伦理,如"孝")与痛苦之避难所的内在生活,必须奠基于某种形上的本体论。如此才可以避免陷入"最下乘法""一概不信"的物质主义(materialism)。[50]严复此处所指的即西方科学主义式的"无神论"、唯物主义。这样一来,科学的范畴超越了物质或感官经验,亦可研究心灵世界、死后世界。这种对物质主义的拒绝,与欧战后梁启超、梁漱溟等人的反省,和后来新儒家感觉到生命中支离割裂、茫无归着的恐惧,以及上述宗教界中诸多新兴宗教的观点,也有相通之处。[51]

1921年严复写给他接受新式教育的孩子们的一封信,很能表达出他对科学、迷信、宗教等议题的看法,亦反映出科学、迷信之争在20世纪20年代是一个热门议题，很多家庭之内的矛盾即由此产生。严复首先强调世间事物，不论何种问题，皆有两面，各具理由，需做平衡判断，不可"总着一边"。其次批评他的孩子把科学知识当作唯一的标准，将祭祀先人、礼佛与同善社等宗教活动皆视为迷信，是不恰当的。[52]

严复强调宗教之中可能有迷信的成分，但不一定全都是迷信：

> 迷信一事，吾今亦说与汝曹知之：须知世间一切宗教，自释、老以下，乃至耶、回、犹大、火教、婆罗门，一一皆有迷信，其中可疑之点，不一而足；即言孔子，纯用世法，似无迷信可言矣。而及言鬼神丧祭，以伦（疑为论）理学 Logic 言，亦有不通之处。[53]

严复的观点是，科学或唯物论不是最终的权威，宗教有其价值，因而不能将一切的"幽冥之端"斥为迷信。他劝他的孩子："汝等此后……不必自矜高明，动辄斥人迷信也。"[54]

总之，严复依据本身的宗教经验以及对西方灵学与科学之认识，来重新界定宗教、迷信与科学之关系。他早在1912年教育部举办的一个题为"进化天演"的演讲之中，就强调过以下看法：

第一，宗教是人类社会一定存在之现象。"有社会必有宗教，其程度高下不同，而其有之也则一。然则宗教者，固民生所不可须臾离者欤。"宗教起源于初民社会，当时开始出现宗教家，"有笃信主宰，谓世间一切皆有神权，即至生民，其身虽亡，必有魂魄，以为长存之精气者"。

第二，随着演化，社会中也出现了"研究物情，深求理数之人"，称为"学术家"。

第三，学术的扩张（包括科学的进步）会导致宗教范围的缩小，乃至两者之间的冲突。严复指出："宗教、学术二者同出于古初，当进化程度较浅之时（笔者按：应指宗教）范围极广，而学术之事亦多杂以宗教观念，无纯粹之宗风，必至进化程度日高，于是学术之疆界日涨，宗教之范围日缩。两者互为消长，甚至或至于冲突，此至今而实然者也。"

第四，虽然宗教、学术两者在发展过程中必然会起冲突，不过学术扩张所导致的其实不是宗教范围的缩小，而是宗教之中迷信部分的缩小，而使宗教之内容"日精"。严复说："学术日隆，所必日消者特迷信耳，而真宗教则俨然不动"；"宗教日精，由迷信之日寡也，宗教、迷信二者之不可混如此也"。

第五，学术与宗教并无根本的矛盾，反而可以互相补足、相互提升。严复认为学术无论如何进步，都有无法完全解释之处，而学术所无法解释之处，即是宗教所以产生之处。[55] 换言之，所有的社会之中只要有"不可知"的领域存在，就会通过宗教来解释不可知的现象，那么宗教就不会为人们所放弃。严复说："盖学术任何进步，而世间必有不可知者存。不可知长存，则宗教终不废。学术之所以穷，则宗教之所由起……"

第六，从以上的理论来推论，科学、宗教、迷信三者的关系即"由是而知必科学日明，而后宗教日精，宗教日精由迷信之日寡也"。[56]

严复所提出的科学、宗教、迷信之关系的看法，与《新青年》作者如胡适、陈独秀等人所强调的宗教即迷信，而科学与迷信两不兼容的知识观是很不相同的。严复肯定宗教的意义，并赋予宗教与科学不相矛盾、宗教与迷信相互排斥的界定，在近代思想史上代表了"五四"主流论述之外的另一个声音。许多宗教界人士无疑较支持他的说法，而后来"科玄论战"中玄学派所秉持的观点，亦与此一思路有密切的关系。

五、《新青年》对灵学之批判：科学与迷信之二分

上海灵学会成立之后，大力宣扬灵学，此举引起许多人的反感。1918年5月至1919年4月，《新青年》上发表了许多文章来批判灵学，其中鲁迅的话很有代表性，他说：

> 现在有一班好讲鬼话的人，最恨科学，因为科学能教道理明白，能教人思路清楚，不许鬼混，所以自然而然的成了讲鬼话的人的对头。于是讲鬼话的人，便须想一个方法排除他。其中最巧妙的是捣乱。先把科学东扯西拉，扉进鬼话，弄得是非不明，连科学也带了妖气。……《灵学杂志》内俞复先生答吴稚晖先生书里说过："鬼神之说不张，国家之命遂促！"……据我看来，要救治这"几至国亡种灭"的中国，那

种"孔圣人张天师传言由山东来"的方法,是全不对症的,只有这鬼话的对头的科学!——不是皮毛的真正科学![57]

力倡无神论的胡适很同意鲁迅对灵学的看法。胡适自幼受到他父亲"理学家的自然主义的宇宙观"影响,力倡"格物穷理",家中大门上甚至贴着"僧道无缘"的字条。后来他读到司马光"形既朽灭,神亦飘散"与范缜"神灭论",彻底"成了一个无鬼无神之人"。[58]胡适源于传统的无神论又与他对西方科学的认识结合在一起。他不但批判扶乩、鬼神之说,也对灵学研究抱持讥讽的态度。[59]他在1921年写《〈红楼梦〉考证》时,碰到一个不可解之处,曾调侃地说:"这谜只好等上海灵学会把曹雪芹先生请来降坛时再来解决了。"[60]胡适其实并不在乎死后灵魂之存灭,他所相信的是"社会的不朽","大我的不朽"。1919年他所写的《不朽——我的宗教》一文,最能反映他对此一议题的看法。在他看来,人一生最重要的事情是现世的所作所为,而非来世之果报,因此真正能留下来的遗产是个人对社会的正负面影响。他说:

> 我的宗教的教旨是:我这个现在的"小我",对于那永远不朽的"大我"的无穷过去,须负重大的责任;对于那永远不朽的"大我"的无穷未来,也须负重大的责任。我须要时时想着:我应该如何努力利用现在的"小我",方才可以不辜负了那"大我"的无穷过去,方才可以不遗害那"大我"的

无穷未来?[61]

胡适所谓小我与大我之关系及大我之不朽,一方面受到严复所译介的斯宾塞、赫胥黎"社会有机体论"之影响,另一方面也受到儒家"三不朽"、祖先祭祀等观念之启发(胡适说该文是"当我母亲丧事里想到的")。这一种对"大我"的想象,与中国传统之儒家、佛教之观念有一定的关联,而与西方自由主义者、个人主义者对"自我"(self)的想象有所不同。[62]

胡适从此一"不朽"的观点批评西方灵学中所谓死后"灵魂不灭"的看法。1926年胡适到英国伦敦访问,与曾笃信灵学的历史学家迪金森(狄金森,G. Lowes Dickinson,1862—1932)讨论到这个问题,重申自己的"社会不朽论"。[63]由此可见,胡适对英国灵学会如罗奇爵士(洛奇爵士,Sir Oliver Joseph Lodge)的观点虽有所接触,却不以为然。

除了鲁迅与胡适,在《新青年》上批判灵学的作者中,心理学家、北大教授陈大齐的《辟灵学》(1918)、《心灵现象论》(1919)等文写得最为系统,后集结为《迷信与心理》一书。后来他又在《晨报》上撰写《有鬼论成立的一大原因》(1923),继续批判有鬼的言论。

陈大齐,字百年,浙江海盐人。早年留学日本,就读于东京帝国大学文科哲学门,专攻心理学,获文学学士学位(1912)。曾任浙江高等学校校长,北京大学教授、系主任、代理校长。1949年赴台湾,协助苏芗雨(1902—1986)创建台湾大学心理

第七章　民初知识分子对科学、宗教与迷信的再思考：
　　　以严复、梁启超与《新青年》的辩论为中心

学系，又任台湾大学文学院、台湾省立师范学院教育系教授。1954—1959年担任台湾政治大学校长，亦曾出任国民党"中央评议委员"等职。[64]

陈大齐的《迷信与心理》一书以心理学的知识解释一些心灵的现象。他在1972年回顾其一生的学术成就，撰有《耕耘小获》一文，述及该书是他早年在心理学方面的重要成果，对破除迷信"不无小助"：

> 当五四运动前后，旅居北方的新知识分子，方以提倡科学精神为要务之一。上海方面扶乩之风盛行，且有人组织灵学会，宣扬其神妙。乃撰《辟灵学》一文，依据心理学学理，加以剖析与说明，谓除了有意作为［伪］者以外，沙盘中所书，出自扶乩者的下意识作用而不为扶乩者所自觉，并非真有神仙降临。此文颇为侪辈所重视，其后又应邀作了若干次有关心理异常现象的公开讲演。该文及讲稿，曾辑成一书，名曰《心理与迷信》（笔者按：应作《迷信与心理》），于迷信的破除，不无小助。[65]

该书的各篇文章都围绕以科学（心理学）来破除迷信之主旨。针对《灵学丛志》作者声称扶乩现象为"圣贤仙佛"降临，陈大齐则以扶乩者之变态心理来做解释。他强调变态心理中的"自动作用"为无意识身体筋肉的运动，催眠中人的手部能够在无意识中动作，或是扶乩过程中的手部动作都与此有关。他

271

甚至认为这些无意识动作是一种病症，即身体某部分忽然改变感觉所致。"

陈大齐更进一步举出西方类似实验来证明，像是扶乩以及催眠术等都是古罗马时即存在。人们借此术来愚人，遇有问卜者则代祷上帝，借由摆荡之运动以宣神意。他说西方已有推翻这些现象的实验，证明这些现象均为手的"自动作用"。另外一现象为"测思术"（读心术，thought-reading），藏物者将物品藏于他室后，以布掩蒙住被术者之眼，引被术者至藏物室寻找物品。陈大齐解释此现象为受藏者筋肉无意识的自动运动影响使然，引导受术者至藏物处。因此可知这些现象都是由于卜者之助，而出现无意识运动的结果。[67]

再者，针对盛德坛之扶乩者并无学识，却能回答音韵学等问题，陈大齐解释为扶乩者生活中无意间接触过音韵相关文章或知识，潜意识之下，脑部自行记忆，在扶乩之时因而能将所记之事说出，就如同还原梦境一般。另外，扶乩者为何在乩书中不说是自己所知，而说是"圣贤仙佛"所传达的旨意？陈大齐指出此为中国人天性喜为古人之奴，扶乩者下意识以古人作为顶冒招牌，假托古人之言，实为个人之意见。[68]

在《有鬼论成立的一大原因》一文中，陈大齐说人们对鬼神的想法常常出自幻觉、错觉、做梦、精神病等，然而最根本的原因是出于人们心中的希望，例如希望与死去的亲人再次团聚，或希望自己讨厌的人受到"冥罚"，并将想象误认为事实所致。[69]

总之，陈大齐的论述是奠立在宗教或灵魂、鬼神等信仰即迷信，而迷信与科学两不相容的观点之上的。[70]

陈大齐的文章受到不少人欢迎，而发挥了一定的影响力。在《晨报副刊》翻译了罗奇爵士《心灵学》的译者小峰，在文后按语中即表示受到陈大齐的影响，因而提醒读者：鬼神传说历史悠久，但仍缺乏根据，灵学会中人认为灵魂不灭，恐怕言之过早。[71]

除了陈大齐，陈独秀、钱玄同、刘半农（1891—1934）等人也写了批判文章。钱玄同呼应陈大齐的观点，并替吴稚晖澄清，说他并不相信盛德坛的鬼神之说。钱玄同认为道教为上古极野蛮时代生殖器崇拜之思想，使两千年来民智日衰。"民贼"利用灵学来愚民，却大致不出道教范围，就如同1900年的"拳匪"事件。在他看来，灵学支持者与义和团十分类似。[72]

在马克思主义开始盛行之后，陈独秀等人的说法又与唯物主义结合在一起。此后从"唯物—唯心"的角度来批判宗教迷信，一直是中国马克思主义者尊奉的信条。20世纪30年代，马克思主义者艾思奇（1910—1966）以唯物辩证法继续批判迷信与宗教。[73]其后类似的讨论一直延续下来。

《新青年》杂志的文章从对灵学的批判，引发出对于宗教、迷信的"围剿"，确定了"迷信发达，科学就没有进步"的观念。《新青年》诸文对迷信的批判，与蔡元培所谓以美育取代宗教，科玄论战中科学派对宗教、玄学的攻击，以及后来国共两党的反迷信政策等有密切的关系。民国时期的国民政府因而推动许

273

多反对迷信运动，例如庙产兴学、禁止迎神赛会等，认为宗教力量会摧毁国家，并企图以国家意识来取代宗教。[74]

六、思想的延续：梁启超与科玄论战

以上笔者描写了1917年以来，随着上海灵学会出现，中国知识界所产生的有关科学、宗教、迷信等议题的辩论。在中国近代思想史上，"五四启蒙论述"无疑是主流论述，严复的观点则与代表"五四精神"之《新青年》作者如鲁迅、胡适、陈大齐等人的看法，有明显的不同。严复对于宗教（以及背后所显示的佛道等传统文化）、灵学都采取一种较为宽容的态度。在知识界，与严复观点最为接近的可能是梁启超，以及其他几位后来在科玄论战中支持"玄学派"的学者，如张君劢、张东荪、林宰平等人。但是梁启超等人的观念与严复的想法仍有差异，他们两人虽均肯定科学以外的知识范畴，也肯定宗教的意义，但梁任公却很不认同扶乩以及中西灵学研究，并婉转地批评严复的观点。

梁启超认为人类的知识除了物质性的、实证性质的科学知识，也包括非科学的、处理精神与人生观方面议题的知识。他说："人类从心界、物界两方面调和结合而成的生活，叫做'人生'……人生问题，有大部分是可以——而且必要用科学方法来解决的。却有一小部分——或者还是最重要的部分是超科学的。"[75]他所谓"超科学"的部分，意指"归纳法研究不出"，"不受因果律支配"，[76]包括由情感而来的爱与美，以及宗教信仰等

具有神秘特点的生活经验,并指出"一部人类活历史,却什有九从这种神秘中创造出来"。[77]

梁启超将宗教定义为"各个人信仰的对象",而十分肯定信仰的价值。他认为:"信仰是神圣的,信仰在一个人为一个人的元气,在一个社会为一个社会的元气。"[78]同时,梁启超提出了所谓"智信"("信而不迷")与"迷信"的区别,而佛教是属于前者。[79]这样一来,宗教,尤其是佛教,不但可以提供一套了解宇宙与历史的本体论,并能洞悉人类精神之特质。

梁启超关于"智信"与"迷信"的区别,很类似严复所说的"宗教"(严复有时说"真宗教")与"迷信"之区别。不过他们所说的宗教和智信在范围上仍有不同。严复所谓宗教,范围较广,包括佛教、道教与基督教等探索"不可思议"之议题,而提出解答的各种宗教。梁启超所谓智信,则主要是指佛教,但不是全部的佛教,而是指大乘佛教。梁任公认为小乘佛教乃"迷信":"夫佛教之在印度、在西藏、在蒙古、在缅甸、暹罗恒抱持其小乘之迷信,独其入中国,则光大其大乘之理论乎?"[80]这主要是因为:"凡宗教必言祸福,而祸福所自出,恒在他力,若祈祷焉,若礼拜焉,皆修福之最要法门也。佛教未尝无言他力者,然只以施诸小乘,不以施诸大乘。"[81]在梁启超看来,讲求"歆之以福乐""慑之以祸灾"的教义,只是权法而非实法。[82]

梁启超所肯定的大乘佛教,强调悲智双修、转迷成悟,亦即知而后信:"吾尝见迷信者流,叩以微妙最上之理,辄曰'是造化主之所知,非吾侪所能及焉'","佛教不然","他教之言信仰也,以为教主之智慧,万非教徒之所能及,故以强信为究竟。佛教之言信仰也,则以为教徒之智慧,必可与教主相平等,故以起信为法门。佛教之所以信而不迷,正坐是也"。[83]换言之,在梁任公看来,所谓"智信"是指"以宗教而兼有哲学之长"的中国大乘佛教,"其证道之究竟也,在觉悟;其入道之法门也,在智慧;其修道之得力也,在自力"。在此对照之下,基督教则曾经被梁任公视为迷信:"耶教惟以迷信为主,其哲理浅薄,不足以餍中国士君子之心……耶教以为人之智力极有限,不能与全知全能之造化主比。……耶教日事祈祷,所谓借他力也。"[84]

简单地说,梁任公认为与追求觉悟、智慧、自力相矛盾者都是迷信,同时"倘若有人利用一种信仰的招牌来达他别种的目的",这也不能算是信仰。[85]在中国最显著的例子便是依附于佛道教的扶乩。梁任公在1921年《清代学术概论》中讨论晚清佛学之时,曾检讨此一现象:

> 中国人中迷信之毒本甚深,及佛教流行,而种种邪魔外道惑世诬民之术,亦随而复活;乩坛盈城,图谶累牍;佛弟子曾不知其为佛法所诃,为之推波助澜。甚至以二十年前新学之巨子,犹津津乐道之。率此不变,则佛学将为思想界一大障,虽以吾辈凤尊佛法之人,亦结舌不敢复道矣。[86]

276

第七章 民初知识分子对科学、宗教与迷信的再思考：
以严复、梁启超与《新青年》的辩论为中心

1922年梁启超为北京哲学社演讲《评非宗教同盟》时又提到：

> 天天上吕祖济公乩坛，求什么妻财子禄的人，我们姑且不必问他们的信仰对象为高为下，根本就不能承认他们是有信仰……现在弥漫国中的下等宗教——就是我方才说的拿信仰做手段的邪教，什么同善社咧，悟善社咧，五教道院咧……实在猖獗得很，他的势力比基督教不知大几十倍；他的毒害，是经过各个家庭，侵蚀到全国儿童的神圣情感。……中国人现在最大的病根，就是没有信仰，因为没有信仰——或假借信仰来做手段……所以和尚庙里头会供关帝、供财神，吕祖济公的乩坛，日日有释迦牟尼、耶稣基督来降乩说法。像这样的国民，说可以在世界上站得住，我实在不能不怀疑。[87]

由此可见，任公将依附佛教而出现的扶乩与图谶都视为迷信。其中"吕祖济公的乩坛，日日有释迦牟尼、耶稣基督来降乩说法"应该指的就是上海灵学会等灵学团体的扶乩活动，而"二十年前新学之巨子，犹津津乐道之"所指的无疑就是严复支持上海灵学会之事。这样一来，梁任公虽在肯定科学之外的知识范畴，以及肯定宗教之价值等方面与严复的观点十分类似，但他并不支持上海灵学会的活动，而将之视为迷信。[88]

1921年严复过世，《灵学丛志》也停刊了，不过此后有关

277

灵学的译介、辩论的文章并未在思想界完全销声匿迹。例如《东方杂志》仍然刊登了一些有关灵魂通信、鬼灵谈话、读心术、天眼通的文章；1922年9月16日《晨报副刊》刊登一篇《〈灵学丛志〉的笑话》，以调侃的笔法讽刺道："在这科学昌明的时代，居然有人（？）大说其鬼话；非但在嘴里说说罢了，还敢印成什么《灵学丛志》来骗人。这种东西，实在称他们是'人'还嫌罪过，因为他们只有三分人气，那七分早已变成鬼了。"[89]

20世纪20年代以后，直接讨论灵学的文章已逐渐减少，[90]至1923—1924年"科玄论战"开始，思想界似乎有了一个新的讨论议题。过去有许多学者曾研究过此一论战，然而却少有人注意到科玄论战其实是以1917—1920年间有关灵学的讨论作为重要背景的。就定义来说，根据张东荪的说法，"玄学"是指哲学中的"本体论与宇宙论"，在西洋史上，有一段期间"玄学只是神学"，"最初的意思是与科学相反"；后来哲学一天一天地发达，玄学的意味产生变迁。张东荪也了解到"哲学与科学的界限，是难分的"，例如牛顿的绝对运动论，即有人认为"是哲学而不是科学"。[91]不过在其他人，如张君劢、梁启超看来，玄学可以更广泛地界定为讨论"科学以外之知识"，如善与美等人生或精神价值的学问。[92]就此而言，灵学所讨论的议题与玄学确有重叠之处，只是科玄论战中有意地将宗教议题排除在外，而集中讨论科学与本体论、宇宙观以及人生价值等玄学议题之关联。科学派的人认为玄学派的人与灵学的支持者站在同一阵线，故将之称为"玄学鬼"；玄学派之中则有人援引

第七章　民初知识分子对科学、宗教与迷信的再思考：
以严复、梁启超与《新青年》的辩论为中心

灵学中有关心灵、宗教、超自然方面的观点，强调在感官世界、自然科学之外，有很广阔的精神、宗教与美感的世界。

科学派的观点是将支持科学与反对科学做二元对立式的区别。他们认为像梁启超那样质疑"科学万能"的言论，实际上是"替反科学的势力助长不少的威风"。如胡适在为《科学与人生观》一书写序时说道：

> 我们不能说梁先生的话和近年同善社、悟善社的风行有什么直接的关系；但我们不能不说，梁先生的话在国内确曾替反科学的势力助长不少的威风。……我们试睁开眼看看：这遍地的乩坛道院，这遍地的仙方鬼照相，这样不发达的交通，这样不发达的实业，——我们那里配排斥科学？……我们当这个时候，正苦科学的提倡不够，正苦科学的教育不发达，正苦科学的势力不能扫除那迷漫全国的乌烟瘴气……信仰科学的人看了这种现状，能不发愁吗？能不大声疾呼来替科学辩护吗？[93]

可见在胡适看来，反科学的势力即传统求神问卜与相信《太上感应篇》的人生观，也即同善社、悟善社等成立之乩坛道院以及上海灵学会所宣传的灵魂照相等行为，而梁任公等人的言论实乃为其辩护，助长了其发展。此一思路明显反映了科学、迷信二分法的思维方式，同时也是对梁启超思想的一种误解（梁启超其实反对扶乩与同善社、悟善社等新兴宗教活动与

279

团体）。

科学派将张君劢、梁启超等对手视为灵学派同路人的观点，尤其反映在丁文江的《玄学与科学——评张君劢的"人生观"》一文中。丁文江在该文一开头就创造了"玄学鬼"的称呼，作为对手的代名词。他说："玄学真是个无赖鬼……玄学的鬼附在张君劢身上，我们学科学的人不能不去打他……玄学的鬼是很厉害的；已经附在一个人身上，再也不容易打得脱。"[94] 在丁文江笔下，鬼的比喻实际上代表无根据的幻想；他说张君劢的问题在于"一半由于迷信玄学，一半还由于误解科学"。[95] 他也用鬼的例子来说明真与假的区别："譬如有一个人说他白日能看见鬼——这是他的自觉，我们不能证明他看不见鬼，然而证明的责任在他，不在我们。况且常人都是看不见鬼的，所以我们说他不是说谎，就是有神经病。"[96]

丁文江强调科学就是将世界上的事实分类，再了解"他们的秩序"。在他看来，"心理上的内容都是科学的材料"，因此他反对所谓"物质科学"与"精神科学"的区别。[97] 丁文江也否认宗教的价值，他说在历史上科学一直与神学做斗争，到20世纪以后才逐渐受人尊重。

张君劢则反驳丁文江，认为他"中了迷信科学之毒"，"迷信科学，以科学无所不能，无所不知"，"乃责人为鬼怪"：

以吾友在君之聪明，乃竟以我言为异端邪说，一则曰无赖鬼，再则曰鬼上身，三则曰义和团，四则曰张献忠之妖孽……自己中了迷信科学之毒，乃责人为鬼怪，为荒唐，此真所谓自己见鬼而已。[98]

从上文可见双方互称为"鬼"，互控为"迷信"。这种语言风格也是在灵学辩论中衍生出来的。

玄学派的观点中与灵学支持者最接近之处有两点：一是认为科学有其限度，人类心灵、人生问题均有其复杂性，这些"精神元素"不受科学支配，而是"超科学"的；二是认为宗教不能等同于迷信，而有其价值。他们所肯定的学者，除了大家所熟知的柏格森、倭伊铿、杜里舒，还有肯定灵学与宗教经验的美国心理学者詹姆斯。[99]此外，还有直接援引灵学或心灵研究来支持张君劢的文章，即梁启超的好友林宰平的《读丁在君先生的"玄学"与"科学"》。

林宰平学养深湛，多才多艺，他不仅精通法律学、笃信佛教，也对哲学、诗词、书画颇有研究。他与梁启超、熊十力（1885—1968）、梁漱溟是好友，1949年后曾担任过中国佛教协会的理事。

林宰平认为科学可分为自然科学与精神科学，而后者应研究心理现象，如"神秘的潜在意识，以及诸种变态心理"，尤其应注意心的复杂作用。林宰平又说，"英国心灵学会搜集许多神异的事实"，"日本井上圆了研究所谓妖怪学"，应该亦属于科学的范畴。至于"灵学的主张，虽然不免近于怪诞"，需详审面对，然而科学家亦应持"不存成见的态度"来加以看待。

此种对科学与灵学之关系的观点，认为各种神秘现象可以作为科学研究的对象，以科学方法加以探讨。这样一来，科学与灵学并无矛盾。[100]

该文发表之后，心理学家唐钺提出质疑，他说："灵学虽然得少数学者如洛奇辈的崇信，但是大多数的科学家都不承认灵学所用的方法是真正的科学方法，所以不称他做科学。"但是唐钺同意如视妖怪学为"非常现象"，从科学的角度（如变态心理）来研究其条件与性质，则可以称作科学。[101]

科玄论战发生在灵学争论之后的两三年，他们所讨论的科学与人生观的议题和灵学并没有直接的关系，但双方的参与者在讨论问题时，无论在语汇上还是思考方式上，都延续了灵学辩论中所触及之议题，继续讨论对科学、宗教、迷信等关键概念之诠释。

七、小结

本章描述清末民初随着灵学研究的兴起，中国思想界对于相关问题的激辩，造成知识板块的重组，尤其影响到科学、宗教、迷信三种观念之重新界定。其中《新青年》所代表的科学、迷信二元对立的观点，挟着西方文化的优势与对"现代"的憧憬，声势可谓十分浩大。中国的精英分子，包括中国国民党党员、中国共产党党员与自由主义者除了一部分例外（如对宗教抱持肯定与宽容的玄学派支持者与接受基督教或佛教的政治人物），均采取坚定地支持科学、批判灵学、批判宗教的立场。

在此情况之下，同情灵学的知识分子则是较为少数的。

大致上我们可以将当时的看法区分为两类思路。一类是以《新青年》为代表的"五四启蒙论述"，主张科学与宗教、迷信的二分法，将灵学（与宗教）划入定义明确的"迷信"之范畴。另一类是"反五四启蒙论述"，其中以严复所代表的观点较具学理之意涵。严复认为科学在追求真理、扫除迷信方面虽有价值，然科学有其限度、宗教有其价值，"宗教起点，即在科学尽处"；这样一来，科学、宗教、迷信三者均无固定之范畴，而是在一个动态的辩证之中相互厘清、彼此界定，科学可扫除迷信，并使宗教"日精"。梁启超大致肯定严复对科学、宗教（他称为信仰或"智信"）、迷信之关系的看法，反对二元对立的观点，但他对于与扶乩相关的传统宗教、基督教与灵学活动，则抱持批判的态度，将之划归"迷信"。至于林宰平，他十分支持张君劢的主张，而且对于灵学、妖怪学研究较为同情，认为这些神秘议题之研究可扩充人类知识范畴，与科学并不矛盾，是"精神科学"或心理学研究的对象。由此看来，"五四启蒙论述"之阵营似乎在论点上较整合，而"反五四启蒙论述"之内部则颇为分歧，这可能也是旗帜鲜明的"五四论述"在中国近代史上能成为主流论述的一个关键原因。

无论如何，从灵学辩论到科玄论战，双方激烈地争辩，却难以达成共识。这也显示民初以来有关科学与灵学、玄学的讨论，其实是一场双方不曾交锋（或少有交锋）的论战。在"五四"知识分子的大力批判之下，藏身于各种宗教、学术团体之内的灵学、扶乩、催眠术等活动，在所谓庶民生活中从来不曾销声匿迹，且不乏知识分子参与其中。灵学与各种各样的宗教信仰在现代世界中无疑仍具有强劲的生命力，这代表着人们对神秘世界与生死问题的追寻会一直持续下去，世人将永远怀着一颗难以为现代科学所完全"驯服"的彷徨心灵。

民初以来，从灵学辩论到科玄论战，虽然深化了我们对科学、哲学、宗教、迷信等议题的认识，却也显示中国近代的知识转型并未完成。如同加拿大哲学家查尔斯·泰勒（Charles Taylor）对西方世俗时代（secular age）的研究一样，中国近代的世俗化也是一个充满矛盾与迂回发展的历史过程，而且此一过程可能是永无止境的。

第七章　民初知识分子对科学、宗教与迷信的再思考：
　　　　以严复、梁启超与《新青年》的辩论为中心

* 本章原题为《灵学与近代中国的知识转型：民初知识分子对科学、宗教与迷信的再思考》，刊于《思想史》第2期（2014），第121—196页。

1 "灵魂"一词属传统词汇，不过在古籍之中并不多见。后来西方"soul"一词传入中国，在传教士所编字典中，该词被翻译为"魂""灵"或"灵魂"。例如罗存德（Wilhelm Lobscheid）的《英华字典》(*An English and Chinese Dictionary*, Hong Kong: Daily Press, 1866-1869) 即将 soul 翻译为"灵魂"（第1637页）。有关中国早期的灵魂观念，见余英时《魂兮归来！》——论佛教传入以前中国灵魂与来世观念的转变》，载《东汉生死观：余英时英文论著汉译集》，侯旭东译，上海：上海古籍出版社，2005，第127—153页。

2 黄克武：《民国初年上海的灵学研究：以"上海灵学会"为例》，《"中研院"近史所集刊》第55期（2007），第99—136页。近年来有关近代中国灵学的历史已有一些研究，参见郑国、泮君玲《关于民初中国灵学问题研究的综述与展望》，《科学与无神论》第6期（2008），第48—52页。

3 如林毓生《民初"科学主义"的兴起与含义：对民国十二年"科学与玄学"论争的省察》，载《中国意识的危机："五四时期"激烈的反传统主义》，穆善培译，贵阳：贵州人民出版社，1988，第301—333页；叶其忠《从张君劢和丁文江两人与〈人生观〉一文看1923年"科玄论战"的爆发与扩展》，《"中研院"近史所集刊》第25期（1996），第211—267页；叶其忠《1923年"科玄论战"：评价之评价》，《"中研院"近史所集刊》第26期（1996），第179—234页。

4 19世纪英国灵学研究之起源、兴盛与影响，可以参见 Peter Gay, *Schnitzler's Century: The Making of Middle-Class Culture, 1815-1914* (New York: Norton, 2002).

5 "超心理学"意指研究超自然的现象的学问，主要包括濒死体验、轮回、脱体经验、传心术、预言、遥视和意念力等。台湾有关特异功能、气功、生物能场之研究甚多，如台湾大学前校长、电机系李嗣涔教授长期研究的"心电感应"和"手指识字"等，即此一类型的研究。

6 根据井上圆了的说法，1884年从美国航行至伊豆半岛下田的一位船员，将美国当时相当流行的 Turning Table（转桌术）表演给当地住民看，其后便传入日本，并在明治年间（1887—1897）造成风行。日本称转桌术为こっくりさん。参见［日］一柳广孝《こっくりさんと千里眼：日本近代と心霊学》，东京：讲谈社，1994，第20—21页。

7 ［德］罗存德著，［日］井上哲次郎订增《订增英華字典》，东京：藤本氏，1884。书中将 psychology 译为"灵魂之学"（第805页）。

8 有关中国近代催眠术，参见张邦彦《精神的复调：近代中国的催眠术与大众科学》，台北：联经出版公司，2020。

9 民初宗教界从传统的"三教合一"发展为"五教合一"，五教指儒、释、道之外再加上回教与基督教。参见黎秉一《民初"五教合一"论述的两个类型——以李佳白与道院为例（1921—1927）》，《中国文学研究》第 52 期（2021），第 371—416 页。

10 ［日］酒井忠夫：《近·现代中国における宗教結社の研究》，东京：国书刊行会，2002。

11 有关同善社成立的情况，见王见川《同善社早期的特点及在云南的发展（1912—1937）：兼谈其与"鸾坛""儒教"的关系》，《民俗曲艺》第 172 期（2011），第 127—159 页。

12 有关同善社的传布，请参见新闻报道《通信》(《新青年》第 9 卷第 4 期）。记者在文中表示："近来的同善社，几乎遍国皆是了。"陈独秀则说：包括北京、长江流域一带与广东都有同善社，"大有一日千里之势"。（见第 1—4 页）至于国民政府对同善社的禁止，见 Rebecca Nedostup, *Superstitious Regimes: Religion and the Politics of Chinese Modernity* (Cambridge: Harvard University Asia Center, 2010), pp. 28–34.

13 周志瀛：《辟同善社》，《民国日报》（上海）1921 年 12 月 11 日。

14 黄克武：《民国初年上海的灵学研究：以"上海灵学会"为例》，《中研院》近史所集刊》第 55 期（2007），第 99—136 页。

15 许地山：《扶箕迷信底研究》，台北：台湾商务印书馆，1966。该书初版于 1941 年，主要利用《古今图书集成》神异典降笔部以及笔记、小说等史料，将扶箕视为"迷信"。有关佛教与扶乩之关系，请参考范纯武《近现代中国佛教与扶乩》，《圆光佛学学报》第 3 期（1999），第 261—291 页。

16 徐珂：《清稗类钞》，北京：中华书局，1996，第 4547 页。

17 杨璿：《扶乩学说》，《灵学丛志》第 1 卷第 1 期，"著作"，第 1 页。杨璿在第一章的第一节自述其扶乩的往事。

18 杨真如一直参与上海灵学会之活动，1926 年曾由该会出版他所著的《精神祈祷》一书，"以养性明道，启发良知良能"。该书免费供人索取，函索即寄。见《申报》（上海）1926 年 5 月 12 日第 22 版。

19 杨璿：《扶乩学说》，《灵学丛志》第 1 卷第 1 期，"著作"，第 2 页。

20 1918 年时中国精神研究会在各地发展分会。例如《大公报》1918 年 3 月 28 日刊登了该会天津支会吸收会员活动之广告。广告中表示："现在精神研究会从日本来到天津，在日本租界旭街平安胡同第八号内设立支会。有志向学者……接踵联袂入会者,络绎不绝。"

21 杨璿:《扶乩学说》,《灵学丛志》第1卷第1期(1918),"著作",第2页。
22 "济生坛"乃位于后马路之乩坛,"卜休吉,开方药者"。参陈伯熙编著《灵学会》,载《上海轶事大观》,上海:上海书店出版社,2000,第370页。
23 杨光熙:《盛德坛缘起》,《灵学丛志》第1卷第1期,"缘起及发刊词",第6页。
24 有关陆费逵与中华书局的研究不少,但少有人注意到他参与上海灵学会之事,以及灵学观念对他的教育观念之影响。较新的研究包括俞筱尧、刘彦捷编《陆费逵与中华书局》,北京:中华书局,2002;王建辉《教育与出版——陆费逵研究》,北京:中华书局,2012。
25 陆费逵:《〈灵学丛志〉缘起》,《灵学丛志》第1卷第1期,"缘起及发刊词",第1页。
26 《申报》1922年5月13日第15版中有一则《灵学会之近讯》,记载灵学会为庆祝吕洞宾仙诞,举行祭仪,颇能反映此一情况:"是日仙佛降坛者,报有数十余名。最奇者,凡善书善画诸仙佛,均锡有乩笔书画共二三十幅,间有施色者,书极浑古,画极风流,似非凡笔所及,是诚不可思议矣。"
27 吴稚晖曾三度询问音韵问题,分别由陆德明、江永、李登三位古代音韵学家降坛说明。见《陆氏音韵篇》篇后按语,《灵学丛志》第1卷第1期,"艺术",第2页;《江氏音韵篇》篇后按语,"艺术",第5页。吴稚晖还应俞复之邀,将《灵学丛志》交给曾翻译井上圆了《妖怪学讲义》、后任北大校长的蔡元培。蔡元培将该杂志送给哲学研究所,并表示"于此事素未研究,尚不敢辄加断语"。见蔡元培《蔡孑民先生书》,《灵学丛志》第1卷第1期,"书函",第4页。
28 《〈灵学丛志〉简例》,刊于《灵学丛志》各期卷首。
29 陆费逵:《灵魂与教育》,《灵学丛志》第1卷第1期(1918),"论说",第8—15页。
30 同上。
31 俞复:《答吴稚晖书》,《灵学丛志》第1卷第1期,"杂纂",第2—3页。
32 侯毅(1885—1951),字疑始,一字雪农,江苏无锡人。诗文师事严复、樊云门,一度主编《舆论报》之"瀚海"。篆刻师法古玺汉印,造诣颇深,并参以砖瓦文字意趣,朴厚古逸,有《疑始诗词》。陈衍的《石遗室诗话》(台北:台湾商务印书馆,1961)曾介绍他的诗句,并说其"游学英伦,严几道弟子,嗜诗"(见第15卷,第10a页)。

33 1918年4月29日，郑孝胥在日记中记载："得严又陵书，榧朴灵魂卿川之，说，于余所谓'千知灵魂实川不此，有知之灵逝而不留'者犹未了解也。"见中国历史博物馆编、劳祖德整理《郑孝胥日记》，北京：中华书局，1993，第3册，第1725页。

34 有关陈衍所论鬼神之风对晚清诗坛之影响、福建诗人之扶乩降坛诗等，参见陈衍《石遗室诗话》，第16卷，第1—3页，书中记载"净名社"降神于福州时，作了多首"骖鸾诗"；及陈珊珊《陈衍诗学研究——兼论晚清同光体》，台南：台湾成功大学中国文学系博士论文，2006，第194页。

35 黄克武：《惟适之安：严复与近代中国的文化转型》，台北：联经出版公司，2010，第28—30页。

36 王栻编《严复集》，第2册，第412页；第5册，第1538页。

37 严复：《与俞复书》，载王栻编《严复集》，第3册，第725—727页。

38 严复：《与侯毅书》，载王栻编《严复集》，第3册，第721页。

39 罗罗：《心灵研究之进境》，《东方杂志》第15卷第9期（1918），第79—86页，引文见第86页。这篇文章也被收录到东方杂志社编印《催眠术与心灵现象》，上海：商务印书馆，1923，第35—48页。

40 严复：《与侯毅书》，载王栻编《严复集》，第3册，第721页。嵇康在《养生论》中主张"形恃神以立，神须形以存"，严复不同意此一观点。

41 余觉：《余冰臣先生书》，载《灵学丛志》第1卷第3期（1918），"书函"，第8页。

42 严复：《与侯毅书》，载王栻编《严复集》，第3册，第721—722页。

43 同上。

44 巴雷特的看法受到美国心理学家詹姆斯的影响。这一点严复并未仔细说明，然根据《心灵研究之进境》，詹姆斯认为："吾人之心知，不限于脑，而实受脑之限制。脑者，非心知之本源，不过为一种器官，用以表显心知之作用。"（第81页）

45 严复：《与侯毅书》，载王栻编《严复集》，第3册，第722页。

46 严复：《与侯毅书》，载王栻编《严复集》，第3册，第721—723页。

47 王栻编《严复集》，第5册，第1379—1380页。

48 王栻编《严复集》，第4册，第1036页。

49 王栻编《严复集》，第5册，第1379—1380页。

50 王栻编《严复集》，第3册，第825页。

51 墨子刻：《形上思维与历史性的思想规矩：论郁振华的〈形上的智慧如何可能？——中国现代哲学的沉思〉》，《清华大学学报（哲学社会科学版）》

第七章　民初知识分子对科学、宗教与迷信的再思考：
　　　　以严复、梁启超与《新青年》的辩论为中心

第16卷第6期（2001），第57—66页。
52　严复:《与诸儿书（三）》，载王栻编《严复集》，第3册，第824—825页。
53　同上。
54　同上。
55　这也是严复引西方学者的话，"西哲常云'宗教起点，即在科学尽处'"，见王栻编《严复集》，第2册，第328页。原文应是"Religion begins where science ends"。
56　《进化天演》是严复于1912年夏天受北京教育部之邀所做的一场演讲的讲稿，其内容于1913年3月刊登于《今文类钞》（第2期），以及同年4月12日至5月2日北京《平报》（题为《天演进化论》），两者文字略有差别。引文均见严复《天演进化论》(1913)，载王栻编《严复集》，第2册，第309—319页（根据《平报》）。另一版本为《进化天演——夏期演讲会稿》，见孙应祥、皮后锋《严复集补编》，第134—147页（根据《今文类钞》）。
57　鲁迅:《热——三十三》，载《鲁迅全集》，第1卷，北京：人民文学出版社，1981，第298—302页。
58　胡适:《四十自述》，第34—38页。
59　胡适早年在《竞业旬报》上发表的小说《真如岛》中即有文字抨击扶乩迷信。见胡适《四十自述》，第66页。
60　胡适:《〈红楼梦〉考证》，载《中国章回小说考证》，上海：上海书店出版社，1980，第231页。
61　胡适:《不朽——我的宗教》，载季羡林主编《胡适全集》，第1卷，合肥：安徽教育出版社，2007，第667—668页。
62　黄克武:《胡适与赫胥黎》，载《"中研院"近史所集刊》第60期（2008），第43—83页。
63　胡适:《胡适日记全集》，第4册，第601—602页。
64　有关陈大齐的生平与学术成就，可参考沈清松《陈大齐》，载沈清松、慧严、李云汉著《中国历代思想家23：陈大齐·太虚·戴季陶》，台北：台湾商务印书馆，1999，第1—36页。
65　陈大齐:《耕耘小获》，载中国人民政治协商会议浙江省海盐县委员会文史资料工作委员会编《陈大齐先生专辑》，海盐：中国人民政治协商会议浙江省海盐县委员会文史资料工作委员会，1988，第14—15页。
66　陈大齐:《辟"灵学"》，《新青年》第4卷第5期（1918），第372—373页；后收入陈大齐《迷信与心理》，北京：北京大学出版部，1920年，第5页。
67　陈大齐:《辟"灵学"》，《新青年》第4卷第5期（1918），第374—375页；

后收入陈大齐《迷信与心理》，第9—11页。
68　见陈大齐《辟"灵学"》，《新青年》第4卷第5期（1918），第370—385页。
69　陈大齐：《心灵现象论》，《北京大学日刊》1919年5月21日第3版。
70　黎明：《辟同善社》，《新青年》第9卷第4期（1921），第1页。文中转引陈大齐的话。
71　罗奇爵士：《心灵学》，小峰译，《晨报副刊》1924年6月30日第2版。
72　陈独秀：《有鬼论质疑》，《新青年》第4卷第5期（1918），第408—409页。钱玄同、刘半农：《随感录》，《新青年》第4卷第5期，第456—468页。
73　艾思奇从20世纪30年代开始介绍"辩证法唯物论"，以此批判唯心论、观念论以及与此相关的迷信与宗教。如其所作之文章《辩证法唯物论梗概》，《中国农村》第3卷第7期（1937），第61—37页。
74　例如1928年9月6日《申报》第21版，刊登了上海市教育局所拟定的《拟具破除迷信办法》。
75　梁启超：《人生观与科学：对于张丁论战的批评（其一）》，载丁文江、张君劢等《科学与人生观》，台北：问学出版社，1977，第173—174页。
76　梁启超：《研究文化史的几个重要问题》，载《饮冰室文集》，40：7。
77　梁启超：《人生观与科学：对于张丁论战的批评（其一）》，载丁文江、张君劢等《科学与人生观》，第178—179页。
78　梁启超：《评非宗教同盟》(1922)，载《饮冰室文集》，38：19、24。
79　梁启超：《论佛教与群治之关系》，载《饮冰室文集》，10：46。
80　梁启超：《论中国学术思想变迁之大势》，第4页。
81　梁启超：《论佛教与群治之关系》，《新民丛报》第23号（1902），第50页。
82　梁启超：《论中国学术思想变迁之大势》，第74页。
83　梁启超：《论佛教与群治之关系》，《新民丛报》第23号（1902），第46页。
84　梁启超：《论中国学术思想变迁之大势》，第76页。1902年之后，梁任公对基督教的看法也产生了一些变化。1922年他表示反对一部分基督教，除了反对天主教"赎罪卷"的做法，"对于那些靠基督肉当面包，靠基督血当红酒的人……都深恶痛绝"；"基督教徒……若打算替人类社会教育一部分人，我认他们为神圣的宗教运动；若打算替自己所属的教会造就些徒子徒孙，我说他先自污蔑了宗教两个字"。参见梁启超《评非宗教同盟》，载《饮冰室文集》，38：23—24。
85　梁启超：《评非宗教同盟》，载《饮冰室文集》，38：20。
86　梁启超：《清代学术概论》，第74页。
87　梁启超：《评非宗教同盟》，载《饮冰室文集》，38：20、24—25。

88 值得注意的是，佛教界人士中也有人批判扶乩与上海灵学会，只是他们的态度与梁启超所提出的看法有所不同。例如印光法师认为扶乩活动有优点，也有缺点："近来上海乩坛大开，其所开示改过迁善，小轮回，小因果等，皆与世道人心有大裨益。至于说天、说佛法，直是胡说。吾等为佛弟子，不可排斥此法，以其有阻人迁善之过；亦不可附赞此法，以其所说佛法，皆属臆撰，恐致坏乱佛法，疑误众生之愆。"印光对《灵学丛志》也有类似正反并陈的评价："中华书局寄来《灵学丛志》三本，系三、四、五期所出，因大概阅之。见其教人改过迁善，详谈生死轮回，大有利益于不信因果及无三世之邪执人。至于所说佛法，及观音文殊普贤临坛垂示，皆绝不知佛法之灵鬼假托。……皆是胡说八道。"转引自王见川《近代中国的扶乩、慈善与迷信——以〈印光文钞〉为考察线索》，载康豹、刘淑芬主编《信仰、实践与文化调适》，下册，台北："中研院"，2013，第540、545页。

89 游：《〈灵学丛志〉的笑话》，《晨报副刊》1922年9月16日第3—4版。

90 20世纪20—40年代，一些基督教会所办的杂志中仍有批判灵学的文章。例如《死人会说话吗？：某灵学杂志所刊之岳飞降灵字迹此为魔鬼惑人之诡计》，《时兆月报》第23卷第3期（1928），第12页；康德尔《灵学漫谈》，《时兆月报》第35卷第4期（1940），第7—11页。这些文章是从基督教神学立场批判佛道扶乩以及基督教内部相信灵学之观点。

91 张东荪：《劳而无功——评丁在君先生口中的科学》，载丁文江、张君劢等《科学与人生观》，第319—321页。

92 张君劢：《再论人生观与科学并答丁在君》，载丁文江、张君劢等《科学与人生观》，第97—98页。

93 胡适：《〈科学与人生观〉序》，载丁文江、张君劢等《科学与人生观》，第6—8页。

94 丁文江：《玄学与科学——评张君劢的"人生观"》，载丁文江、张君劢等《科学与人生观》，第15页。

95 丁文江：《玄学与科学——评张君劢的"人生观"》，载丁文江、张君劢等《科学与人生观》，第33页。

96 丁文江：《玄学与科学——评张君劢的"人生观"》，载丁文江、张君劢等《科学与人生观》，第26页。

97 丁文江：《玄学与科学——评张君劢的"人生观"》，载丁文江、张君劢等《科学与人生观》，第23—24页。

98 张君劢：《再论人生观与科学并答丁在君》，载丁文江、张君劢等《科学与人生观》，第46页。
99　张君劢：《再论人生观与科学并答丁在君》，载丁文江、张君劢等《科学与人生观》，第64页。
100　林宰平：《读丁在君先生的〈玄学与科学〉》，载丁文江、张君劢等《科学与人生观》，第208、226页。
101　唐钺：《科学的范围》，载丁文江、张君劢等《科学与人生观》，第414—415页。

第八章
结论：梁启超对中国学术思想的现代诠释

从1895年至1925年的三十年，是梁启超活跃于中国思想界的一段时间，他在上海创办《时务报》(1896)，在湖南长沙的时务学堂宣传维新理念(1897)，又与康有为共同推动戊戌变法(1898)；变法失败后，他流亡日本，办《清议报》(1898—1901)、《新民丛报》(1902—1907)、《新小说》(1902—1904)、《国风报》(1910—1911，报馆在上海，由任公在日本遥领)等报刊以启迪民智；1912年返国后又投身政治与文化活动、著书立说。这三十年正是中国由传统转向现代的关键时期，张灏先生称之为"中国近代思想的转型时代"，充满了危机与混乱，也呈现出一个探索、创新与多元的局面。1929年梁启超过世，1930年代之后，中国思想界逐渐归于一元，人们认为理想可以通过"组织"力量加以完成，在新的政治意识形态笼罩之下，进入了国共竞争的"主义时代。"[1]

梁启超是中国近代转型时代的领军人物，清末时他所领导的"立宪派",与孙中山所领导的革命党共同推动中国由专制走向共和的历史进程。辛亥革命成功之后,又出现袁世凯的"帝制"运动,梁启超与弟子蔡锷合作,靠着"笔杆"与"枪杆",两人组织的护国军打倒了袁世凯,"维护共和"取得成功。民国初年政治秩序的崩溃,也带来传统文化与伦理秩序的动摇。儒家圣贤君子的人格理想以及家国天下的政治理想逐渐失去了对人们的吸引力,就在此一"两头不到岸"的时刻[2],梁启超以如椽之笔带动了时代的风潮。本书从梁启超的"中国不亡论"信念开始,逐章探讨他一生所关怀的几个学术思想领域,包括阳明学、墨子学、西方哲学、史学、宗教等。这几个领域只是这位"百科全书式"的人物毕生学术兴趣的一小部分,[3]然而对这些领域的探索或许可以为我们提供一个了解梁启超思想的窗口。

诚如笔者在导论中所说的,在中国近代思想史上,梁启超和严复、胡适类似,都是学问渊博的"通才",而不是沉浸于纯知识领域内的"专才"。他不但能够依赖学问(主要是佛教与儒家)来"安顿身心",更借此关怀中国的现状,并推动中国的现代化。笔者认为梁启超学术思想的核心旨趣可以归结到以"铸造国魂"为核心的政治与文化理想,他强调中国文化在世界上具有的独特性及其崇高的价值,即使在列强的威逼下,仍然坚信"中国无可亡之理,而有必强之道"。那么中国的"必强之道"是什么?梁启超给出了他的答案。晚清时他主要致力于倡导培养"现代国家"的"新民",他的《新民说》与同时期研究阳明学、墨子学、新史学的成果，乃至对康德哲学的诠释都与此一"新民"的目标密切相关。他之所谓"新民"结合了源自西方的"公民精神"与来自传统的道德修养。至民初五四运动前后，梁启超从欧洲返国，有感于战争所带来的对西方文化的破坏，同时受到欧洲"反启蒙论述"的影响，思想有了新的转向。他和梁漱溟一样批评西方以实证主义为基础的科学文明，并试图重新找回对中国文化的信心（他称为"元神真火"），开始以"国性""国粹""立国精神"与"民族精神"来凝聚全民共识，意欲打造一个既具有中国精神特色、又融合现代文明的新国家。

梁启超以"铸造国魂"为核心的学术思想深受时代的影响，他在《论李鸿章》一书中曾引用西哲之言"时势造英雄，英雄亦造时势"来论断历史人物。他认为有一种英雄是"为时势所造"，有一种英雄则是"造时势之英雄"，前者是"寻常英雄"，后者则是"非常之英雄"。用这个标准来看，梁启超或许算得上一个既为时势所造、又能创造时势的文化英雄。

梁启超能超越同时代其他人物的一个重要原因是他兼具传统与现代、中国与西方的多元知识，并致力于会通中西（这一点和严复很类似）。他自幼因准备科举考试而熟读传统经典，在拜康有为为师之后，又兼治西学。他的另一机缘是到日本之后，很快地掌握了日文的阅读方法，而能利用日本的学术资源认识新词汇、获取新知识。诚如狭间直树教授所说，"日本的翻译和著作对梁氏的影响要远超过一般的想象。这种影响并非只是作为一个中间环节，而是深入到了梁启超思想基础的'知层'"，日本因素的加人，使他思想之中的中国、日本、西方等知识来源相互嵌合在一起。⁴本书中的许多章节都尝试呈现在不同的学术领域中，这些异质的思想因素如何经过梁启超吸收、消化而融入一个新的思想脉络之中。笔者认为，日本知识土壤在不同领域对任公造成了不同的影响。狭间直树教授所谓作为"中间环节"的"'日本化'了的西洋的存在"（以及日本的中国研究），有时是深刻地影响到任公思想的取向的；有时却只是支离破碎的片段，提供给任公思想发挥的素材；有时则是居于两者之间。无论哪一种形态，梁任公都是一方面通过译介日籍而掌握新知，另一方面则尝试将这些新知整合到他原有的思想脉络之中，并以他所设定的标准来评估中西理论。如果说中国传统的"格义"是以中土的思想与典故比拟配合，来诠释佛理，使人易于了解佛教思想的方法，那么梁启超所从事的则可以说是一种现代意义的"格义"工作。

这个过程就是本书副标题所谓"中国学术思想的现代诠释"。梁启超所做的诠释工作至少有三个崭新的视角。

第一是"现代国家"与"国民"的视角。最好的例子是他的"史学"研究，史学在中国有悠久的传统，但是过去的史学是为王朝服务的，是"帝王的家谱"。梁启超开始意识到历史学与现代国家的关联。日本学者森冈优纪即指出，梁启超大约在1896年《时务报》时期，已将"个人传记"视为"国家史"，因而开始形成"近代传记"的观念。事实上本书所分析的其他学术思想如儒学、诸子学、西方哲学、宗教等，都曾被梁启超放在现代国家的框架下，来讨论它们对形塑"新民"所具有的意义。

第二是"科学"的视角。笔者在讨论阳明学、墨子学与史学等章中都指出梁任公不赞同宋明理学有关阴阳、理气的说法。他说"以读科学书之心眼以读宋明语录，直谓之无一毫价值可也"，他果断放弃了传统的阴阳五行的宇宙观，而接受严复以来所译介的西方科学（如进化论、物理学、心理学）对宇宙、人生的看法。在他的思想中，科学是指"根据经验的事实分析综合求出一个近真的公例以推论同类事物"，科学方法包括以归纳法、统计学探索事实真相与事件之间的关联性。在史学方面，他主张以科学、实证的方法作为获得客观的、正确的历史知识之保证，成为近代中国"科学史学""实证史学""客观史学"的先驱之一。在他看来，科学是建构知识的重要基础。

第三是"超科学"的视角。任公指出历史文化现象的独特性是由于个人"自由意志"在历史中所起的作用。由于有自由意志的因素，历史不完全受因果律的支配，也无法完全依靠归纳法来加以研究。梁任公因而认为科学（尤其是西方实证主义的科学）有其局限，在"关于宇宙本体或'天道'……以及实践规范或'人道'"方面，例如人生观、美感与宗教的领域，人类无法在科学之中找到确切的答案，必须依赖中国传统的思想资源。在本体论方面，梁启超则以佛家的理论来统摄中外的学说。他舍弃了宋明理学家有关阴阳、理气的说法，而保留王学之中良知的本体论；再将此一理论与佛教及康德的观点结合在一起，以此作为功夫论之形上的基础。其看法与严复在《天演论》中结合佛法与天演、遗传学的观点非常类似。梁启超的《余之死生观》一文即尝试以基督教"圣灵说"、进化理论中的遗传观念、佛教果报轮回说、儒家"家族之食报""名誉之遗传"的观念等，来诠释"人死而有不死者存"的"死生观"。[5]

在了解梁启超学术思想的来源与"现代诠释"的标准之后，我们可以进一步讨论对其学术思想评价方面的问题。首先要指出的是，从今日的标准来看，梁启超的学术研究确有一些显而易见的缺点。

首先是将现实价值投射到学术研究之上的问题，前举陈寅恪曾指出今人"依其自身所遭际之时代，所居处之环境，所熏染之学说，以推测古人之意志。由此之故，今日之谈中国古代哲学者，大抵即谈其今日自身之哲学"之弊。这在当时是很流行的一种学术风气，梁启超显然不能免俗。他早在1896年所写的《古议院考》一文中就说"议院之名，古虽无之，若其意则在昔哲王所恃以均天下也"，并从《易经》《周官》《孟子》等书中找出不少证据来支持他的说法。[6]后来严复批评他的观点，认为中国以前根本没有像西方那样的议院，梁启超在回信中辩称："引中国古事以证西政，谓彼之所长，皆我所有。此实吾国虚憍之结习，初不欲蹈之，然在报中为中等人说法，又往往自不免。"[7]由此可见，他有时会因为"为中等人说法"，而将现实价值投射到历史之上。无论如何，如何解开历史与现实的纠结，是梁启超一直面临的难题。到了民初以后，他更清楚地意识到这个问题，在《清代学术概论》中他曾说：

> 摭古书片词单语以傅会今义，最易发生两种流弊：一、倘所印证之义，其表里适相吻合，善已；若稍有牵合附会，则最易导国民以不正确之观念，而缘"郢书燕说"以滋弊……二、劝人行此制，告之曰，吾先哲所尝行也；劝人治此学，告之曰，吾先哲所尝治也，其势较易入，固也。然频以此相诏，则人于先哲未尝行之制，辄疑其不可行；于先哲未尝治之学，辄疑其不当治。无形之中，恒足以增其故见自满之习，而障其择善服从之明。[8]

在1922年《先秦政治思想史》的序论部分梁启超也表示：

> 吾侪既以治史为业，宜常保持极冷静的头脑，专务忠实介绍古代思想之真相，而不以丝毫自己之好恶夹杂其间，批评愈少愈妙，必不得已而用，亦仅采引申说明的态度……尤不容以名实不相副之解释，致读者起幻弊……吾少作犯此屡矣，今虽力自振拔，而结习殊不易尽。[9]

由此可见，梁启超对自身的学术思想有过很强的反省，并意识到他早年的作品（少作）普遍存在上述的缺点。无论如何，此一尽量追求学术上之客观的精神，成为现代学术的中心课题，尤其是将"描写"与"评估"尽可能地分开来，而在评估时要自觉地注意到评估标准的问题，再成为西方学界中不少人强调的一个学术规范。梁启超早年倾向以现实价值投射到古人思想之中，晚年强调多做描写、批评愈少愈好的观点，在今天看来，可以说也是其逐渐追求一种更客观的学术研究态度和方法的过程。

其次，以现实价值投射于历史时，较常见的方式是运用历史来建立民族自信心或建构民族国家认同。这虽然是一个非常普遍的做法，也有其可取之处，任公"铸造国魂"的做法即属此类。但要警惕的是，此举很容易产生流弊。原因在于，这种做法往往会陷于将学术变为政治的工具，或为某一特定目标服务，使学术失去自主性甚至歪曲历史的困境。例如梁启超论墨就因带有过强的民族主义色彩，而影响了其判断。在此种民族主义的目标之下，学术研究即使不被误用，如果将民族尊严奠基于像梁启超所说"我们比外国人更早发明某个东西或学问"的观念上，其呈现的似乎也只是一种不很成熟的民族主义。

再其次，学术论断的精确性问题。梁启超的思想受限于时代，不可避免存在缺失的部分，如在考证、辨伪等方面，有不少的论断已为后人所超越。

对梁启超的学术思想以今日的学术标准来考察，或许存在以上的瑕疵，那么我们还能够说他的思想是"有其一贯性，而且是深刻的"吗？他是否能将各种来源互异的思想因子整合成一个较圆融的构想呢？作者尝试提出梁任公学术思想的七个特点，它们是：

第一，梁启超主张融合古今中外的学说，而抟成一适合中国国情的新思想，而在此过程中，每一个个体都要从事评估与调和的工作。换言之，知识的取得是一个奋斗的过程，要"淬厉其所本有而新之"与"采补其所本无而新之"，其中没有一个现成而完美的真理体系，可以作为改变社会的绝对指南。同时，任公也自觉地了解到，自己的评估能力与知识是有限的，所以对于他人要采取开放的态度，使学术能在相互指正之下逐渐累积、进步；然而梁任公以其有限的评估能力，来看各种不完美的思想体系之时，却没有变成一个相对主义者，他反而将这种对知识的看法与人文主义的理想结合在一起。

第二，知识的内涵不仅包括实证性的科学知识，也包括"非科学""超科学"的知识。后者包括由情感而生发的爱与美，以及宗教信仰等具有神秘性的生活经验。今日许多学者都肯定此一观点，唐君毅、牟宗三等人所代表的新儒家即持此见。此外，李泽厚在反省"科学与人生观"论战时也说：

> 玄学派所提出的问题和所作的某些（只是某些）基本论断，例如认为科学并不能解决人生问题，价值判断与事实判断有根本区别，心理、生物特别是历史、社会领域与无机世界的因果领域有性质的不同，以及对非理性因素的重视和强调等等，比起科学派虽乐观却简单的决定论的论点论证要远为深刻，它更符合于二十世纪的思潮。[10]

301

第三，人类的生活不仅包括科学所处理的物质的方面，也包括超越科学的精神的方面，而寻求精神生活与物质生活的协调是很重要的。他因而批评墨子与马克思倾向唯物论的主张，而欣赏弥勒所谓快乐不仅有比较具体性、物质性的快乐，也有"知力的快乐、思想的快乐、道德的快乐"。

第四，宗教，尤其是大乘佛教，强调悲智双修、转迷成悟，亦即是知而后信，它不但有一套周密的本体论，可以帮助我们了解宇宙与历史，也洞悉人类精神的本质。同时，在佛教、陆王心学、谭嗣同《仁学》与柏格森哲学的影响下，梁启超特别指出"心力""心能"的重要性，认为个人精神力量的自主性可以影响宇宙的生灭变化。此一观点虽然可能会引起争论，但是现在尊重宗教、肯定精神力量的观念在西方学术界也很流行。例如社会学家贝拉（Robert N. Bellah）即强调美国当代文化中《圣经》传统的重要性。[11] 在肯定宗教经验这方面最重要的一本著作，是心理学家与实用主义者——同时也被认为是美国一位重要的哲学家——威廉·詹姆斯所写的《宗教经验之种种》（*The Varieties of Religious Experience*）。[12]

第五，所有这些不同的知识结合在一起，有助于澄清人类生活的目标，以及提供达成目标之方法。

第六，在追求目标的过程中，个人与群体是一样重要的，两者也应相互调和。具体地说，梁启超一方面肯定个人与个性，另一方面也要求发挥儒家仁的精神，做到"己立立人，己达达人"。梁启超从许多方面说明个人的重要性,包括他一再强调的:个人对知识与精神生活的追求有本质性的意义,亦即个人是这种追求的唯一的执行者,是具有"主观能动性"与创造性的个体(此一观点与上述的"心力"概念有关)。因此将梁启超视为集体主义者,或认为其有集体主义的萌芽,是错误的。他的"个性中心之'仁的社会'"的观念,是今日许多人会肯定的一个理想。

第七,梁启超认为为了让个人追求道德目标,而避免出现自私自利的情形,必须采用不同的说法,使人们认识正确的群己关系。这些说法包括儒家的道德理想,墨子兼爱与"利人即所以利己"的观念,佛教的各种理论等,甚至也应参考康德的哲学、日人加藤弘之与英人弥勒对边沁功利主义的修正与发挥。再者,梁启超也提醒人们要认识群体本身的光辉历史,并对个人不能在此基础之上继续进步感到惭愧。

上述纲要式的七点或许可以视为梁启超学术思想的特点,笔者认为任公一生之中吸收了东西方的各种知识,因而其学术思想呈现出复杂多变的面貌,但在多变的表层下仍展现出这些不变之处。

上述梁启超的学术思想与他的政治思想、文化理念有内在的关联。他在政治、文化变迁上采取继往开来的态度,这就是他在《新民说》中所说的,新民需要下两方面的功夫:"淬厉其所本有而新之"以及"采补其所本无而新之"。此一原则不但适用于学术思想研究,也适用于政治与文化领域。他一生主张调适改良，而不赞成以激烈的革命手段打倒一切。他在清末属于"立宪派"，反对暴力革命，主张由君主立宪过渡到民主共和，认为"主权在民"的理想虽然美好，但必须逐步建立在具有现代精神的国民之上，否则民主政治难免变成暴民专政。民国国民政府成立之后，他致力于政党政治的推行，努力"维护共和"，晚年尤其反对政党之间的血腥斗争。他强调当务之急是建立安定的环境，"发展实业"。他认为任何先进的学说与制度，必须与本国的实际状况相结合，才能发生效力。同时，任何一种行之有效的制度，必须在国家、人民的实际生活中有一个酝酿、发展的过程，才能将传统与现代、东方与西方结合在一起。梁启超在三十岁之后放弃了陈义过高的"大同"理想，不谈"托古改制"，转而强调在和谐、稳定的环境下追求逐渐进步，此一观点值得吾人省思。

在文化上，他一方面反对五四新文化运动所揭橥的"反传统""打倒孔家店""把线装书丢到茅坑里"，另一方面也不赞成极端守旧的保守理念。他主张在传统的根基上吸收西方的长处，最后建立一个中西融合的新中国文化。这一会通中西的想法也使他开启了近代中国批判西方主流文化的一个传统。梁启超（以及严复等人）批评西方文化太过强调个人自由，而不够注意群己的"权界"、平衡。他也认识到西方对个人自由的强调与实证主义的传统有关，亦即"一方面以个人的自主与人人在法律上平等的理想以及物质性进步为绝对的价值，而另一方面在人有分歧或冲突之时，视量化或完全客观的证据为真理的

第八章 结论：梁启超对中国学术思想的现代诠释

唯一标准"。[13]梁启超了解此一问题，而能避免实证主义。他肯定宗教经验与形上思考，也关怀现实问题，能把哲学思索与现实需求结合为一。

墨子刻教授指出，美国的多数社会科学家都同意一个国家若要追求经济现代化与民主化，就要将三个市场正当化（legitimize），否则不易成功。所谓"三个市场"，是指由个人决定要买或卖什么东西（经济市场），由个人决定要研究什么想法或肯定什么观念（思想、知识、资讯流通的自由市场），由个人决定要支持哪一个政治主张或政党（政治市场），此一想法与西方的个人主义密切相关。然而中国知识分子在讨论"三个市场"时往往偏到"乌托邦主义"。墨先生认为近代中国少有知识分子完全理解并肯定三个市场，他们所追求的是大公无私与没有政客的民主、没有阶级之间的剥削与不平等的"资本主义"，以及上下一心而彼此会通的思想界。[14]这种想法有很深的历史根源，源自传统道德语言中对"社区社会"（Gemeinschaft，或译为"礼俗社会"）的肯定，与对"结社社会"（Gesellschaft，或译为"法理社会"）的批判。[15]墨先生认为这是一种"不现实的入世观"。

然而我们要如何既避免乌托邦主义，又将三个市场制度化呢？墨先生认为在针对如何避免乌托邦主义，并结合人文精神与三个市场的课题上，最重要的贡献是梁启超的思想。他最受中国知识分子批评之处，恰恰也是他的思想的一个很大的优点，他和今日许多西方知识分子一样，觉得人类在实然与应然

305

方面所需要的知识，不能完全从一个系统的哲学体系中引导出来。梁任公的思想当然并非毫无脉络，可是他并不企图建立一个单一而宏大的理论。这样一来，他遭遇到一个"知识应该有何种构造"的认识论上的难题。很多中国知识分子对当代西方思想感到不满，认为它太"片面涣散"、太碎片化而不够系统化。可是不少西方思想家却以为当前时代所需要的复杂知识，原本就无法像人们收拾玩具那样，将它们整整齐齐地放在一个盒子里面。

"知识应该有何种构造"，是21世纪人类需要进一步讨论的问题。然而正是因为梁启超能避免建立体系的想法，所以他不但肯定思想的自由市场（与其他的自由市场），而且感觉到当一个有自觉的主体在评估古今中外的各种学说时，其分析能力必然是有局限性（英文所谓"易错性"，即fallibility）的。所以梁任公的思想一方面有"幽暗意识"（借用张灏先生的话），而避免了乌托邦主义；另一方面他强调个人主体的关键角色，而拒绝绝对的集体主义，再以此一主体来肯定固有文化中儒家"生生不已"与佛教"缘起不灭"的精神价值。

所以，在肯定人文主义与中国传统的儒、释、道三教的精神价值方面，梁任公和后来的新儒家如唐君毅、牟宗三、徐复观等人很类似。但是与新儒家的不同之处在于，梁任公一方面更为肯定超越性的宗教经验（他相信佛教的哲理具有最高的智慧），另一方面又能避免"乌托邦主义"与"体系主义"，而十分关注中国的实然条件与实际政策的需要。这样一来，他不但比新儒家更能够将中国传统的义理之学与经世之学结合在一起，而且也超越了西方实证主义者对现代化的思考。他的思想可以说是循着《中庸》所谓"极高明而道中庸"的思路在走。我相信在我们面对未来挑战之时，梁启超以调适的精神来修正中国文化的想法，应该是具有启示性的意义的。

1 王汎森等:《中国近代思想史的转型时代》,台北:联经出版公司,2007。王汎森:《"主义时代"的来临——中国近代思想史的一个重要发展》,《东亚观念史集刊》第4期(2013),第3—88页。

2 "两头不到岸"是梁启超在《过渡时代论》(1901)中的说法。他说"今日之中国,过渡时代之中国也","今日中国之现状,实如驾一扁舟,初离海岸线,而放于中流,即俗语所谓两头不到岸之时也"。(《饮冰室文集》,6:29)

3 梁启超说自己的"'学问欲'极炽,其所嗜之种类亦繁杂"。(《清代学术概论》,第66页)

4 [日]狭间直树:《梁启超研究与"日本"》,《近代中国史研究通讯》第24期(1997),第53页。

5 黄克武:《天演与佛法:〈天演论〉对清末民初佛学思想的冲击》,载《翻译史研究(2018)》,上海:复旦大学出版社,2020,第199—222页。

6 梁启超:《古议院考》,载《饮冰室文集》,1:94—96。

7 梁启超:《与严幼陵先生书》,载《饮冰室文集》,1:108。

8 梁启超:《清代学术概论》,第64页。

9 梁启超:《先秦政治思想史》,第12—13页。

10 李泽厚:《记中国现代三次学术论战》,载《中国现代思想史论》,台北:风云时代出版公司,1991,第64—65页。

11 如 Robert N. Bellah, et al., *Habits of the Heart: Individualism and Commitment in American Life* (Berkeley: University of California Press, 1985).

12 William James, *The Varieties of Religious Experience* (New York: Penguin Books, 1982).

13 墨子刻:《胡国亨思想的价值:〈胡国亨文集〉序》,载黄克武编《政治批评、哲学与文化:墨子刻先生中文论文集》,第332页。

14 参见墨子刻《二十世纪中国知识分子的自觉问题》,收入黄克武编《政治批评、哲学与文化:墨子刻先生中文论文集》,第285—328页。

15 "社区社会"(Gemeinschaft)与"结社社会"(Gesellschaft)是德国社会学家滕尼斯(Ferdinand Tönnies,1855—1936)最早提出来的,前者指道德醇美、人情味浓厚的乡村社会,后者则指道德含混、思想纷纭、人情淡薄、交通混乱的都市社会。

附录：略论梁启超研究的新动向 *

近十多年来梁启超研究有一些新的发展方向，学者们一方面多方搜集《饮冰室合集》以外的散佚作品，点校出版各种未刊文献，出版全集，[1]并从各种角度分析其思想内涵；另一方面也从现代化的视野给予其一个崭新的评价。其中最有意义的是有不少学者将梁任公调适、改良的思想基调，以及融合中西、继往开来的精神，与中国现代化的过程结合在一起，来思考其生平与思想的时代意义。例如耿云志教授从世界化与个性主义问题的角度将梁任公视为"中国现代化的启明星"；李喜所教授则指出梁任公融合中西文化，"开启社会主义与资本主义之外的第三种文明"。[2]类似的看法在2003年由南开大学所主办的"梁启超与近代中国社会文化国际学术研讨会"的论文之中也有不少。[3]笔者非常同意上述的观点，在拙著《一个被放弃的选择：梁启超调适思想之研究》及《梁启超与康德》《如何评估梁启超的思想？——回应赖建诚教授》等文中均有所探讨，并指出在面对21世纪的挑战之时，任公思想所具有的价值与意义：

任公……这些环绕着调适性的、继往开来、融贯中西的看法，很有价值。……[他]不但在引介西学方面跨出重要的一步，更重要的是他开始一个近代中国批判西方主流文化的传统。[4]

在避免建立体系与反对追求乌托邦理想的同时，任公十分关注中国的实际条件与政策上的具体需求，并以渐进的方式来实现其理想。这样一来，我认为任公比新儒家更能够将义理之学与经世之学、哲学思索与现实需求结合在一起，而表现出"始则转俗成真，终则回真向俗"的特色，而"向俗"的一面则是新儒家所不及的。如果以上的分析可以立足，那么我们在思索21世纪中国所需要的"新启蒙"之时，梁启超的思想应有其启示性的意义。[5]

拙文尝试指出梁任公思想所具有的启示不仅在政治、经济、社会等较具体的实用层面，也在知识与文化的层面，而任公政治的见解其实是奠基于非常深厚的知识积累之上的。换言之，梁任公的经世之志与指点江山的智慧乃其深厚知识根底的映现，从事梁启超研究，如果无法掌握他的政治思想与学术思想的关联，亦即上述"转俗成真"与"回真向俗"的关联，那么往往抓不到要害。总之，我认为梁启超研究的意义在于他的思想参验古今、涵括中西，几乎触及了近代中国思想变化的每一个重要面向，是研究中国近代史时所绕不开的一个题目。难怪从21世纪初期以来梁任公思想就吸引了许多人的目光。

近年来在梁启超思想的研究方面有不少可喜的进展，本文尝试概略地叙述几项重要的研究成果，并思索未来的方向。近十多年来，有关梁启超思想的研究主要可以分为以下三种进路。

第一是整体观照梁任公的生平与思想，及其在近代学术转型中的角色。在这方面我觉得比较重要的作品是耿云志、崔志海所写的《梁启超》（广州：广东人民出版社，1994）、蒋广学的《梁启超和中国古代学术的终结》（南京：江苏教育出版社，1998）、吴铭能的《梁启超研究丛稿》（台北：台湾学生书局，2001，特别是上篇"梁任公的古文献思想研究"），以及夏晓虹的《阅读梁启超》（北京：生活·读书·新知三联书店，2006）、《梁启超：在政治与学术之间》（北京：东方出版社，2014）。

耿云志、崔志海的《梁启超》是一本概括任公一生志业的传记，其中对任公治学的建树，如先秦思想、清学、佛学、史学与文学方面的成就，都有扼要的叙述。[6]蒋广学的大作则以梁任公学术思想为重点，分为"走出今文经学心路历程""不中不西、即中即西的中国学术观""未来学术的最终关怀"等三个部分，很详尽地梳理了梁任公学术思想的各个面向。而且作者认识到梁任公学术与政治的关联性："梁启超一生不忘政治家之使命，同时又保留着书生之本色"，"学术不仅仅是书本上的学问……学术的建设必须同国民性的改造联系在一起"。[7]书中也论及梁任公如何以西方学术观念为参照，对中国传统文化进行了近代意义的总结。这些都是非常精彩的论断。吴铭能的作品则探讨了目录学、辨伪学、清代学术史与诸子学，并将之放在梁任公与胡适论学的脉络中来思考。夏晓虹的书为多篇有关梁启超研究的论文结集而成，包括任公生平之考证、时人之评估、身后之影响，同时深入讨论了梁任公对于文学、戏曲、艺术、五四运动等议题的看法，也评介了数本有关梁启超的著作。尤其具有特色的是她利用了新发现的史料来做分析，对于20世纪20年代梁启超与胡适的学术因缘以及诗学因缘提出令人耳目一新的诠释。总之，读者如能仔细地阅读这几本书，可以对梁任公生平与思想形成一个清晰的轮廓。

上述几部作品，不同程度地呈现了梁任公思想中西碰撞、古今交织的复杂性，但除了夏晓虹的作品，都不够注意到明治时期日本学术传统对梁任公的影响。梁任公流亡日本十四年，分别住在东京横滨与神户须磨等地，[8]他曾自称阅读日籍之后思想为之一变，他说"既旅日本数月，肄日本之文，读日本之书，畴昔所未见之籍，纷触于目，畴昔所未穷之理，腾跃于脑。如幽室见日，枯腹得酒，沾沾自喜"。[9]那么日本学界究竟提供了什么样的思想资源，又如何丰富了梁任公各方面的见解呢？由此，日本学界的影响成为近年来梁任公思想研究的另一个焦点。在这方面出版了好几本书。首开其风的是日本京都大学狭间直树教授，他所领导的"梁启超研究会"以日文与中文出版了有关梁启超与日本学界的研究。[10]此外，他又与美国傅佛果教授合作，将1998年在加州大学圣塔芭芭拉分校召开会议的讨论成果结集出版，即 *The Role of Japan in Liang Qichao's Introduction of Modern Western Civilization to China.*[11] 上述三本书特别关注任公如何通过日本学术界接触西方思想，因而在思想上取得突破性的进益。这些书还有一个为许多人所忽略的成就，亦即指出任公不但通过日文著作了解西方，也通过日文著作来重新认识中国思想，如孔子思想、墨子思想、杨朱哲学、佛学与阳明学说等。这些融合了中国、日本与西方的观点是梁任公新民思想的根基。狭间直树教授很敏锐地指出，我们必须掌握梁任公思想中中、日、西三方面"知层"板块之间的嵌合关系，才容易厘清其有关中国现代化构想的底蕴。[12]2012年秋，狭间教授在台湾"清华大学"国学研究院的特别讲义由高莹莹翻译出版（《东亚近代文明史上的梁启超》，上海：上海人民出版社，2016），后来又在日本出版了《梁啟超：東アジア文明史の転換》（东京：岩波书店，2016）一书。这两本书对亡命日本期间的梁启超进行了大量的论述。这一思路将梁任公思想的研究带到一个新的境界。[13]

更有意义的是，京都大学"梁启超研究会"的一群研究者在出版专题研究成果的同时，也从事基本的史实厘清的工作。他们在岛田虔次（1917—2000）教授的指引之下，花费了很长的时间将丁文江、赵丰田编辑的《梁启超年谱长编》翻译为日文（东京：岩波书店，2004），并对其中所涉及的人物、事件、典故等加上详细的注解，也增补了新的材料。这部书已成为目前梁启超研究中不可或缺的一套工具书，也是整体呈现梁启超与他的时代的史著,有再将之翻译为中文的价值。[14]

另外两本关于梁任公与日本学术界的专书是郑匡民所著《梁启超启蒙思想的东学背景》(上海:上海书店,2003)与石云艳的《梁启超与日本》(天津:天津人民出版社,2005)。这两本书的重要性主要体现在两个方面。首先,作者均熟稔日文史料与日本近代史,并利用大量档案、资料,特别是日本外务省有关"清国亡命者"的报告,仔细地描写了梁任公流亡日本后的处境,填补了以往的空白。其次,郑著围绕启蒙思想的概念,分析了福泽谕吉、中村正直、中江兆民与加藤弘之等人所传播的"日本化的西方思想"对梁任公的影响,也注意到梁任公所做的思想上的取舍。比较可惜的是作者将论述范围限定在梁任公通过东学所认识的西方思想,而不够注意到其同时也通过东学来重新认识中国,以及中、日、西学三者交融互释的面向。石著则围绕《和文汉读法》《松阴文钞》,描述了梁启超在日本的新闻与教育活动。此外,郭连友的《吉田松阴与近代中国》(北京:中国社会科学出版社,2007),以及李运博、陈力卫等人有关梁启超与中日近代词汇的交流方面的研究,也对我们认识日本因素对梁启超的影响有所帮助。[15]

梁启超与明治时期重要学者在思想上的关联,可以帮助我们认识并反省中日之间的文化交流,以及东亚现代性的问题。对中国近代史的研究来说,通过此一例子我们可以了解梁启超思想所参与创造的中国现代性,并非等同于西方启蒙运动以来的现代性,而是在层层转译过程之中融合了近代西方、明治日本与中国传统的产物。此一视角将对我们认识近代中国有重要的启示。[16]

梁启超的思想除了与明治日本有密切的关系，也影响到韩国与越南。以韩国来说，有的作者整理梁氏传入韩国的作品，如崔惠善的《大韩帝国时期（1897—1910）传入朝鲜的梁启超著作》(《或问》，第28期，2015)。文大一的《梁启超在"开化期"韩国的影响》则是一篇通论性的介绍。作者指出，在近代韩国，梁启超的作品以及那些翻译其著作的译者，启蒙和教化了大批进步人士。由于"相似的语言、历史背景和国情"以及"梁启超对韩国国情的关注"等特殊原因，他的著作及其思想言论受到近代韩国文人的大力支持。故而，梁启超的文章及论著在以"直接登载论著的原文、翻译论著为译文、摘选原文或译述、书籍"的形式传播到韩国之后，读他的文章成为韩国文人中的一种流行，并成为一股独特的社会风气，这是近代中韩比较文学史上很重要的一部分。文中并详列了在韩国所刊印的梁氏著作。文大一还撰有《梁启超的"新民"思想对申采浩"新国民"思想的影响》一文，以具体个案说明了梁氏在韩国的影响力。[17]

山东大学牛林杰教授关于梁启超与韩国文学之关系的专著《韩国开化期文学与梁启超》(首尔：博而精，2002)是以韩文在韩国出版的，该书曾获2004年大韩民国学术院优秀图书奖，是目前论述梁启超与开化期韩国之关系最为系统专深的著作。读者也可以参阅他以中文撰写的文章，如《梁启超与韩国近代启蒙思想》(《韩国研究》，第九辑，2010）。有关梁启超对韩国"小说革命"的影响，可参见张乃禹、汤哲声《论梁启超对近代韩国思想启蒙及其小说革命的影响》(《晋阳学刊》2012年第3期）。

在梁启超史著对韩国的影响方面也有专文。如张乃禹《梁启超史传作品在韩国开化期的译介及其影响》(《新文学史料》2016年第3期）指出在开化期译介至韩国的梁启超著述中，以《越南亡国史》《意大利建国三杰传》《近世第一女杰罗兰夫人传》《匈牙利爱国者嘎苏士传》等为代表的史传作品占据相当大的比例。这些作品通过玄采、申采浩、李相益、周时经等人翻译介绍并出版为单行本，在韩国爱国启蒙知识文人间广为传阅。另一个相关的研究是邹振环的《清末亡国史"编译热"与梁启超的朝鲜亡国史研究》(《韩国研究论丛》，1996），介绍梁启超亡国史学的研究成果，受到韩国学者的广泛注意。1906年梁启超以社会进化论为基础所撰的《灭国新法论》有《朝阳报》出版的韩文译本。流传最广的要数《越南亡国史》，1906年由玄采译出，1907年又有两个译本。玄采译本分"越南亡国原因及事实""国亡志士小传""法人困弱愚瞀越南人之情状""越南之将来"四节，后附有《越法两国交涉》《灭国新法论》《日本之朝鲜》等文，堪称一本"亡国史学"的集结。该书流传甚广，提高了韩国国民的独立意识和历史意识。[18]

梁启超对越南的影响主要集中在对潘佩珠的研究中。如吴雪兰《潘佩珠与梁启超及孙中山的关系》(《北京师范大学学报

（社会科学版）》2004年第6期）。潘佩珠是越南维新会、东游运动、越南光复会的领袖，曾参加成立东京义塾。潘的政治思想和革命主张是以暴力的手段来推翻法国殖民统治。1905年，潘佩珠东渡日本求援。在日本横滨，潘佩珠会见了梁启超，双方以笔谈方式，就越南革命问题曾进行过多次讨论，梁启超对越南民族独立和发展问题提出了许多宝贵建议。在梁的帮助下，潘在日本出版了《越南亡国史》等书，运回越南，作为国内革命运动的宣传资料，并发动了闻名国内外的东游运动。[19]

在东亚世界中，韩国与越南均受到梁启超的影响。不过目前对他与韩国的关系研究较多，而越南方面仍有待挖掘。再者，韩国与越南的思想家有没有可能对任公思想造成过一定影响，也值得探究。

第三个研究进路是分析梁任公与中国其他人物的交往、互动关系。有关梁启超与康有为、章炳麟、黄遵宪、汪康年（1860—1911）、蒋方震（蒋百里，1882—1938）、张君劢、张东荪、胡适、徐志摩、蹇念益（号季常，1876—1930）等人的师友关系，早有学者加以研究。[20]近年来较受学者关注的题目也不少，例如梁任公与汪康年，在廖梅所著《汪康年：从民权论到文化保守主义》（上海：上海古籍出版社，2001）一书"时务报馆的知识群体"一章中，有详尽的分析。其次则是梁任公与严复和胡适之间的关系。梁任公比严复小二十岁，又比胡适长十八岁，三人均为引领时代风骚的风云人物，这一课题的研究涉及三代知识分子的学思历程与人物评价，饶富意义。在梁任

317

公与严复的研究上，蔡乐苏、戚学民、马勇与笔者均有专文，其中蔡乐苏以老子研究为例，挖掘严、梁的思想交锋最为精彩；[21]而梁任公与胡适之关系，先有张朋园的作品，又有董德福更细致的专书，[22]对于我们认识从清末到五四运动，亦即张灏所谓"近代中国思想的转型期"[23]，有所助益。此外，笔者亦曾有文分析梁任公对蒋介石的影响以及梁过世之后国民政府对其褒扬之复杂过程。[24]梁启超与政治人物之间的关系也很重要，在这方面涉及他与"研究系"人物如林长民（1876—1925）、蒋百里、汤化龙（1874—1918）、梁善济（1861—1941）等人之关系，以及研究系如何联络东南大学、北大教授与国民党人，参与北洋政治、五四运动与巴黎和会等。[25]梁任公与中国知识界、政治界的关系非常复杂，如何将梁任公思想放在社会、政治关系网络与学术对话之场域来观察，还值得进一步探讨。

以上的三个进路或是宏观，或是微观，对于我们认识梁任公与中国近代思想变迁，都有所贡献，也有很大的扩展空间。未来在以上研究成果的基础之上，还有许多需要继续深入的课题。对于未来的研究，笔者尝试提出以下两点建议：

现代化视野能让我们更公允地看待任公在中国近代史上扮演的角色，然而我们也不应忽略近年来对现代化理论的反省，亦即不再将现代化仅视为以英美为模范的一元性的现代化模式，而注意到"多元现代性""另类现代性"的可能。例如有些学者指出瑞典、丹麦、新西兰等国家正努力建设一个不以"工业化"为目标的现代国家。那么中国自然也能建立一个异于他国模式的现代国家。这正是认识梁任公思想的一个关键点。梁任公对中国问题的思考核心即他在"筹议京师大学堂章程"时所提到的"中西并重，观其会通"，以及拙著所说以"非弥尔主义对个人自由的尊重"为基础的民主共和，以人文关怀、宗教情操来避免西方实证主义的缺失等。[26] 当然还有其他的特点。对梁任公如何以"会通"的精神构思中国现代性问题，及其与英美、日本等现代化模式之间的差异，还需要做许多更细致的研究。

有关任公学术思想面向的研究仍嫌不足。在研究时，我们不能单纯地解读梁任公的作品，而需要将他作品的内在思路与外在语境结合起来考察。这也涉及任公如何"翻译"日本与西方思想，建立中国现代学术。此处所谓翻译是广义的用法，也包括摘述、译介等。不容忽略的是任公与东学的关联不只牵涉明治思想界，也牵涉日本学界如何译介欧洲思想的问题，以及东亚中、日、韩、越等国之间的文化互动，因而串连起好几个环节之间的诠释与误读，这方面还有不少课题值得深入考察。

在中国近代史的范畴之中，梁启超研究是不可忽略的一环。梁任公身处从传统学术、政治到现代学术、政治之转折点，对其思想的研究有非常丰富的意涵，可以帮助我们知人论世，并从历史的纵深思索中国的走向，我们期待未来有更丰硕的研究成果出现。

* 本文原刊山东大学《文史哲》编辑部编《文史哲》2004年第4期，收入本书时经笔者略作修改、增添。

1 较重要的作品有夏晓虹所编的《〈饮冰室合集〉集外文》，北京：北京大学出版社，2005。有关梁启超与友人的往来书札：江靖编注《梁启超致江庸书札》，汤志钧、马铭德校订，天津：天津古籍出版社，2005；许俊雅编注《梁启超与林献堂往来书札》，台北：万卷楼，2007。此外，2012年在梁启勋的故宅也找到一些档案，见中华书局编辑部、北京匡时国际拍卖有限公司编《南长街54号梁氏档案》，北京：中华书局，2012。另有汤志均、汤仁泽编《梁启超家书：南长街54号梁氏函札》。该书内容为梁启超的手迹、稿本，亲笔书信等，最早的写于1904年，最晚的写于1928年。至于梁启超全集，目前较全的版本是汤志钧、汤仁泽编《梁启超全集》，北京：中国人民大学出版社，2018。

2 耿云志：《梁启超的世界主义和个性主义》，《文史哲》2004年第3期。李喜所：《现代化视野下的梁启超研究》，《文史哲》2004年第3期。

3 李喜所主编《梁启超与近代中国社会文化》，天津：天津古籍出版社，2005。

4 黄克武：《如何评估梁启超的思想？——回应赖建诚教授》，《近代中国史研究通讯》第34期（2002），第94页。

5 黄克武：《梁启超与康德》。有关梁任公与新儒家的差异，作者参考了墨子刻《二十一世纪中国的路向：必然的趋向与自由的范围》，《当代》第119期（1997）。亦请参阅墨子刻《二十世纪中国知识分子的自觉问题》，收入余英时等著《中国历史转型时期的知识分子》。

6 可参见拙著书评：《耿云志、崔志海著〈梁启超〉》，《近代中国史研究通讯》第21期（1996），第216—224页。

7 蒋广学：《梁启超和中国古代学术的终结》，南京：江苏教育出版社，1998，第397页。

8 有关梁启超在日本居留之情形、活动及其现状，可参考夏晓虹的研究。夏晓虹：《回到现场：晚清人物寻踪》，南昌：江西教育出版社，2002。

9 梁启超：《论学日本文之益》，载《饮冰室文集》，4：80—82。

10 日文本为《共同研究梁啓超：西洋近代思想受容と明治日本》，1999年由みすず书房出版。中文本《梁启超・明治日本・西方——日本京都大学人文科学研究所共同研究报告》是在2001年由北京社科文献出版社出版的。

11 有关该次会议的情况，可参考桑兵教授所写的报道，详参桑兵《日本在中国接受西方近代思想中的作用——梁启超个案国际研讨会述评》，《历史研究,》第1期(1999)。

12 [日]狭间直树:《梁启超研究与"日本"》,《近代中国史研究通讯》第24期(1997)。

13 笔者认为这一计划的参与学者不够注意到梁氏的中国思想背景如何影响到他对"东学"的认识以及对由东学所认识的"西学"所产生之影响。这涉及从"译介""诠释"与"批判"三者交织互动的角度来研究梁启超的思想。

14 张朋园、黄克武:《评介日文版〈梁启超年谱长编〉》,《"中研院"近史所集刊》第48期(2005),第189—195页。

15 李运博:《中日近代词汇的交流:梁启超的作用与影响》,天津:南开大学出版社,2006年。陈力卫:《梁啓超〈和文漢讀法〉とその"和漢異義字"について—〈言海〉との接点を中心に》,《漢字文化圈諸言語の近代語彙の形成—創出と共有》,神户:关西大学出版社,2008,第423—462页。此文有中文版本:《"同文同种"的幻影:梁启超〈和文汉读法〉与日本辞书〈言海〉》,收入《东往东来:近代中日之间的语词概念》,北京:社会科学文献出版社,2019,第155—191页。文中参考了5种不同版本的《和文汉读法》,参见肖朗、孙莹莹《梁启超的〈和文汉读法〉及其对清末民初思想界的影响》,《浙江大学学报(人文社会科学版)》第47卷第1期(2016),第56—68页。

16 有关梁启超与日本的研究,也可参考崔志海《梁启超与日本:学术回顾与展望》,收入邹小站主编《思想家与近代中国思想》,北京:社会科学文献出版社,2005,第115—129页。笔者非常同意他在此文的结论所说,明治日本对梁启超的研究要同时注意作为"受体"的梁任公如何接受日本思想,以及作为"主体"的梁任公如何对日本思想进行"创造性转化";此外还要从近代东亚文明转型的角度来思考和把握。

17 [韩]文大一:《梁启超在"开化期"韩国的影响》,《青岛大学师范学院学报》第28卷第3期(2011),第82—86页。[韩]文大一:《梁启超的"新民"思想对申采浩"新国民"思想的影响》,《东方论坛》2012年第2期,第9—15页。

18 有关梁启超对韩国的影响,仍有待深入研究。韩国的梁一谟教授曾赠送笔者一本韩文翻译的梁任公作品:梁启超《饮冰室自由书》,全恒基译,出版地不详:搭印社,1908。

19 吴雪兰:《潘佩珠与梁启超及孙中山的关系》,《北京师范大学学报(人文社科版)》2004年第6期,第135—141页。有关梁启超对越南潘佩珠的影响,亦可参见罗景文《东亚汉文化知识圈的流动与互动——以梁启超与潘佩珠对西方思想家与日本维新人物的书写为例》，《台大历史学报》第48期（2011）。
20 张朋园：《梁启超与民国政治》，第254—276页。
21 蔡乐苏：《严复为何评点〈老子〉》，戚学民《严复译著与梁启超思想之关系》，习近平主编《科学与爱国：严复思想新探》，北京：清华大学出版社，2001，第212—234、269—290页。黄克武：《严复与梁启超》，《台大文史哲学报》第56期（2002）。马勇：《严复晚年心目中的梁启超》，载张广敏编《严复与中国近代文化》，福州：海风出版社，2003，第224—236页。
22 张朋园：《胡适与梁启超——两代知识分子的亲和与排拒》，《"中研院"近史所集刊》第15期下（1986）。董德福：《梁启超与胡适》，长春：吉林人民出版社，2004。
23 张灏：《中国近代思想史的转型时代》，载《时代的探索》，台北：联经出版公司，2004，第37—60页。
24 黄克武：《蒋介石与梁启超》，载吕芳上主编《蒋中正日记与民国史研究》，第121—138页。
25 参见彭鹏《研究系与五四时期新文化运动：以1920年前后为中心》，广州：中山大学出版社，2003；应俊豪《公众舆论与北洋外交：以巴黎和会山东问题为中心的研究》，台北：台湾政治大学历史学系，2001；丘文豪《梁启超的政治面向》，台北：台湾师范大学历史研究所硕士论文，2013；唐启华《巴黎和会与中国外交》，北京：社会科学文献出版社，2014。
26 黄克武：《一个被放弃的选择：梁启超调适思想之研究》。

参考文献

一、梁启超著作

梁启超:《论中国之将强》,《时务报》第31册(1897)。

梁启超:《论支那宗教改革》,《清议报》第19、20期(1899)。

梁启超:《放弃自由之罪》,《清议报》第30期(1899)。

梁启超:《中国魂安在乎》,《清议报》第33期(1899)。

梁启超:《国民十大元气论》,《清议报》第33期(1899)。

梁启超:《霍布士学案》,《清议报》第96、97期(1900)。

梁启超:《机埃的格言》,《清议报》第100期(1901)。

梁启超:《十种德性相反相成义》,《清议报》第82期(1901)。

梁启超:《论学术之势力左右世界》,《新民丛报》第1号(1902)。

梁启超:《论自由》,《新民丛报》第7号(1902)。

梁启超:《民约论巨子卢梭之学说》,《新民丛报》第11号(1902)。

梁启超:《乐利主义泰斗边沁之学说》,《新民丛报》第15

号（1902）。

梁启超：《加藤博士天则百话》，《新民丛报》第21号（1902）。

梁启超：《论佛教与群治之关系》，《新民丛报》第23号（1902）。

梁启超：《近世第一大哲康德之学说》，《新民丛报》第25、26、28号（1903）；第46—48号（合刊，1904）。

梁启超：《政治学大家伯伦知理之学说》，《新民丛报》第38、39号（1903）。

梁启超：《墨子之论理学》，《新民丛报》第49、50、51号（1904）。

梁启超：《孙文的价值》，《晨报》1925年3月13日。

梁启超：《中国魂》，上海：广智书局，1902。

梁启超：《节本明儒学案》，东京：新民社，1905。

梁启超：《中国六大政治家》，上海：广智书局，1911。

梁启超：《中国历史研究法》，上海：商务印书馆，1922。

梁启超：《清代學術概論》，[日] 桥川时雄译，东京：东华社，1923。

梁启超：《颜李学术》，北平：北平四存中学校，1930。

梁启超：《支那歷史研究法》，[日] 小长谷达吉译，东京：改造社，1938。

梁启超：《子墨子学说》，《饮冰室合集》（十），上海：中华书局，1941。

梁启超：《墨经校释》，《饮冰室合集》（十），上海：中华书局，1941。

梁启超:《墨子学案》,《饮冰室合集》(十一)，上海：中华书局，1941。

梁启超:《王荆公》，台北：台湾中华书局，1956。

梁启超:《先秦政治思想史》，台北：台湾中华书局，1956。

梁启超:《新史学》，载《饮冰室文集》9，台北：台湾中华书局，1970。

梁启超:《论佛教与群治之关系》，载《饮冰室文集》10，台北：台湾中华书局，1970。

梁启超:《评非宗教同盟》，载《饮冰室文集》38，台北：台湾中华书局，1970。

梁启超:《什么是文化》，载《饮冰室文集》39，台北：台湾中华书局，1970。

梁启超:《历史统计学》，载《饮冰室文集》39，台北：台湾中华书局，1970。

梁启超:《治国学的两条大路》，载《饮冰室文集》39，台北：台湾中华书局，1970。

梁启超:《教育应用的道德公准》，载《饮冰室文集》39，台北：台湾中华书局，1970。

梁启超:《东南大学课毕告别辞》，载《饮冰室文集》40，台北：台湾中华书局，1970。

梁启超:《研究文化史的几个重要问题》，载《饮冰室文集》

40，台北：台湾中华书局，1970。

梁启超:《自鉴序》，载《饮冰室文集》41，台北：台湾中华书局，1970。

梁启超:《非"唯"》，载《饮冰室文集》41，台北：台湾中华书局，1970。

梁启超:《先秦政治思想史》，台北：台湾中华书局，1973。

梁启超:《清代学术概论》，台北：台湾中华书局，1974。

梁启超:《清代学術概論：中国のルネッサンス》，[日]小野和子译，东京：平凡社，1974。

梁启超:《论中国学术思想变迁之大势》，台北：台湾中华书局，1974。

梁启超:《中国历史研究法》，《饮冰室专集》(一)，台北：台湾中华书局，1978。

梁启超:《中国历史研究法(补编)》，《饮冰室专集》(一)，台北：台湾中华书局，1978。

梁启超:《佛学研究十八篇》，载《饮冰室专集》(七)，台北：台湾中华书局，1978。

梁启超:《欧游心影录(节录)》，《饮冰室专集》(七)，台北：中华书局，1978。

梁启超:《管子传》，《饮冰室专集》(八)，台北：台湾中华书局，1978。

梁启超:《论李鸿章》，台北：台湾中华书局，1978。

梁启超:《中国之武士道》,台北:中华书局,1978。

梁启超:《新民说》,台北:台湾中华书局,1978。

梁启超:《自由书》,台北:台湾中华书局,1979。

梁启超:《德育鉴》,台北:台湾中华书局,1979。

梁启超:《儒家哲学》,台北:台湾中华书局,1980。

梁启超:《中国近三百年学术史》,台北:台湾中华书局,1983。

梁启超:《与严幼陵先生书》,载《饮冰室文集》1,台北:台湾中华书局,1983。

梁启超:《古议院考》,载《饮冰室文集》1,台北:台湾中华书局,1983。

梁启超:《东籍月旦》,载《饮冰室文集》4,台北:台湾中华书局,1983。

梁启超:《论学日本文之益》,载《饮冰室文集》4,台北:台湾中华书局,1983。

梁启超:《评胡适之〈中国哲学史大纲〉》,载《饮冰室文集》38,台北:台湾中华书局,1983。

梁启超:《学问之趣味》,载《饮冰室文集》39,台北:台湾中华书局,1983。

梁启超:《人生观与科学:对于张丁论战的批评》,载《饮冰室文集》40,台北:台湾中华书局,1983;亦收入丁文江、张君劢等《科学与人生观》,台北:问学出版社,1977。

梁启超:《清华研究院茶话会演说辞》,载《饮冰室文集》

43，台北：台湾中华书局，1983。

梁启超：《致梁思顺》，载《梁启超家书》，北京：中国文联出版社，1999。

梁启超：《致徐志摩函》，收入蒋复璁、梁实秋编《徐志摩全集》，第1卷，北京：中央编译出版社，2013。

梁启超：《致梁思顺》，收入汤志钧、汤仁泽编《梁启超家书：南长街54号梁氏函札》，北京：中国人民大学出版社，2016。

二、档案

"命令褒扬梁启超"（1942年10月3日），《热心教育有功人员褒恤案（三）》，《国民政府档案》，台北"国史馆"藏，数位典藏号：001-036000-00058-016。

"蒋中正电熊式辉刘峙提倡研究王安石政治经济学"，《革命文献——党政外交》，《蒋中正"总统"文物》，台北"国史馆"藏，数位典藏号：002-020200-00032-036。

"褒扬梁启超"（1942年10月），《国民政府档案》，"内政门礼俗纲褒扬目河字第231号"，台北"国史馆"藏，数位典藏号：001-036000-0058。

《张学良日记》(1958年11月23日)，收入《张学良关系文书》（1930-2001），台湾"中研院"近代史研究所藏。

中国国民党《中执会政治会议第一七二次会议速记录》，台北党史馆藏，档案号：00.1/114。

"中央研究院"全文检索系统《朱子语类》资料库。

"中央研究院"历史语言研究所《红楼梦》资料库。

三、相关专著

康同薇编辑《日本变法由游侠义愤考》，上海：大同译书局，1898。

梁漱溟：《东西文化及其哲学》，上海：商务印书馆，1922。

东方杂志社编印《催眠术与心灵现象》，上海：商务印书馆，1923。

［法］郎格诺瓦、［法］瑟诺博司：《史学原论》，李思纯译，上海：商务印书馆，1926。

胡适：《中国哲学史大纲》，上海：商务印书馆，1926。

胡适：《四十自述》，台北：远东图书公司，1966。

［英］赫胥黎：《天演论》，严复译，上海：商务印书馆，1930。

方授楚：《墨学源流》，上海：中华书局，1937。

贺麟：《当代中国哲学》，南京：胜利出版社，1947。

郭沫若：《十批判书》，北京：科学出版社，1956。

丁文江编《梁任公先生年谱长编初稿》，台北：世界书局，1958。

冯友兰：《中国哲学史》，北京：中华书局，1961。

陈衍：《石遗室诗话》，台北：台湾商务印书馆，1961。

魏源编《皇朝经世文编》，第4卷，台北：世界书局，1964。

［法］孟德斯鸠：《法意》，严复译，台北：台湾商务印书馆，1965。

汪中：《述学》，台北：台湾中华书局，四部备要本，1965年台一版。

许地山：《扶箕迷信底研究》，台北：台湾商务印书馆，1966。

黄遵宪：《日本国志》，台北：文海出版社，1968。

顾颉刚编《古史辨》，第4、6册，台北：明伦出版社，1970。

牟宗三：《智的直觉与中国哲学》，台北：台湾商务印书馆，1971。

牟宗三：《政道与治道》，台北：台湾学生书局，1980。

牟宗三：《心体与性体》，台北：联经出版公司，2003。

牟宗三：《从陆象山到刘蕺山》，台北：联经出版公司，2003。

萧公权：《问学谏往录》，台北：传记文学出版社，1972。

萧公权：《康有为思想研究》，汪荣祖译，台北：联经出版公司，1988。

钱穆：《国史大纲》，台北：台湾商务印书馆，1975。

钱穆：《国学概论》，台北：台湾商务印书馆，1983。

吕实强：《儒家传统与维新》，台北：台湾"教育部"，

1976。

王尔敏:《晚清政治思想史论》,台北:华世出版社,1976。

余英时:《论戴震与章学诚》,台北:华世出版社,1977。

余英时:《中国近代思想史上的胡适》,台北:联经出版公司,1984。

余英时:《从价值系统看中国文化的现代意义》,台北:时报出版公司,1984。

余英时:《钱穆与中国文化》,上海:上海远东出版社,1994。

余英时:《历史人物与文化危机》,台北:东大图书公司,1995。

余英时,《现代儒学论》,上海:上海人民出版社,1998。

张朋园:《梁启超与民国政治》,台北:食货出版社,1978。

张朋园:《梁启超与民国政治》,台北:"中研院"近史所,2006。

唐君毅:《生命存在与心灵境界》,台北:台湾学生书局,1977。

唐君毅:《人文精神之重建》,台北:台湾学生书局,1980。

朱维铮、姜义华编《章太炎选集(注释本)》,上海:上海人民出版社,1981。

李笠：《校补定本墨子闲诂》，台北：艺文印书馆，第3版，1981。

萧公权：《中国政治思想史》，台北：联经出版公司，1982。

陆宝千：《清代思想史》，台北：广文书局，1983。

徐珂：《清稗类钞》，北京：中华书局，1984。

马宗霍：《墨子闲诂参正》，济南：齐鲁书社，1984。

胡颂平编著《胡适之先生年谱长编初稿》，台北：联经出版公司，1984。

张玉法：《民国初年的政党》，台北："中研院"近史所，1985。

"国史馆"编《"中华民国"褒扬令集初编（八）》，台北：台湾商务印书馆，1985。

王汎森：《章太炎的思想（1868—1919）及其对儒学传统的冲击》，台北：时报出版公司，1985。

王汎森：《古史辨运动的兴起：一个思想史的分析》，台北：允晨文化，1987。

王汎森等：《中国近代思想史的转型时代》，台北：联经出版公司，2007。

［美］列文森：《梁启超与中国近代思想》，刘伟、刘丽、姜铁军译，成都：四川人民出版社，1986。

［美］列文森：《儒教中国及其现代命运》，郑大华、任菁译，北京：中国社会科学出版社，2000。

［美］列文森：《儒家中国及其现代命运：三部曲》，刘文楠译，香港：香港中文大学出版社，2023。

逯耀东：《史学危机的呼声》，台北：联经出版公司，1987。

佛光大辞典编修委员会编《佛光大辞典》，高雄县：佛光出版社，1988。

张灏：《幽暗意识与民主传统》，台北：联经出版公司，1990。

张灏：《转型时代与幽暗意识：张灏自选集》，任锋编校，上海：上海人民出版社，2018。

水渭松：《墨子导读》，成都：巴蜀书社，1991。

顾昕：《中国启蒙的历史图景：五四反思与当代中国的意识形态之争》，香港：牛津大学出版社，1992。

中国历史博物馆编《郑孝胥日记》，劳祖德整理，第3册，北京：中华书局，1993。

黄进兴：《历史主义与历史理论》，台北：允晨文化，1992。

北京社科院宗教研究所编《白话佛教经典（二）：大佛顶首楞严经》，台北：博远出版有限公司，1993。

吴毓江：《墨子校注》，北京：中华书局，1993。

郑师渠：《晚清国粹派——文化思想研究》，北京：北京师范大学出版社，1993。

张寿安：《以礼代理：凌廷堪与清中叶儒学思想之转变》，

台北:"中研院"近史所,1994。

黄克武:《一个被放弃的选择:梁启超调适思想之研究》,台北:"中研院"近史所,1994。

黄克武:《自由的所以然:严复对约翰弥尔自由思想的认识与批判》,台北:允晨文化,1998。

黄克武:《一个被放弃的选择:梁启超调适思想之研究》,台北:"中研院"近史所,2006年再版。

黄克武:《反思现代:近代中国历史书写的重构》,成都:四川人民出版社,2021。

黄克武:自由的所以然:严复对约翰弥尔自由思想的认识与批判》,杭州:浙江古籍出版社,2021。

黄克武:《胡适的顿挫:自由与威权冲撞下的政治抉择》,台北:台湾商务印书馆,2021。

黄克武:《笔醒山河:中国近代启蒙人严复》,桂林:广西师范大学出版社,2022。

杨泽波:《孟子性善论研究》,北京:中国社会科学出版社,1995。

胡国亨:《独共南山守中国》,香港:香港中文大学出版社,1995。

许冠三:《新史学九十年》,台北:唐山出版社,1996。

金耀基:《中国政治与文化》,香港:牛津大学出版社,1997。

吴宓:《吴宓日记》,第8册,北京:新华书店,1998。

陈正茂编著《左舜生年谱》，台北："国史馆"，1998。

高力克：《调适的智慧——杜亚泉思想研究》，杭州：浙江人民出版社，1998。

罗检秋：《近代诸子学与文化思潮》，北京：中国社会科学出版社，1998。

王晴佳：《西方的历史观念：从古希腊到现在》，台北：允晨文化，1998。

王晴佳：《台湾史学50年》，台北：麦田出版社，2002。

关志钢：《新生活运动研究》，深圳：海天出版社，1999。

郑家栋：《牟宗三》，台北：东大图书公司，2000。

郁振华：《形上的智慧如何可能？——中国现代哲学的沉思》，上海：华东师范大学出版社，2000。

晋荣东：《李大钊哲学研究》，上海：华东师范大学出版社，2000。

应俊豪《公众舆论与北洋外交：以巴黎和会山东问题为中心的研究》，台北：台湾政治大学历史学系，2001。

［日］狭间直树编《梁启超·明治日本·西方：日本京都大学人文科学研究所共同研究报告》，北京：社会科学文献出版社，2001。

［日］狭间直树：《日本早期的亚洲主义》，北京：北京大学出版社，2017。

俞筱尧、刘彦捷编《陆费逵与中华书局》，北京：中华书局，2002。

夏晓虹:《回到现场：晚清人物寻踪》，南昌：江西教育出版社，2002年。

郑匡民:《梁启超启蒙思想的东学背景》，上海：上海书店出版社，2003。

彭鹏:《研究系与五四新文化运动：以1920年前后为中心》，广州：中山大学出版社，2003。

吴淑凤编注《蒋中正"总统"档案：事略稿本》，第14卷，台北:"国史馆"，2004。

吴淑凤编注《蒋中正"总统"档案：事略稿本》，第15卷，台北:"国史馆"，2004。

董德福:《梁启超与胡适》，长春：吉林人民出版社，2004。

石云艳:《梁启超与日本》，天津：天津人民出版社，2005。

夏晓虹编《〈饮冰室合集〉集外文》，北京：北京大学出版社，2005。

江靖编注《梁启超致江庸书札》，汤志钧、马铭德校订，天津：天津古籍出版社，2005。

李喜所主编《梁启超与近代中国社会文化》，天津：天津古籍出版社，2005。

周美华编注《蒋中正"总统"档案：事略稿本》，第25卷，台北:"国史馆"，2006。

高素兰编注《蒋中正"总统"档案：事略稿本》，第26卷，台北:"国史馆"，2006。

李运博:《中日近代词汇的交流：梁启超的作用与影响》，

天津：南开大学出版社，2006。

许俊雅编注《梁启超与林献堂往来书札》，台北：万卷楼，2007。

［日］浮田和民：《史学通论四种合刊》，邬国义编校，上海：华东师大出版社，2007。

蒋梦麟：《西潮》，天津：天津教育出版社，2008。

王春阳：《颜李学的形成与传播研究》，济南：齐鲁书社，2009。

王建辉：《教育与出版——陆费逵研究》，北京：中华书局，2012。

郭廷以：《郭量宇先生日记残稿》，台北："中研院"近史所，2012。

北京匡时国际拍卖有限公司编《南长街54号梁氏档案》，北京：中华书局，2012。

唐启华：《巴黎和会与中国外交》，北京：社科文献出版社，2014。

李喜所、元青：《梁启超新传》，北京：商务印书馆，2015。

彭小妍：《唯情与理性的辩证：五四的反启蒙》，台北：联经出版公司，2019。

张邦彦：《精神的复调：近代中国的催眠术与大众科学》，台北：联经出版公司，2020。

四、报刊文章

《申报》(上海),1922、1926。

《大公报》,1929。

《中央日报》,1942。

[日]那珂通世:《书〈支那通史〉后》,《申报》1899年9月18日第3版。

黄遵宪:《水苍雁红馆主人来简》,《新民丛报》第24号(1903)。

觉佛:《墨翟之学说》,《觉民》第7期(1904);亦收入王忍之等编《辛亥革命前十年间时论选集》,第1卷,下册,北京:生活·读书·新知三联书店,1978。

易白沙:《述墨》,《新青年》第1卷第2期(1915)、第1卷第5期(1916)。

陆费逵:《〈灵学丛志〉缘起》,《灵学丛志》第1卷第1期(1918)。

俞复:《答吴稚晖书》,《灵学丛志》第1卷第1期(1918)。

杨光熙:《盛德坛缘起》,《灵学丛志》第1卷第1期(1918)。

杨璿:《扶乩学说》,《灵学丛志》第1卷第1期(1918)。

蔡元培:《蔡孑民先生书》,《灵学丛志》第1卷第1期(1918)。

余觉:《余冰臣先生书》,《灵学丛志》第1卷第3期(1918)。

钱玄同、刘半农:《随感录》,《新青年》第4卷第5期(1918)。

陈独秀:《有鬼论质疑》,《新青年》第4卷第5期(1918)。

陈独秀:《〈新青年〉罪案之答辩书》,《新青年》第6卷第

1期（1919）。

罗罗:《心灵研究之进境》,《东方杂志》第15卷第9期（1918）。

陈大齐:《辟"灵学"》,《新青年》第4卷第5期（1918）。

陈大齐:《心灵现象论》,《北京大学日刊》1919年5月21日第3版。

《通信》,《新青年》第9卷第4期（1921）。

黎明:《辟同善社》,《新青年》第9卷第4期（1921）。

周志灏:《辟同善社》,《民国日报》（上海）1921年12月11日。

游:《〈灵学丛志〉的笑话》,《晨报副刊》1922年9月16日。

罗奇爵士:《心灵学》,小峰译,《晨报副刊》1924年6月30日第2版。

《死人会说话吗？：某灵学杂志所刊之岳飞降灵字迹此为魔鬼惑人之诡计》,《时兆月报》第23卷第3期（1928）。

冠:《与梁任公先生谈话记》,《清华周刊》第271期（1923）。

全汉升:《清末的西学源出中国说》,《岭南学报》第4卷第2期（1935）。

杨宽:《论晚近诸家治墨经之谬》,章太炎编《制言半月刊》第29期（1936）。

艾思奇:《辨证法唯物论梗概》,《中国农村》第3卷第7期（1937）。

康德尔:《灵学漫谈》,《时兆月报》第35卷第4期（1940）。

张其昀:《梁任公别录》,《思想与时代》第4期（1941）。

张荫麟:《跋梁任公别录》,《思想与时代》第4期(1941)。

张其昀:《敬悼张荫麟先生》,《大公报》(重庆)1942年10月27日第2版。

胡绳武、金冲及:《关于梁启超的评价问题》,《学术月刊》第2期(1960)。

张朋园:《黄遵宪的政治思想及其对梁启超的影响》,《"中研院"近史所集刊》第1期(1969)。

张朋园:《胡适与梁启超——两代知识分子的亲和与排拒》,《"中研院"近史所集刊》第15期下(1986)。

张朋园:《革命与现代化交织下的近代史国》,《思与言》第29期(1991)。

张朋园、黄克武:《评介日文版〈梁启超年谱长编〉》,《"中研院"近史所集刊》第48期(2005)。

蔡尚思:《梁启超后期的思想体系问题》,《文汇报》1961年3月31日。

汪荣祖:《梁启超新史学试论》,《"中研院"近史所集刊》第2期(1971)。

张佛泉:《梁启超国家观念之形成》,《政治学报》第1期(1971)。

张灏:《晚清思想发展试论:几个基本论点的提出与检讨》,《"中研院"近史所集刊》第7期(1978)。

杜维运:《梁著〈中国历史研究法〉探原》,《历史语言研究所集刊》第51卷第2期(1980)。

［美］墨子刻、［美］马若孟《汉学的阴影：美国现代中国研究近况》，刘纪曜、温振华译，《食货月刊》第10卷第10期（1981）。

［美］墨子刻：《二十一世纪中国的路向：必然的趋向与自由的范围》，《当代》第119期（1997）。

［美］墨子刻：《形上思维与历史性的思想规矩：论郁振华教授的〈形上的智慧如何可能？——中国现代哲学的沉思〉》，《清华大学学报（哲学社会科学版）》第16卷第6期（2001）。

［美］墨子刻：《道统的世界化：论牟宗三、郑家栋与追求批判意识的历程》，《社会理论学报》第5卷第1期（2002）。

黄克武：《诂经精舍与十九世纪中国教育、学术的变迁》，《食货月刊》第13卷第5、6期（1983）。

黄克武：《民国初年孔教问题之争论，1912—1917》，《台湾师范大学历史学报》第12期（1984）。

黄克武：《理学与经世：清初〈切问斋文钞〉学术立场之分析》，《"中研院"近代史研究所集刊》第16期（1987）。

黄克武：《清代考证学的渊源：民初以来研究成果之评介》，《近代中国史研究通讯》第11期（1991）。

黄克武：《"五四话语"之反省的再反省：当代大陆思潮与顾昕的〈中国启蒙的历史图景〉》，《近代中国史研究通讯》第17期（1994）。

黄克武：《梁启超的学术思想：以墨子学为中心之分析》，《"中研院"近史所集刊》第26期（1996）。

黄克武:〈论李泽厚思想的新动向：兼谈近年来对李泽厚思想的讨论〉,《"中研院"近史所集刊》第25期(1996)。

黄克武:《欧洲思想与二十世纪初年中国的精英文化研讨会》,《近代中国史研究通讯》第21期(1996)。

黄克武:《耿云志、崔志海著〈梁启超〉》,《近代中国史研究通讯》第21期(1996)。

黄克武:《梁启超与康德》,《"中研院"近史所集刊》第30期(1998)。

黄克武:《墨子刻先生学述》,《清华大学学报(哲学社会科学版)》第16卷第6期(2001)。

黄克武:《如何评估梁启超的思想？——回应赖建诚教授》,《近代中国史研究通讯》第34期(2002)。

黄克武:《严复与梁启超》,《台大文史哲学报》第56期(2002)。

黄克武:《梁启超与中国现代史学之追寻》,《"中研院"近史所集刊》第41期(2003)。

黄克武:《梁启超与儒家传统：以清末王学为中心之考察》,《历史教学》2004年第3期。

黄克武:《民国初年上海的灵学研究：以"上海灵学会"为例》,《"中研院"近史所集刊》第55期(2007)。

黄克武:《胡适与赫胥黎》,《"中研院"近史所集刊》第60期(2008)。

黄克武:《蒋介石与贺麟》,《"中研院"近史所集刊》第67

期（2010）。

黄克武：《省克记的史料价值》，《国史研究究通讯》2012年第2期。

黄克武：《灵学与近代中国的知识转型：民初知识分子对科学、宗教与迷信的再思考》，《思想史》第2期（2014）。

黄进兴：《所谓"道德自主性"：以西方观念解释中国思想之限制的例证》，《食货月刊》第14卷第7期、8（1984）；亦载《优入圣域：权力、信仰与正当性》，台北：允晨文化，1994。

黄进兴：《中国近代史学的双重危机：试论"新史学"诞生及其所面临的困境》，《中国文化研究所学报》新第6期（1997）。

黄进兴：《"文本"（text）与"真实"（truth）：试论德希达（Derrida）对传统史学的冲击》，《新史学》第13卷第3期（2002）。

陆宝千：《论罗泽南的经世思想》，《"中研院"近史所集刊》第15期下（1986）。

陆宝千：《章太炎之论墨学》，《"中研院"近史所集刊》第20期（1991）。

李明辉：《儒家与自律道德》，《鹅湖学志》第1期（1988）；亦载《儒家与康德》，台北：联经出版公司，2018。

李明辉：《孟子与康德的自律伦理学》，《鹅湖月刊》第13卷第11期，总第155期（1988）。

陈占标：《梁启超对早期毛泽东的影响》，新会梁启超研究会编《梁启超研究》第6期（1989）。

罗检秋：《近代墨学复兴及其原因》，《近代史研究》1990

年第1期。

李宇平:《试论梁启超的反通货膨胀言论》,《"中研院"近史所集刊》第20期(1991)。

林正珍:《近代中国思想史上墨学复兴的意义》,《文史学报》第21期(1991)。

贺广如:《乾嘉墨学蠡测:汪中墨子序试析》,《中国文学研究》第6期(1992)。

巫寿康、巫白慧:《陈那评传》,《佛学研究》1993年第2期。

蒋俊:《梁启超早期史学思想与浮田和民的〈史学通论〉》,《文史哲》1993年第5期。

陈丰:《不谋而合:"年鉴派"和梁启超的新史学思想》,《读书》第177期(1993)。

黄敏兰:《梁启超〈新史学〉的真实意义及历史学的误解》,《近代史研究》1994年第2期。

潘光哲:《近现代中国"改造国民"论的讨论》,《近代中国史研究通讯》第19期(1995)。

潘光哲:《画定"国族精神"的疆界:关于梁启超〈论中国学术思想变迁之大势〉的思考》,《"中研院"近史所集刊》第53期(2006)。

叶其忠:《从张君劢和丁文江两人和〈人生观〉一文看1923年"科玄论战"的爆发与扩展》,《"中研院"近史所集刊》第25期(1996)。

叶其忠:《1923年"科玄论战":评价之评价》,《"中研院"

近史所集刊》第26期(1996)。

桑兵:《晚清民国时期的国学研究与西学》,《历史研究》1996年第5期。

桑兵:《日本在中国接受西方近代思想中的作用——梁启超个案国际研讨会述评》,《历史研究》1999年第1期。

桑兵:《梁启超的东学、西学与新学——评狭间直树〈梁启超·明治日本·西方〉》,《历史研究》2002年第6期。

[法]巴斯蒂:《中国近代国家观念溯源:关于伯伦知理〈国家论〉的翻译》,《近代史研究》1997年第4期。

[日]狭间直树:《梁启超研究与"日本"》,《近代中国史研究通讯》第24期(1997)。

[日]狭间直树:《关于梁启超称颂"王学"问题》,《历史研究》1998年第5期。

王汎森:《中国近代思想中的传统因素——兼论思想的本质与思想的功能》,《学人》第12辑(1997)。

王汎森:《"主义时代"的来临——中国近代思想史的一个关键发展》,《东亚观念史集刊》第4期(2013)。

[荷兰]赫伊津哈:《发刊词》,《西洋史研究通讯——历史:理论与文化》第1期(1998)。

廖名春:《梁启超古书辨伪方法的再认识》,《汉学研究》第16卷第1期(1998)。

范纯武:《近现代中国佛教与扶乩》,《圆光佛学学报》第3期(1999)。

王晴佳:《钱穆与科学史学之离合关系,1926—1950》,《台大历史学报》第26期(2000)。

[美]孙隆基:《清季民族主义与黄帝崇拜之发明》,《历史研究》2000年第3期。

高力克:《调适的启蒙传统》,《二十一世纪》第59期(2000)。

苏世杰:《历史叙述中的兰克印象:兰克与台湾史学发展》,《当代》第163期(2001)。

朱发建:《梁启超晚年对历史理论的探索及困惑》,《湘潭大学社会科学学报》第25卷第5期(2001)。

李春远:《略论梁启超的"应用佛学"》,《福建论坛·人文社会科学版》2001年第4期。

黄道炫:《蒋介石与朱、王二学》,《史学月刊》2002年第12期。

沈松侨:《国权与民权:晚清的"国民"论述,1895—1911》,《历史语言研究所集刊》第73卷第4期(2002)。

赖建诚:《梁启超论墨子的经济见解》,《近代中国史研究通讯》第34期(2002)。

[美]沙培德:《"利于君,利于民":晚清官员对立宪之议论》,《"中研院"近史所集刊刊》第42期(2003)。

晋荣东:《李凯尔特与梁启超史学理论的转型》,《天津社会科学》2003年第3期。

陈平原:《"元气淋漓"与"绝大文字"——梁启超及"史界革命"的另一面》,《古今论衡》第9期(2003)。

耿云志：《梁启超的世界主义和个性主义》，《文史哲》2004年第4期。

李喜所：《现代化视野下的梁启超研究》，《文史哲》2004年第4期。

吴雪兰：《潘佩珠与梁启超及孙中山的关系》，《北京师范大学学报（人文社科版）》2004年第6期。

侯杰、李钊：《大陆近百年梁启超研究综述》，《汉学研究通讯》第24卷第3期（2005）。

张崑将：《近代中日阳明学的发展及其形象比较》，《台湾东亚文明研究学刊》第5卷第2期（2008）。

张晓唯：《蔡元培、梁启超的"有限合作"》，《书屋月刊》2008年第8期。

郑国、泮君玲：《关于民初中国灵学问题研究的综述与展望》，《科学与无神论》第6期（2008）。

王见川：《同善社早期的特点及在云南的发展（1912—1937）：兼谈其与"鸾坛""儒教"的关系》，《民俗曲艺》第172期（2011）。

徐泓：《"民国六十年间"的明史研究：以政治、社会、经济史研究为主（下）》，《明代研究》第14期（2010）。

雷祥麟：《习惯成个人——肺结核防治与新生活运动中的身体与道德》，《"中研院"近史所集刊》第74期（2011）。

罗景文：《东亚汉文化知识圈的流动与互动——以梁启超与潘佩珠对西方思想家与日本维新人物的书写为例》，《台大历史学报》第48期（2011）。

［韩］文大一：《梁启超在"开化期"韩国的影响》，《青岛大学师范学院学报》第28卷第3期（2011）。

［韩］文大一：《梁启超的"新民"思想对申采浩"新国民"思想的影响》，《东方论坛》2012年2期。

陈玮芬：《"哲学"之创译与演绎——兼论"哲学"与"理学"之辨》，《台湾东亚文明研究学刊》第9卷第2期，总第18期（2012）。

肖朗、孙莹莹：《梁启超的〈和文汉读法〉及其对清末民初思想界的影响》，《浙江大学学报（人文社会科学版）》第47卷第1期（2016）。

萧高彦：《"严复时刻"：早期严复政治思想中的圣王之道与社会契约》，《思想史》第8期（2018）。

韩承桦：《〈先秦政治思想史〉与梁启超晚年的思想主张》，《思想史》第10期（2021）。

黎秉一：《民初"五教合一"论述的两个类型——以李佳白与道院为例（1921—1927）》，《中国文学研究》第52期（2021）。

五、析出文献

俞樾：《〈墨子闲诂〉序》，载《墨子闲诂》，上海：上海书店影印版，出版时间不详。

罗振玉：《重刻〈支那通史〉原序》，收入那珂通世，载《增补支那通史》，出版地不详：文学图书公司，1904。

陈大齐:《辟"灵学"》,载《迷信与心理》,北京:北京大学出版部,1920。

陈大齐:《耕耘小获》,载中国人民政治协商会议浙江省海盐县委员会文史资料工作委员会编《陈大齐先生专辑》,海盐:中国人民政治协商会议浙江省海盐县委员会文史资料工作委员会,1988。

严复:《译凡例》,载《群己权界论》,上海:商务印书馆,1930。

严复:《救亡决论》,载王栻编《严复集》,第1册,北京:中华书局,1986。

严复:《天演进化论》(1913),载王栻编《严复集》,第2册,北京:中华书局,1986。

严复:《与侯毅书》,载王栻编《严复集》,第3册,北京:中华书局,1986。

严复:《与俞复书》,载王栻编《严复集》,第4册,北京:中华书局,1986。

严复:《进化天演——夏期演讲会稿》,载孙应祥、皮后锋编《严复集补编》,福州:福建人民出版社,2004。

贺麟:《康德名词的解释和学说的大旨》,载《近代唯心论简释》,重庆:独立出版社,1944。

贺麟:《儒家思想的新开展》,载《儒家思想新论》,台北:正中书局,1978。

贺麟:《康德黑格尔哲学东渐记:兼谈我对介绍康德黑格尔

哲学的回顾》，载《中国哲学》第二辑，北京：生活·读书·新知三联书店，1980。

黄遵宪：《致饮冰室主人书》，载丁文江编《梁任公先生年谱长编初稿》，台北：世界书局，1958。

萧公权：《萧公权先生序》，载张朋园《梁启超与清季革命》，台北："中研院"近史所，1964。

萧公权：《孔子政治学说的现代意义》，载《迹园文存》，台北：环宇出版社，1970。钱穆：《近百年来诸儒论读书》，载《学籥》，台北：三民书局，1969。

牟宗三：《序》，载劳思光《康德知识论要义》，香港：友联出版社，1976。

余英时：《史学、史家与时代》，载《历史与思想》，台北：联经出版公司，1976。

余英时：《清代思想史的一个新解释》，载《历史与思想》，台北：联经出版公司，1976。

余英时：《魂兮归来兮——论佛教传入以前中国灵魂与来世观念的转变》，载《东汉生死观：余英时英文论著汉译集》，侯旭东译，上海：上海古籍出版社，2005。

林宰平：《读丁在君先生的"玄学与科学"》，载丁文江、张君劢等《科学与人生观》，台北：问学出版社，1977。

王尔敏：《近代中国思想研究及其问题之发掘》，载《中国近代思想史论》，台北：华世出版社，1977。

陈寅恪：《〈中国哲学史〉审查报告》，载《陈寅恪先生论文集》,台北:九思出版社,1977。

陈寅恪:《重刻元西域人华化考序》,载《陈寅恪先生论文集》,台北:九思出版社,1977。

胡适:《〈科学与人生观〉序》,载丁文江、张君劢等《科学与人生观》,台北:问学出版社,1977。

胡适:《〈墨经校释〉后序》,载《饮冰室专集》(二),台北:台湾中华书局,1978。

胡适:《〈红楼梦〉考证》,载《中国章回小说考证》,上海:上海书店出版社,1980。

胡适:《不朽——我的宗教》,季羡林主编,载《胡适全集》,第1卷,合肥:安徽教育出版社,2007。

胡适:《胡适致梁启超函》,载潘光哲编《胡适全集·中文书信集1》,台北:"中研院"近史所胡适纪念馆,2018。

姚从吾:《近代欧洲历史方法论的起源》,载杜维运、黄俊杰编《史学方法论文选集》,台北:华世出版社,1979。

张朋园:《社会达尔文主义与现代化》,载《陶希圣先生八秩荣庆论文集》,台北:食货出版社,1979。

李泽厚:《梁启超王国维简论》,载《中国近代思想史论》,北京:人民出版社,1979。

李泽厚:《启蒙与救亡的双重变奏》,载《中国现代思想史论》,台北:风云时代出版公司,1990。

李泽厚:《记中国现代三次学术论战》,载《中国现代思想史论》,台北:风云时代出版公司,1991。

周予同:《五十年来中国之新史学》,载杜维运、陈锦忠编《中国史学史论文选集》(三),台北:华世出版社,1980。

叶嘉炽:《宗教与中国民族主义:民初知识分子反教思想的学理基础》,载《中国现代史论集》,第8辑,台北:联经出版公司,1981。

沈云龙:《两位反共的先驱——梁任公与曾慕韩》,载《民国史事与人物论丛》,台北:传记文学出版社,1981。

张君劢:《新儒家哲学之基本范畴》,载《中西印哲学文集》,台北:台湾学生书局,1981。

鲁迅:《热——三十三》,载《鲁迅全集》,第1卷,北京:人民文学出版社,1981。章炳麟:《国故论衡》之"原名",载《章氏丛书》,卷下,台北:世界书局,1982。

王国维:《论近年之学术界》,《静庵文集》,收入《王国维遗书》,册3,上海:上海古籍书店,1983。

左舜生:《清民之际的长沙》,载《近卅年见闻杂记》,台北:中国青年党党史委员会,1984。

冯友兰:《为什么中国没有科学》,载《三松堂学术文集》,北京:北京大学出版社,1984。

唐君毅:《民国初年的学风与我学哲学的经过》,载《生命的奋进:唐君毅、徐复观、牟宗三、梁漱溟四大学问家的青少年时代》,台北:时报出版公司,1984。

林毓生:《民初"科学主义"的兴起与含义:对民国十二年"科学与玄学"论争的省察》,载《中国意识的危机:"五四时期"激烈的反传统主义》,穆善培译,贵阳:贵州人民出版社,1988。

梁漱溟:《纪念梁任公先生》,载《忆往谈旧录》,台北:李敖出版社,1990。

沈仁安:《译序》,载[日]坂本太郎《日本的修史与史学》,沈仁安、林铁森译,北京:北京大学出版社,1991。

[美]墨子刻:《二十世纪中国知识分子的自觉问题》,载余英时等《中国历史转型时期的知识分子》,台北:联经出版公司,1992;亦载黄克武编《哲学批评、哲学与文化:墨子刻先生中文论文集》,台北:华艺学术出版部,2021。

[美]墨子刻:《序》,载黄克武《自由的所以然:严复对约翰弥尔自由思想的认识与批判》,台北:允晨文化,1998。

[美]墨子刻:《墨子刻序》,载《胡国亨文集》,兰州:兰州大学出版社,2000。亦见墨子刻《胡国亨思想的价值:〈胡国亨文集〉序》,载黄克武编《哲学批评、哲学与文化:墨子刻先生中文论文集》,台北:华艺学术出版部,2021。

[美]墨子刻:《中国历史脉络中的西方公民社会概念》,载《政治批评、哲学与文化:墨子刻先生中文论文集》,台北:华艺数位,2021。

杜蒸民:《胡适与墨学》,载耿云志、闻黎明编《现代学术史上的胡适》,北京:生活·读书·新知三联书店,1993。

〔明〕艳艳生:《趣史序》,载《昭阳趣史》,台北:台湾大英百科股份有限公司,1994("思无邪汇宝"排印墨庄主人刊本）。

　　［日］竹内弘行：《梁启超与阳明学》，载广东康梁研究会编《戊戌后康梁维新派研究论集》，广州：广东人民出版社，1994。

　　［日］竹内弘行：《关于梁启超师从康有为的问题》，载［日］狭间直树编《梁启超·明治日本·西方：日本京都大学人文科学研究所共同研究报告》，北京：社会科学文献出版社，2001。

　　杜维明：《儒教中国及其现代命运》，载《现代精神与儒家传统》，台北：联经出版公司，1996。

　　吴其昌：《梁任公先生晚年言行记》，载夏晓虹编《追忆梁启超》，北京：中国广播电视出版社，1997。

　　杨祖汉：《牟宗三先生对儒家的诠释：回应杨泽波的评议》，载李明辉主编《儒家思想的现代诠释》，台北："中研院"中国文哲研究所，1997。

　　江日新：《"民族复兴之学术基础"的寻求——张君劢的科学概念与研究政策》，载刘述先主编《儒家思想与现代世界》，台北："中研院"中国文哲研究所，1997。

　　罗俊义：《当代新儒家的自我定位与其政治学的现代展开》，载刘述先编《儒家思想与现代世界》，台北："中研院"中国文哲研究所，1997。

　　［法］巴斯蒂：《梁启超与宗教问题》，中国社会科学院近代史研究所编《近代史研究》，第4卷，1997。此文亦见《东方学报》第70册（1998）；亦收入［日］狭间直树编《梁启超·明

治日本·西方：日本京都大学人文科学研究所共同研究报告》，北京：社会科学文献出版社，2001。

罗志田：《清季民初经学的边缘化与史学的走向中心》，载《权势转移：近代中国的思想、社会与学术》，武汉：湖北人民出版社，1999。

沈清松：《陈大齐》，载沈清松、慧严、李云汉《中国历代思想家23：陈大齐·太虚·戴季陶》，台北：台湾商务印书馆，1999。

郑家栋:《列文森与〈儒教中国及其现代命运〉——代译序》，载［美］列文森《儒教中国及其现代命运》，郑大华、任菁译，北京：中国社会科学出版社，2000。

陈伯熙编著《灵学会》，载《上海轶事大观》，上海：上海书店出版社，2000。

［日］井波陵一：《启蒙的方向——对于梁启超的评价》，载［日］狭间直树编《梁启超·明治日本·西方：日本京都大学人文科学研究所共同研究报告》，北京：社会科学文献出版社，2001。

［日］石川祯浩：《梁启超与文明的视点》，载［日］狭间直树编《梁启超·明治日本·西方：日本京都大学人文科学研究所共同研究报告》，北京：社会科学文献出版社，2001。

［日］狭间直树：《〈新民说〉略论》，载［日］狭间直树编《梁启超·明治日本·西方：日本京都大学人文科学研究所共同研究报告》，北京：社会科学文献出版社，2001。

[日]狭间直树:《日文本序》,载[日]狭间直树编《梁启超·明治日本·西方：日本京都大学人文科学研究所共同研究报告》,北京：社会科学文献出版社,2001。

[日]森纪子:《梁启超的佛学与日本》,载[日]狭间直树编《梁启超·明治日本·西方：日本京都大学人文科学研究所共同研究报告》,北京：社会科学文献出版社,2001。

吴铭能:《北京大学收藏〈梁启超给蹇季常等书信〉书后——兼谈书信的文献价值》,载《梁启超研究丛稿》,台北：台湾学生书局,2001。

蔡乐苏:《严复为何评点〈老子〉》,习近平主编《科学与爱国：严复思想新探》,北京：清华大学出版社,2001。

戚学民:《严复译著与梁启超思想之关系》,习近平主编《科学与爱国：严复思想新探》,北京：清华大学出版社,2001。

王汎森:《晚清的政治概念与"新史学"》,载《中国近代思想与学术的系谱》,石家庄：河北教育出版社,2001。

王汎森:《近代中国私人领域的政治化》,载《中国近代思想与学术的系谱》,台北：联经出版公司,2003。

罗志田:《送进博物院：清季民初趋新士人从"现代"里驱除"古代"的倾向》,载《裂变中的传承：20世纪前期的中国文化与学术》,北京：中华书局,2003。

马勇:《严复晚年心目中的梁启超》,载张广敏编《严复与中国近代文化》,福州：海风出版社,2003。

黄克武:《百年以后当思我：梁启超史学思想的再反省》,

载杨念群等编《新史学：多学科对话的图景》。北京：中国人民大学出版社，2003。

黄克武：《魂归何处？：梁启超与儒教中国及其现代命运的再思考》，载郑大华、邹小站主编《思想家与近代中国思想》，北京：社会科学文献出版社，2005。

黄克武：《蒋介石与阳明学：以清末调适传统为背景之分析》，载黄自进主编《蒋中正与近代中日关系》，上册，台北：稻乡出版社，2006。

黄克武：《蒋介石与梁启超》，载吕芳上主编《蒋中正日记与民国史研究》，台北：世界大同出版有限公司，2011。

黄克武：《天演与佛法：〈天演论〉对清末民初佛学思想的冲击》，载《翻译史研究（2018）》，上海：复旦大学出版社，2020。

张灏：《中国近代思想史的转型时代》，载《时代的探索》，台北：联经出版公司，2004。

竺可桢：《竺可桢日记》，载《竺可桢全集》，第8卷，上海：上海科技教育出版社，2005。

杨天石：《从蒋介石日记看他的早年思想》，载《杨天石文集》，上海：上海辞书出版社，2005。

杨天石：《宋明道学与蒋介石早年的个人修身》，载《杨天石文集》，上海：上海辞书出版社，2005。

崔志海：《梁启超与日本：学术回顾与展望》，载邹小站主编《思想家与近代中国思想》，北京：社会科学文献出版社，

2005。

郭连友:《梁启超与吉田松阴》,载《吉田松阴与近代中国》,北京:中国社会科学出版社,2007。

区志坚:《以人文主义之教育为宗旨,沟通世界中西文化:钱穆先生筹办新亚教育事业的宏愿及实践》,载香港中文大学文学院编《传承与创新——香港中文大学文学院四十五周年校庆论文集》,香港:香港中文大学出版社,2009。

〔清〕孙诒让:《与梁卓如论墨子书》,载《籀庼述林》,第10卷,雪克点校,北京:中华书局,2010。

刘纪蕙:《心力说的基督教化与政治经济学:梁启超的新民说与伦理生命治理》,载《心之拓朴:1895事件后的伦理重构》,台北:行人文化实验室,2011。

王见川:《近代中国的扶乩、慈善与迷信——以〈印光文钞〉为考察线索》,载康豹、刘淑芬主编《信仰、实践与文化调适》,下册,台北:"中研院",2013。

陈力卫:《"同文同种"的幻影:梁启超〈和文汉读法〉与日本辞书〈言海〉》,载《东往东来:近代中日之间的语词概念》,北京:社会科学文献出版社,2019。

[日]佐藤将之:《成为"哲学家"的孔子、成为孔子的井上圆了:近代日本"孔子教"之渊源探析》,载《东洋哲学的创造:井上圆了与近代日本和中国的思想启蒙》,台北:台湾大学出版中心,2023。

六、学位论文、会议论文

王文发:《近代的墨学复兴,1879—1937》,台北:台湾师范大学历史研究所硕士论文,1973。

王尔敏:《中西学源流说所反映之文化心理趋向》,载"中研院"编辑《"中研院"成立五十周年纪念论文集》,台北:"中研院",1978。

刘纪曜:《梁启超与儒家传统》,台北:台湾师范大学历史研究所博士论文,1985。

黄克武:《〈皇朝经世文编〉学术、治体部分思想之分析》,台北:台湾师范大学历史研究所硕士论文,1985。

萧世勇:《袁黄的经世信念及其实践方式》,台北:台湾师范大学硕士论文,1994。

林志宏:《战时中国学界的"文化保守"思潮(1941—1948)——以〈思想与时代〉为中心》,中坜:中央大学历史研究所硕士论文,1997。

廖本圣:《颜李学的形成(1898-1937)》,台中:东海大学历史研究所硕士论文,1997。

许松源:《梁启超对历史的理解及其思考方式》,新竹:台湾清华大学历史研究所硕士论文,1998。

吴义雄:《〈节本明儒学案〉与梁启超的新民学说》,香港浸会大学"二十世纪中国之再诠释"会议论文,2001。

牛大勇:《"史学危机"与近年来北京大学史学教育的改革》,"历史教学的危机与转机研讨会"会议论文,台北:东吴大学，2001年11月9—10日。

张崑将：《德川日本"忠""孝"概念的形程与发展：以兵学与阳明学为中心》，台北：喜玛拉雅研究发展基金会，2003。

梁世佑：《从种族到民族：梁启超民族主义思想之研究，1895—1903》，中坜：台湾中央大学历史研究所硕士论文，2003。

陈珊珊：《陈衍诗学研究——兼论晚清同光体》，台南：台湾成功大学中国文学系博士论文，2006。

丘文豪：《梁启超的政治面向》，台北：台湾师范大学历史研究所硕士论文，2013。

七、外文资料

［日］森时彦编《〈饮冰室文集〉引用和书目录》初稿（未刊）。

［日］浮田和民：《史學通論》，东京：东京专门学校文学科第二回第一年级讲义录，1898。

［日］高瀬武次郎：《楊墨哲學》，东京：金港堂书籍株式会社，1902。

［日］桑原骘藏:《梁啓超氏の『中國歷史研究法』を讀む》，收入《桑原骘藏全集》，第2卷，东京：岩波书店，1968。

［德］罗存德著、［日］井上哲次郎订增，《訂增英華字典》，东京：藤本氏，1884。

［日］中江笃介：《中江兆民全集》，东京：岩波书店，

1985。

［日］一柳广孝：《こっくりさんと千里眼：日本近代と心霊学》，东京：讲谈社，1994。

［日］田中琢、宇野俊一、朝尾直弘等编《角川新版日本史辭典》，东京：角川书店，1996。

［日］狭间直树编《共同研究梁啓超：西洋近代思想受容と明治日本》，东京：みすず书房，1999。

［日］狭间直树编：《梁啓超——東アジア文明史の転換》，东京：岩波书店，2016。

［日］酒井忠夫：《近·現代中国における宗教結社の研究》，东京：国书刊行会，2002。

［日］森冈优纪：《近代伝記の形成と東アジア：清末·明治の思想交流》，京都：京都大学学术出版会，2022。

［日］井田进也：《中江兆民のフランス革命》，《思想》第782号（1989）。

［日］宫村志雄：《梁啓超の西洋思想家論——その"東学"との関連において—》，《中国—社会と文化》第5号（1990）。

［日］竹内弘行：《梁啓超の陽明学説——一九二〇年代を中心に》，《名古屋学院大学外国语学部论集》第9卷第1号（1997）。

陈力卫：《梁啓超〈和文漢讀法〉とその"和漢異義字"について—〈言海〉との接点を中心に》，《漢字文化圏諸言語の近代語彙の形成—創出と共有》，神户：关西大学出版社，2008。

361

[日]川尻文彦:《近代中国における「哲学」——蔡元培の「哲学」を中心に》,载《清末思想研究——東西文明が交錯する思想空間》,东京:汲古书院,2022。

[美]孙隆基:"*Global Space and the Nationalist Discourse of Modernity*:*The Historical Thinking of Liang Qichao*, by Xiaobing Tang",《"中研院"近史所集刊》第27期(1997)。

Thomas A. Metzger. "T'ang Chün-i's Rejection of Western Modernity" (unpublished paper).

Thomas A. Metzger. *The Internal Organization of Ch'ing Bureaucracy: Legal, Normative, and Communication Aspects.* Cambridge, Mass.: Harvard University Press, 1973.

Thomas A. Metzger. *Escape from Predicament: Neo-Confucianism and China's Evolving Political Culture.* New York: Columbia University Press, 1977.

Thomas A. Metzger. "T'ang Chün-i and the Transformative Thinking in Contemporary China," *The American Asian Review*, 3.1 (1985).

Thomas A. Metzger. "'Transcending the West':Mao's Vision of Socialism and the Legitimization of Teng Hsiao-p'ing's Modernization Program." part of the series *Hoover Essays*, Stanford, CA : The Hoover Institution on War, Revolution and Peace, 1996.

Thomas A. Metzger. "Western Philosophy on the Defensive." *Philosophy Now*, vol. 26 (April/May 2000).

Thomas A. Metzger. "The Western Concept of the Civil Society in the Context of Chinese History." In Sudipta Kaviraj, Sunil Khilnani, eds., *Civil Society: History and Possibilities*. Cambridge, England: Cambridge University Press, 2001.

Thomas A. Metzger. *A Cloud Across the Pacific: Essays on the Clash Between Chinese and Western Political Theories Today*. Hong Kong: The Chinese University Press, 2006.

Thomas A. Metzger. "Forward." In Max K. W. Huang, *The Meaning of Freedom: Yan Fu and the Origins of Chinese Liberalism*. Hong Kong: The Chinese University Press, 2008.

Wilhelm Lobscheid. *An English and Chinese Dictionary*. Hong Kong: Daily Press, 1866–1869.

Alfred Fouillée. *Histoire de la Philosophie*. Paris: Librairie Ch. Delagrave, 1875.

Immanuel Kant. *Critique of Pure Reason*, trans by J. M. D. Meiklejohn. New York: The Colonial Press, 1900.

Leang K'i-tch'ao. traduction, introduction et notes par Jean Escarra, Robert Germain, préface de M. Georges Padoux, *La conception de la loi et les théories des légistes à la veille des Ts'in : extrait de l'Histoire des théories politiques à la veille des Ts'in*. Pékin: China Booksellers, 1926.

Elbert D. Thomas. "*History of Chinese Political Thought* by Liang Chi-Chao." In *The American Political Science Review*, Vol.

24, No. 4(Nov., 1930).

Liang Chi-Chao. Translated by L. T. Chen, *History of Chinese Political Thought during the Early Ts'in Period*. London: Kegan Paul, Trench, Trubner ; New York: Harcourt, Brace and co. , 1930.

Liang Ch'i-ch'ao. *Intellectual Trends in the Ch'ing Period*. trans., Immanuel C. Y. Hsü. Cambridge Mass.: Harvard University Press, 1959.

F. Gallach Pales. *Historia General de la Filosofia*. Buenos Aires, Argentina: Ediciones Anaconda, 1943.

Joseph R. Levenson. *Liang Ch'i-ch'ao and the Mind of Modern China*. Cambridge: Harvard University Press, 1965[1953].

Joseph R. Levenson. *Liang Ch'i-ch'ao and the Mind of Modern China*. Cambridge: Harvard University Press, 1965.

Joseph R. Levenson. *Confucian China and Its Modern Fate: A Trilogy*. Berkeley: University of California Press, 1965 [1958].

Chow Tse-tsung. *The May Fourth Movement: Intellectual Revolution in Modern China*. Stanford: Stanford University Press, 1960.

Georg G. Iggers. "The Image of Ranke in American and German Historical Thought." *History and Theory,* 2:1 (1962).

Ping-ti Ho and Tang Tsou, eds. *China in Crisis:China's policies in Asia and America's Alternatives*. Chicago: Chicago University Press, 1968.

Hao Chang. *Liang Ch'i-ch'ao and Intellectual Transition in China, 1890–1907*. Cambridge: Harvard University Press, 1971.

Hao Chang. "New Confucianism and the Intellectual Crisis of Contemporary China." In Charlotte Furth ed., *The Limits of Change: Essays on Conservative Alternatives in Republican China*. Cambridge: Harvard University Press, 1976.

Hao Chang. *Chinese Intellectuals in Crisis: Search for Order and Meaning, 1890–1911*. Berkeley: University of California Press, 1987.

Philip C. Huang. *Liang Ch'i-ch'ao and Modern Chinese Liberalism*. Seattle: University of Washington Press, 1972.

Arif Dirlik. "The Ideological Foundations of the New Life Movement: A Study in Counterrevolution." *Journal of Asian Studies*, 34.4 (1975).

Maurice Meisner and Rhoads Murphey, eds. *The Mozartian Historian: Essays on the Works of Joseph R. Levenson*. Berkeley: University of California Press, 1976.

A. C. Graham. *Later Moist Logic, Ethics and Science*. Hong Kong: Chinese University Press, 1978.

Lin Yü-sheng. *The Crisis of Chinese Consciousness: Radical Antitraditionalism in the May Fourth Era*. Madison: University of Wisconsin Press, 1978.

Benjamin I. Schwartz. *In Search of Wealth and Power: Yen*

Fu and the West. Cambridge, Mass.: The Belknap Press of Harvard University Press, 1979 [1964]).

MacIntyre, Alasdair. *After Virtue: A Study in Moral Theory*. Notre Dame: University of Notre Dame Press, 1981.

Benedict Anderson. *Imagined Communities: Reflections on the Origin and Spread of Nationalism*. New York: Verso, 1983.

Paul Cohen. *Discovering History in China: American Historical Writing on the Recent Chinese Past*. New York: Columbia University Press, 1984.

William James. *The Varieties of Religious Experience*. New York: Penguin Books, 1982.

Carol Gluck. *Japan's Modern Myths: Ideology in the Late Meiji Period*. Princeton: Princeton University Press, 1985.

Robert N. Bellah et al. *Habits of the Heart: Individualism and Commitment in American Life*. Berkeley: University of California Press, 1985.

Joey Bonner. *Wang Kuo-wei, An Intellectual Biography*. Cambridge: Harvard University Press, 1986.

Lung-kee Sun. "Social Psychology in the Late Qing Period." *Modern China* 18:3(1990).

Frank Dikotter. *The Discourse of Race in Modern China*. Stanford: Stanford University Press, 1992.

Isaiah Berlin. *The Hedgehog and the Fox: An Essay on*

Tolstoy's View of History. Chicago: Ivan R. Dee, Publisher, 1993.

Li Qiang. *The Social and Political Thought of Yen Fu.* Ph.D. diss., University of London, 1993.

Stefan Tanaka. *Japan's Orient: Rendering Pasts into History*. Berkeley: University of California Press, 1993.

Lydia H. Liu. "Translating National Character: Lu Xun and Arthur Smith." *Translingual Practice: Literature, National Culture, and Translated Modernity—China, 1900-1937*. Stanford: Stanford University Press, 1995.

Xiao-bing Tang. *Global Space and the Nationalist Discourse of Modernity: The Historical Thinking of Liang Qichao*. Stanford: Stanford University Press, 1996.

Young-tsu Wong. "Book Review." *The Journal of Asian Studies*, 56:3 (August 1997).

Joan Judge. "Book Review." *The American Historical Review*, 103:1 (February 1998).

Fan-shen Wang. *Fu Ssu-nien: A Life in Chinese History and Politics*. Cambridge: Cambridge University Press, 2000.

Q. Edward Wang. *Inventing China through History: The May Fourth Approach to Historiography*. Albany NY: State University of New York Press, 2000.

Axel Schneider. "World History and the Problem of Historical Relativism: Liang Ch'i-ch'ao's Historiography after 1919." AAS

Conference paper, 2002.

Peter Gay. *Schnitzler's Century: The Making of Middle Class Culture, 1815-1914*. New York: W. W. Norton, 2002.

Joshua A. Fogel ed.. *The Role of Japan in Liang Qichao's Introduction of Modern Western Civilization to China*. Berkeley: Institute of East Asian Studies, University of California, 2004.

Max K. W. Huang. "Liang Qichao and Immanuel Kant." translated by Minghui Hu and Joshua A. Fogel, in Joshua A. Fogel ed., *The Role of Japan in Liang Qichao's Introduction of Modern Western Civilization to China*. Berkeley: Institute of East Asian Studies, University of California, 2004.

Mori Noriko. "Liang Qichao, Late Qing Buddhism, and Modern Japan." In Joshua A. Fogel, ed., *The Role of Japan in Liang Qichao's Introduction of Modern Western Civilization to China*. Berkeley: Institute of East Asian Studies, Center for Chinese Studies, University of California, 2004.

Laura Tyson Li. *Madame Chiang Kai-shek: China's Eternal First Lady*. New York: Atlantic Monthly Press, 2006.

Rebecca Nedostup. *Superstitious Regimes: Religion and the Politics of Chinese Modernity*. Cambridge: Harvard University Asia Center, 2010.

八、网络资源

《毛泽东读谈梁启超：从尊崇效仿到批判扬弃》，四川人大网，http://www.scspc.gov.cn/html/wszyxs_61/lsyjz_63/2011/0728/62196.html（2023/5/30点阅）。

叶瑞昕：《从曾氏理学到梁氏心学——清末五十年间儒家伦理思想的传承与转化》，http://www.confucius2000.com/confucian/czslxdlsxx.htm（2023/6/5点阅）。